바이든 시대 동북아 삼국지

바이든 시대
동북아 삼국지

안문석

전북대학교출판문화원

머리말

한반도 문제는 언제쯤 풀려갈 것인가? 한반도에 살면서 늘 생각하지 않을 수 없는 문제이다. 먹고사는 문제가 더 좋아지기 위해서도, 젊은이들이 더 좋은 일자리를 얻기 위해서도, 한국이 동아시아에서 또 세계에서 더 멋진 모습으로 우뚝 서기 위해서도, 주변 강대국에 휘둘리지 않기 위해서도 한반도 문제는 풀어가야 한다. 북핵문제가 풀려가고, 남북관계 좋아지고, 종전선언 하고, 평화체제가 만들어져 가야 한다.

그런데 기대를 모았던 문재인 정부마저 문제를 풀어가지 못하고 있는 것 같다. 남북관계는 어느 때보다 안 좋다. 북핵문제 또한 풀어갈 기미가 잘 안 보인다. 한때 희망을 줬지만 지금은 아니다. 남북정상이 판문점에서 평양에서 만나고, 북미정상이 처음으로 머리를 맞대기도 했다. 하지만 이후 드러나는 모습은 미국이 진정성 있게 북한에 다가가지 않았다는 것이다. 스포트라이트를 받기 위해, 세기적 만남으로 세계적 관심을 받기 위해 북미정상회담을 한 정도에 지나지 않았던 것 같다.

한반도는 구한말 이후로 청나라에 이용당하고 일본에 지배당했는데, 이제 다시 미국의 국내정치에, 또 동북아질서 관리용으로 활용되고 있는 것은 아닌가 하는 생각이다. 여전히 우리 문제의 주체로 나서지 못하고 힘 있는 나라가 펼치는 정책의 대상에 불과한 것이 아닌가 하는 상념이다. 경제도 중요하고, 복지도 필요하다. 사법개혁, 세제개혁, 부동산안정 모두 우리에게 불가결한 것들이다. 하지만 더 시급한 것은, 또 더 근본적인 것은 분단문제를 해결하는 것, 남북이 한 발 더 다가서는 것이 아닐 수 없다. 이것이 큰 덮개로 한반도를 덮고 있는 한 그 안에서 이런 저런 문제들 풀려 노력해도 한계에 봉착하게 마련이다. 이 큰 덮개를 걷어내면 남한 내의 웬만한 갈등, 알력은 사라지게 되어 있다. 그런 조건 속에서 경제도, 복지도, 여러 개혁도 보다 원만하게 이뤄질 수 있을 것이다.

문제는 지금의 상황에 만족하고 지금의 상황을 존속시키려는 세력이 의외로 크다는 것이다. 분단의 구조 속에서 보수적 이념을 확대 재생산하고, 그 속에서 경제적·정치적 편익을 누려온 세력이 크게 자리하고 있는 것이다. 사실 자신이 그런 세력인지도 모르고 관성적으로 그냥 살아가는 사람들도 많다. 분단문제가 무엇인지, 통일이 왜 필요한지에 대해서 생각조차 해보지 않은 사람들도 적지 않다. 그렇게 한반도 문제는 우리사회에서 시급성이 떨어지는 것으로 여겨져 왔다. 이 문제에 대한 감수성을 살려내는 것이 문제해결의 첫발이 아닐 수 없다. 문제의 부정적인 측면을 강조하는 것보다는 문제 해결로 인한 이점을 모두가 직접 느끼는 방법이 감수성을 키우는 데에는 더 효과적이다. 남북이 한 번이라도 더 만나서 작은 문제부터 풀어나가고 그래서 그것이 주는 혜택을 모두가 느낄 수 있게 하는 것은 그래서 절실하다.

한반도 문제는 동북아 국제질서와 직접 연결되어 있다. 미국이, 중국이, 일본이 어떻게 움직이느냐에 따라 바로 영향받을 수밖에 없다. 그래서 그 중에서도 미국이 북한을 향해, 한국에 대해 어떤 생각을 가지고, 어떤 정책지향점을 가지는지는 더욱 중요하다. 결국 한반도 문제는 남북한과 미국의 삼국지가 아닐 수 없다. 그래서 미국은 어떤 생각을 가지고 한반도를 대하는지, 한국과 북한은 어떤 전략으로 한반도 문제를 풀어가려 하고 있는지 여러 각도로 짚어보려 했다. 중국의 생각, 일본의 의도도 중요하지 않을 수 없다. 두 나라의 동북아, 한반도 정책도 실제적인 부분을 중심으로 다루었다. 한반도를 둘러싼 각국의 생각을 읽는 데 조금이나마 도움이 된다면 더 바랄 것이 없겠다.

2021년 1월

안 문 석

목차

프롤로그

이제 미국이 새로운 시대를 맞았다. 논란 많고 혼란 많았던 트럼프의 시대가 가고 바이든의 시대가 되었다. 무엇이 얼마나 어떻게 바뀔지 아직은 오리무중이다. 다만 분명한 것은 트럼프 시대와는 많이 달라질 것이라는 것이다. 트럼프 시대의 특징은 미국 우선정책이었다. 무엇이든 미국의 국가이익, 그것도 경제적 이익을 중심으로 사고하고 행동했다. 중국에 대해서는 무역흑자를 줄이라 요구하며 중국상품에 대한 관세를 올리고, 중국과의 무역전쟁도 서슴지 않았다. 유럽이나 캐나다와도 경제적인 이익을 위해서는 싸우는 태세에서 물러서지 않았다.

국내적으로도 이슬람, 유색인종에 대한 차별과 분열주의를 공공연하게 내세웠다. 미국 건국의 아버지들이 금과옥조로 여기던 공화주의는 온데 간데 없고, 오히려 공동체를 흔들고 뒤집어 놓으려는 듯한 언동과 정책들이 계속되었다. 뜻있는 인사들이 트럼프와 그의 행정부에 대한 고언조차 포기할 정도였다. 미국이 세계 초강대국 맞나? 민주주의 국가가 맞나? 등등의 의문이 제기되기도 했다. 민주국가의 가장 큰 강점이 자유로운 선거, 그에 따른 훌륭한 지도자의 선출인데, 미국식 민주주의는 그런 민주주의의 취지를 살리고 있는 것인가? 차라리 중국식으로 젊은 시절 지방의 관료부터 시작해 다면적인 평가에 따라 차츰 중앙무대의 고위직으로 성장해가는 지도자 육성과정이 옳은 것 아닌가? 등의 의문마저 세계 곳곳에서 나왔다.

하지만 사필귀정으로 트럼프는 물러났다. 새로운 미국 대통령 바이든은 트럼프와는 완전히 대척점에 있는 인물이다. 오랫동안 워싱턴의 정계에서 잔뼈가 굵었고, 예측불가능성이라고는 찾아보기 어려운 인물이다. 무미건조하다고 할 정도이다. 부통령 8년을 했지만 그를 대통령감으로 보는 인물은 많지 않았다. 그런데 트럼프가 그를 대통령감으로 띄워주었고, 결국 대통령으로 만들어 주었다. 예측불가하고 비논리적으로 정리 안되는 트럼프가 4년 동안 미국사회에 준 해악을 경험한 미국시민들이 이제 트럼프와 반대되는 인물을 선호하게 된 것이다. 그런 점에서 바이든은 트럼프에게 엄청 고마워해야 할 것이다. 대통령은 능력보다는 천운이라는 말을 증명이라도 하려는 듯 바이든은 트럼프 시대의 암울함 속에서 대통령으로 키워졌다.

바이든 시대의 구체적인 정책이 어떤 것이 될지는 기다려 봐야 되겠지만, 대략적인 것은 트럼프를 뒤집어놓은 모습이 될 것이다. 미국만을 내세우는 미국우선주의보다는 다자주의로 갈 것이고, 동맹들과 싸우기보다는 동맹들을 아우르고 갈 것이다. 한 번에 모는 것을 해결하기보다는 차근차근 해결방안을 찾아가는 모습도 갖게 될 것이다. 국내적으로도 분열보다는 통합, 싸움보다는 화해의 방향이 될 것이다. 무엇보다 비논리적이고 즉흥적인 조치보다는 논리적으로 계산된 조치들을 많이 보게 될 것이다.

하지만 바이든 시대가 되었다고 해서 모든 것이 제로 상태로 돌아가는 것은 아닐 것이다. 미국의 패권이 과거보다 쇠퇴해가는 것은 분명하다. 베트남전 이후 조금씩 쇠퇴하던 미국은 중국과의 경쟁시대, 2008년 금융위기, 최근의 코로나19를 겪으면서 힘이 더 떨어지는 모습이다. 전통적으로 패권국은 세계의 안보에 기여하면서 국제무역질서를 유지해주는 기능, 즉 국제공공재를 제공하는 역할을 해왔다. 2차 세계대전 이후 미국이 그런 일을 맡아 왔다. 힘이 강할 때는 보다 분명한 국제공공재 제공자의 모습을 보였다. 하지만 지금은 좀 다르다. 자유무역질서에 오히려 불만을 얘기하고, 기후변화협약도 거부했다. 보다 많은 동맹에 안보를 제공하기보다는 안보 제공에 대한 대가를 요구하는 모습이었다. 이런 것이 트럼프의 장사꾼 기질과 맞물려 더 심화되긴 했다. 하지만 패권의 약화와 그에 따른 국제공공재 제공을 부담스러워 하는 상황은 트럼프가 아니더라도 나타내기 마련인 것으로 보인다.

따라서 바이든 시대 모든 것이 바뀔 것으로 기대하는 것도 무리라고 생각된다. 기후변화협약복귀 등 좀 달라진 모습이긴 하다. 하지만 중국의 성장이 미국의 패권 쇠퇴를 가속화하는 측면이 있어 중국에 대한 포위와 봉쇄는 크게 달라지지 않을 것이다. 오바마 행정부도 아시아재균형전략으로 중국에 대한 견제와 봉쇄는 추진했었다. 바이든 시대 미국이 트럼프 시대와 완전히 달라질 것 같지는 않다. 그런 차원에서 일본과의 관계도 미일동맹을 계속 강화하면서, 중국에 대한 포위와 동아시아질서의 관리에 대한 일본의 참여를 확대하는 전략은 계속할 것으로 보인다.

우리에게 가장 중요한 북핵문제는 어떤가? 달라지겠지만, 역시 180도 달라지길 기대하는 것은 무리일 것이다. 철저하게 계산하면서 되도록 적게 주고 되도록 빠른 비핵화를 추진하는 방안을 추진할 텐데 그러자면 북한과 의견을 조율하는 데 시간이 많이 걸릴 수밖에 없다. 다만 큰 틀에서 장기적이나마 협상 지향이 될 가능성은 높다.

한미동맹은? 동맹의 기본은 적을 공유하는 것인데, 북한이라는 적을 공유할 것인가? 문재인 정부는 북한을 우선 대화의 상대로 보면서 문제를 풀어가려 한다. 하지만 바이든 행정부는 북한을 여전히 적대적 시선으로 보고 있다고 할 수 있다. 그러니 적 공유 측면에서 한미가 완전한 하나가 되기는 쉽지 않아 보인다. 그 연장선상에서 방위비 분담금 문제도 일사천리가 될 것 같지는 않다. 트럼프처럼 모든 것을 돈으로 계산하는 정도는 아니지만, 미국이 힘이 떨어져 가는 상황에서 부담을 나눠가져야 겠다는 인식은 워싱턴에서 웬만큼 컨센서스가 이뤄진 것으로 보인다. 따라서 정도의 차이는 있지만 미국이 되도록 부담을 우리에 넘기려는 경향은 분명할 것으로 생각된다.

북한도 2019년 2월 하노이 노딜 이후 트럼프 행정부에 대한 기대를 완전히 버리고 정권이 바뀌길 기다려 온 것으로 보인다. 트럼프 임기 내 협상에 기대를 걸고 있었다면 미온적인 트럼프 행정부를 향해 다시 한 번 벼랑끝전술을 썼을 가능성이 높다. 2019년 10월 스톡홀름 실무협상에서도 뻔한 카드만 들고 나온 미국을 향해, 또 대선국면에 접어들면서 북한문제 관심이 떨어진 트럼프를 향해 핵실험을 하든지, 아니면 대륙간탄도미사일 시험발사를 하는지 했을 가능성이 높은 것이다. 하지만 북한은 하노이 정상회담에서 트럼프의 바닥을 보았을 가능성이 높고, 이후 미국의 정권교체를 기다려 온 것으로 보인다.

문제는 바이든 행정부가 북한이 기대한 대로 움직여 주느냐 하는 것이다. 북핵문제를 우선순위에 놓고 북한과 협상에 빨리 나서 주겠느냐 하는 것이다. 그러기에는 바이든 행정부가 너무 바쁘다. 트럼프가 어질러 놓은 국내외 문제를 추스르고 정리하는 데에 정신이 없다. 무역전쟁을 겪은 중국은 어떻게 다뤄야 하는 것인지, 나토 NATO(북대서양조약기구)와의 관계는 어떻게 복원해야 하는 것인지, 분열과 대치로 치달은 미국 국내사회는 어떻게 다시 한 방향을 볼 수 있도록 할 것인지 골치 아프고 분주하다. 바이든 행정부가 한반도 문제에 관심을 돌리려면 시간이 좀 필요해 보인다.

그래서 실제 미국은 어떤 마인드인지, 남북한은 어디로 가야 하는 것인지, 중국과 일본은 또 한반도 문제를 어떻게 보고 있는 것인지 서로 알아보고 성찰해보는 시간이 필요해 보인다. 물론 주변국이 남북한에게 우호적으로, 남북한을 위해서 움직여 주지는 않는다. 하지만 그들의 생각을 읽으면 우리가 어떻게 움직여야 하는지 방향을 찾아가는 데에는 큰 참고가 된다. 우리를 중심에 놓고 미국, 북한의 생각을 우선 알아보는 게 중요하다. 지금 한반도 문제의 핵심인 북핵문제를 풀어가는 것은 남북한과 미국의 삼국지三國志가 아닐 수 없다. 그리고 중국, 일본의 본심도 우리에겐 중요하지 않을 수 없다. 이들까지 합쳐 동북아의 질서는 오국지五國志 양상으로 다이내믹하게 전개되고 있다.

1장

협상 싫어하는 미국

1

바이든은 다를까?

바이든 시대 달라지는 미국

조 바이든Joe Biden이 미국의 제46대 대통령이 됐다. 미국도 비정상의 정상화 시대를 맞았다고 하겠다. 도덕적으로나 분열주의적 정책 면에서나 대통령으로서의 자격에 의심을 받아왔던 도널드 트럼프Donald Trump가 대선에서 지는 것은 사필귀정이 아닐 수 없다 하겠다. 트럼프가 미국과 세계에 대한 실존적 위협이 되고 있음을 미국의 유권자들이 절실하게 깨달은 결과가 아닐 수 없다. 하지만 민주정치라는 것이 인물로만 선거가 이뤄지는 것은 아니고, 다양한 국내외 정치적 지형 사이의 경쟁과 변수의 작용에 의해 이뤄지는 것이어서 트럼프가 다시 당선될 수도 있는 상황이었는데, 미국의 유권자들이 4년 전의 실수를 되풀이하지는 않았다.

2019년 초 미국에 코로나19가 확산되기 전까지 트럼프의 재선을 점치는 사람들이 많았다. 중산층 이하 백인을 중심으로 하는 그의 탄탄한 지지층이 흔들리지 않고 있었기 때문이었다. 실제 여론조사에서도 앞섰다. 코로나19가 어느 정도 확산될 때까지도 상황이 크게 변하지는 않았다. 하지만 확진자가 수십만, 사망자가 수만 명이 넘어서면서 상황은 달라졌다. 숫자보다 더 결정적인 것은 트럼프의 위기대처능력이었다. 상황이 어려워지는데도 트럼프는 '심각하지 않다.'고 강조했고, 경제활동을 독려했다. 5월 즈음에는 대선 지지율에서 바이든이 트럼프를 앞서기 시작했다. 트럼프의 지지율은 지속적으로 40% 정도를 유지해 견고한 면을 갖고 있었다. 하지만 흩어져 있던 민주당 지지층이 결속하면서 바이든의 지지율은 50%를 넘어서는 상황이 되었다.

하긴 코로나19 확진자와 사망자 수가 세계에서 가장 많은 나라에서 현직 대통령이 다시 당선된다면 더 이상한 일이다. 더욱이 트럼프 행정부는 코로나19 확진자가 늘고 있는데도 "이전보다 더 좋은 상황"이라 하고, "두드러진 진전을 이뤘다."고 말하는 등 거짓말까지 서슴지 않아 재난 리더십의 상실을 자초했으니 누구를 원망하겠는가.

그런데 미국 대선에서 누가 대통령이 되는지보다 더 중요한 건 그것이 우리에게 어떤 영향을 주느냐가 아닐 수 없다. 북핵문제의 직접 당사국인 만큼, 또 대통령이 정책을 좌우하는 면이 큰 만큼 미국의 대통령은 우리에게 중요하다. 바이든이 대통령이 됐으니 이제 바이든의 시대에 맞게 정책을 만들고 실행해야 할 것이다. 트럼프는 북한과 진정성 있는 협상은 하지 않았다. 그런데 트럼프가 다시 대통령이 되었다면, 세계의 많은 의식 있는 사람들은 괴롭겠지만, 북핵문제는 해결 가능성이 높아졌을지 모른다. 미국은 조야, 진보·보수를 막론하고 북한을 싫어하는 경향이 있다. 북한에 대해 제재를 계속해야 한다는 여론은 그래서 높다. 이 때문에 11월 대선까지는 미국이 제재를 일부라도 해제하기는 어려웠다. 제재 일부 해제 없이 북핵협상이 타결되기란 불가능하다. 북한이 그런 타협안을 받아들일 리 만무하기 때문이다.

하지만 대선 이후는 상황이 다르다. 트럼프가 다시 당선됐다면 트럼프는 재선을 의식할 필요가 없다. 워싱턴의 외교안보 기득권 세력과 다른 접근으로 문제를 풀어 역사에 기록되고 싶은 욕구는 누구보다 강하다. 노벨평화상을 받아 그동안의 갖은 잘못에 대한 면죄부를 받고, 지저분한 이미지를 일거에 해소하고 싶은 욕심도 강하다. 그런 것이 함께 작용하면서 재선된 트럼프는 북핵문제 해결에 발 벗고 나설 가능성이 매우 높았다고 할 수 있다.

그렇지만 이제 바이든이다. 지금까지 그와 그의 참모들이 밝혀온 대북정책은 네 가지로 요약된다. 첫째는 김정은과 조건없이 만나지는 않을 것이고, 그가 핵능력을 축소한다는 데 합의한다는 조건 하에서 협상을 하겠다는 것이다. 2020년 10월 22일 트럼프와의 2차 TV토론에서 밝힌 바이든이 직접 밝힌 내용이다. 까칠한 내용이다. 쉽게 김정은과 협상을 하지는 않겠다는 것이다. 사전 실무협상을 통해 북한이 일정 정도의 비핵화를 분명히 약속할 때, 이를 확실히 보장받을 수 있을 때 정상회담을 해서 확정하겠다는 것이다. 막연한 합의에 대한 기대만을 가지고 담판에 나서지는 않을 것이란 얘기다. 트럼프처럼 '쇼'를 하는 식으로 정상회담을 하지는 않겠다는 말이기도 하다. 민주당 대선후보 경선과정에서 바이든은 『뉴욕타임스』의 질문에 "트럼프처럼 공허한 프로젝트를 추구하는 것이 아니라 공을 비핵화 쪽으로 전진시키는 실질적인 전략의 일부로서 김정은과 기꺼이 만나겠다."고 말한 적도 있기 때문에 김정은을 만나서 비핵화의 결실을 맺어보겠다는 의지는 있는 것으로 보아야 할 것이다.

핵능력을 '축소'한다는 데 합의가 있으면 김정은을 만나겠다는 얘기는 한꺼번에 모든 것을 폐기하라고 요구하지는 않겠다는 의미를 내포하고 있다. 1단계로 어느 정도를 축소하고 다음 단계로 다시 얼마를 폐기하는 식으로 단계적으로 협상하자는 얘기로 읽힌다. 북한이 주장하는 것이 단계적 폐기이기 때문에 의견접근이 이뤄질 가능성을 높다 하겠다. 다만 TV토론 과정에서 바이든은 김정은을 불량배thug라고 세 차례나 칭했는데, 김정은에 대한 부정적인 인식을 단적으로 보여준 것이라 할 수 있다. 이런 인식은 실제 실무협상이나 정상회담이 성사되는 과정에서 상당한 장애가 될 것으로 생각된다.

둘째는 트럼프식 탑다운top-down 방식이 아니라 보텀업bottom-up방식을 선호한다는 것이다. 바이든은 2020년 6월 "김정은 국무위원장과의 개인적인 외교를 계속할 것이냐."는 『뉴욕타임스』의 질문에 "No." 라고 답했다. 비핵화의 실질적인 진전을 위해서 김정은을 만날 용의는 있지만 트럼프처럼 허영심을 만족시키는 차원의 만남은 갖지 않겠다고 한 것이다. 관료들의 적극적 참여와 지지 없이는 정상 간의 합의도 실질적인 효과를 내기는 어렵다는 인식을 갖고 있는 것이다. 북핵문제를 장기과제로 설정해 시간을 두고 해결하겠다는 생각도 이런 보텀업 방식의 연장선상에서 나온 것이다.

셋째는 동맹국 한국과 협의하면서 문제를 해결하겠다는 것이다. 바이든의 선거캠프는 이란과의 핵합의가 대북정책의 청사진이 될 것이고 밝히고 있다. 이 합의는 미국을 비롯한 영국, 프랑스, 독일, 중국, 러시아가 공동으로 이란과 협상에 나서 이란의 핵활동 제한을 이끌어낸 것이다. 북핵문제도 동맹국, 특히 한국과 협력하는 과정을 통해 풀어나가겠다는 생각인 것이다.

넷째는 북한이 핵을 포기할 때까지 대북제제는 계속하겠다는 것이다. 대북제재를 쉽사리 해제하지는 말라는 것이 미국의 여론이기 때문에 이는 우선 유지해나가겠다는 것이다. 제재를 계속하겠다는 생각은 트럼프와 유사하지만 보텀업, 한국과의 협의는 많이 다른 측면이다.

부통령 카멀라 해리스Kamala Harris도 비슷하다. 동맹국과 협력하면서 북한의 위협을 억지하고 비핵화를 장기목표로 지속 추진해야 한다는 것이다. 서두르지 않되 협상은 해야 한다는 입장이다. "북한이 핵프로그램을 철회하기 위해 검증 가능한 조치를 취한다면 북한주민의 삶을 개선하기 위해 선택적 제재 완화를 고려해야 할 것"이라는 생각을 가지고 있다.[1] 북한의 핵을 분명하게 폐기할 수 있다면 제재 완화도 할 수 있다는 얘기인 것이다. 서두르지 말고 차근차근 협상하면서 북한의 완전한 핵폐기를 추구하되 북한이 원하는 것도 주어야 한다는 주장으로 정리된다.

바이든 행정부 동안 토니 블링컨Tony Blinken, 제이크 설리번Jake Sullivan, 웬디 셔먼Wendy Sherman, 커트 캠벨Kurt Campbell 등이 외교안보 관련해서 중요한 역할을 할 것이다. 핵심포스트를 직접 맡기도 하고 막후에서 조언을 하기도 하면서 바이든의 외교안보정책은 이들의 생각이 많이 반영될 것이다. 한반도 상황을 잘 아는 인물들이다. 보텀업 방식으로 북핵문제를 해결하겠다 했으니 이들에게 북핵협상이 맡겨질 것이다. 동맹국 한국과 협의해서 북핵문제를 풀어가겠다고도 했으니 이들은 우선 문재인 정부와 협의할 것이다. 이들이 우선 묻는 것은 두 가지가 될 것이다. 북한과 대화를 해야 하나? 그리고 대화를 하면 해결될 가능성이 있나?

첫 질문에 대한 문재인 정부의 답은 당연히 "대화해야 한다."가 될

---

1 최종일, "해리스 '北 검증가능한 비핵화 나선다면 선택적 제재완화 가능'", 『뉴스1』, 2020. 8. 12.

것이다. 두 번째 질문에 대한 답도 "가능성 있다."가 될 것이다. 그다음 이들은 또 "그걸 어떻게 알 수 있나?"라고 질문할 것이다. 그때 대화를 통해 핵문제를 풀 수 있음을 보여주는 분명한 자료를 내놓아야 한다. 북한과 대화해서 이산가족 상봉도 지속적으로 하고, 비무장지대 평화도 많은 진전을 이루고, 서해에 공동어로구역도 만들어 함께 어로작업도 하는 등의 성과를 이루었다면 얼마나 좋겠는가? 이런 것보다 더 분명한 자료가 어디 있겠는가? 하지만 그런 것이 없다. 대신 남북정상회담을 세 번이나 했다. 북미대화가 진전됨에 따라 이루어진 것이다. 북미대화 진전의 필요성은 그만큼 크다. 남북정상회담뿐만 아니라 남북사이 경제·사회·문화 교류도 북미관계가 진전돼야 활성화될 수 있는 상황이다. 그런 맥락을 지속적으로 바이든의 참모들에게 이해시키고 관련 협력을 강화하는 것이 무엇보다 중요한 상황이 됐다.

전통적으로 민주당 행정부는 빅딜보다는 하나하나 따져가면서 용의주도하게 일을 진전시키는 스타일이다. 그들의 외교이념 자유주의적 국제주의도 관련국들과 협의를 충분히 하면서 대화를 통해 문제를 해결해나간다는 내용이다. 그러니 한국이 쌓아놓은 공든 탑이 있다면 그 기반 위에서 북핵문제를 해결하려 할 것이다.

문제는 지금 남북관계가 그다지 좋은 것이 아니라는 것이다. 바이든 행정부의 외교안보정책결정자들은 다시 오바마 행정부 당시의 전략적 인내strategic patience로 돌아가려 할지 모른다. 대북정책을 고민하는 시간이 길어질 것이다. 그러면서 계속할 수 있는 대북제재는 지속할 것이다. 제재가 계속되면 북한은 도발할 가능성이 높고, 그러면 다시 제재는 강화될 것이다. 오바마 행정부 8년은 기대는 많았지만 성과는 없었다. 바이든 행정부가 이를 다시 재연할 가능성이 없지 않은 것이다.

물론 우리가 미국에 보고하기 위해 남북관계를 하는 것은 아니다. 미국에 목매자는 것도 아니다. 하지만 현실은 북핵문제의 그림자가 한반도에 길게 드리워져 있고, 그 문제를 해결하는 데에는 미국이 나서야 하는 상황이다. 우리가 해야 하는 일은 미국이 나서게 하는 일이다. 그렇게 하기 위해서는 남북이 먼저 만나고 얘기하고 일을 진전시켜야 한다. 지금이라도 관계를 진전시켜야 한다. 북한 얘기를 들어줄 것은 들어주고, 북한에 요구할 것은 요구하고, 미국이나 유엔에 할 얘기는 또 해야 한다. 그게 남북관계를 스스로 만들어 가는 길이고, 남북-한미-북미 관계를 선순환으로 돌릴 수 있는 길이 될 것이다. 서둘러야 한다.

바이든의 외교: 동맹과 함께 세계를 리드하라

바이든의 대북정책에 대해서만 간단히 살펴봤지만, 그의 외교정책은 보다 큰 틀을 가지고 있다. 바이든이 2020년 초(2020년 3/4월호) 『포린어페어즈Freign Affairs』에 게재한 글 "Why America Must Lead Again"(왜 미국은 다시 (세계를) 리드해야 하는가?)에 그의 외교정책의 근간이 잘 나타나 있다. 이글의 내용을 요약, 설명하면 이렇다.

바이든은 트럼프에 대한 비판을 먼저 한다. 트럼프는 미국의 힘만으로 미국만을 위한 정책을 추진했다고 비판한다. 고립주의 원칙을 기반으로 중국과 심한 무역전쟁을 하고, 동맹국들에게도 철강, 알루미늄, 자동차 등의 품목에 대해 관세를 올리는 정책을 실시했다고 질책한다. 그럼으로써 미국이 세계적 리더로서의 신망을 잃었다는 얘기다.

그러면서 바이든은 민주주의를 회복하고, 중산층을 위한 경제회복 외교를 펼치고, 동맹들과 손을 잡고 세계를 다시 리드해 나가야 한다고 역설한다. 민주주의 회복과 관련해서는 민주주의 정상회담을 열어 자유세계의 정신과 목표를 세계가 공유하고 이를 실현하기 위한 결의를 다져야 한다는 생각을 가지고 있다. 구체적으로는 지역주의·인종주의 타파를 강조한다. 유색인종에 대한 이민제한, 이슬람 국가에 대한 여행제한 등 트럼프가 추진했던 분리와 차별에 대해 문제를 제기하는 것이다. 법집행이나 참정권 보장에 있어서도 유색인종이나 소수민족에 대한 차별이 있어서는 안 된다고 주장한다. 주로 중산층 이하 백인의 지지를 바탕으로 대통령이 되었고, 또 이들을 위한 정책에 포커스를 둬온 트럼프를 힐난하는 주장이기도 하다. 민주주의의 실현을 위해서는 선거자금도 투명하게 모집하고 써야한다는 것도 강조한다. 역시 트럼프의 불명확한 모습을 견제하는 것이 아닐 수 없다.

중산층을 위한 경제회복 외교는 미국의 경제를 회복시켜 강하게 만들면서 중국과 무역협정을 체결해 미국의 수출을 늘리겠다는 것이다. 미국 우선주의를 전면에 내세우는 트럼프와 디테일은 좀 다르겠지만 중국과의 무역전쟁에서 승리하겠다는 목표는 같다. 실제로 바이든은 중국에 강력대응하겠다는get tough 입장을 분명하게 밝히고 있다. 전 세계 GDP 가운데 미국이 차지하는 비중이 25%인데, 미국과 가까운 동맹국가들과 연대하면 이는 50%로 늘어나기 때문에 세계경제를 운영하는 제도를 만들고 변경해 나가는 것도 얼마든지 가능하다는 것이다. 즉, 중국식 국가자본주의, 비민주적 체제가 세계경제를 리드하도록 놔두면 안 되고 미국이 경제질서를 정리해나가는 작업도 주도해야 한다는 주장이다. 또 그럴 수 있다는 얘기다.

바이든은 결국 트럼프가 외교보다는 대결을, 동맹보다는 돈을 앞에 내세웠기 때문에 미국외교가 실패했다고 보고, 외교에 보다 중점을 두면서 동맹을 가치 중심으로 접근하겠다고 강조한다. 중국과 무역협상을 하면서도 전쟁을 하는 모습보다는 외교적 협상을 통해 실리를 추구하겠다는 것이다. 한국이나 일본, NATO국가 등과도 동맹의 가치, 즉 자유, 평등, 인권의 수호 등 공유가치를 강조해 동맹관계를 공고히 하면서 그 위에서 방위비 분담금 문제 등도 차분하게 협상해 나가겠다는 것이다.

그러면서 동시에 지구적 문제, 특히 기후변화 등에 대해서는 미국도 적극 참여하면서 대응방안 마련을 리드해 나가겠다고 밝힌다. 파리기후변화협약에서 탈퇴해 자국이익만을 우선시하는 모습을 감추지 않았던 트럼프와는 달리 지구적 문제 해결에도 적극 나서겠다는 입장이다. 이란, 북한 등의 핵문제도 이들의 핵야망을 관리하는 일을 미국이 맡아 하겠다는 태도를 분명히 했다. 오바마 행정부(당시 바이든은 부통령)가 했던 이란과의 핵협상이 이란의 핵보유를 막았기 때문에 그 협상으로 다시 돌아가야 한다는 게 바이든의 생각이다. 민주당의 속성이 과정을 중시하고 관료들의 입장도 중시하는 것이어서 북핵문제 해결에 시간은 많이 걸리겠지만, 바이든이 문제해결을 미국이 주도해야 한다는 생각은 분명하게 가지고 있어서 북핵협상에 대한 차분한 기대는 충분히 해볼 수 있을 것으로 보인다.

바이든은 2007년에 쓴 자서전 『조 바이든, 지켜야할 약속Promises to Keep: On Life and Politics』에서도 '적대국이라도 대화를 계속해야 함'을 강조하고 있다. 자신의 외교안보 사부인 애버렐 해리먼Averell Harriman이 늘 강조하던 것이었다. 해리먼은 소련주재 대사, 영국주재 대사, 뉴욕 주지사, 국무차관 등을 지내며 1940~1970년대 미국 외교의 핵심 역할을 한 인물이다. 바이든은 1979년 해리먼과 함께 유고슬라비아의 작은 도시 스플리트(지금은 크로아티아 소속)에 있는 요시프 티토Josip Tito의 별장에서 티토를 만나기도 하면서 해리먼으로부터 외교안보 교육을 받았다. 해리먼이 강조하던 것이 두 가지였는데, 하나는 외국이나 외국 지도자에 대해서는 듣는 것으로 만족하지 말고 직접 가보고 만나보라는 것이었다. 다른 하나는 적으로 공언되어 있는 대상이라도 계속 관계를 이어가 이익을 확보하라는 것이었다.[2] 젊은 시절부터 사부로부터 그런 교육을 받은 바이든은 자서전에 쓸 만큼 그런 내용을 명료하게 뇌리에 새겨놓고 있다. 적을 믿지는 않되 지속적으로 대화하고 협상해서 서로 이익이 될 수 있는 길을 찾으려 할 것이다. 북한에 대해서도 그런 접근을 할 것이다. 시간을 두고 대화하면서 차분하게 서로 주고받을 수 있는 것을 찾아가는 길을 갈 것으로 보인다.

---

2 조 바이든 지음, 양진성·박진서 옮김, 『조 바이든, 지켜야할 약속』, 김영사, 2020, pp. 397-398.

2

세기의 회담도 '쇼'

'사진찍기'에만 관심 둔 트럼프

존 볼턴John Bolton 전 백악관 국가안보보좌관의 회고록 『그것이 일어난 방The Room Where It Happened』은 많은 것을 공개해줬다. 그중의 압권은 트럼프 미국 대통령의 생각을 적나라하게 드러낸 것이다. 2019년 2월 28일 하노이 북미정상회담 현장부터 보자. 당시 우리는 트럼프와 김정은이 어떤 형태이든 비핵화와 관련한 합의를 할 것으로 믿고 많은 기대 속에서 하노이에 주목하고 있었다. 하지만 트럼프는 심각하게 핵협상에 임할 생각이 없었다. 마침 트럼프의 개인 변호사였던 마이클 코언Michael Cohen 변호사에 대한 의회 청문회가 열리고 있었는데, 그의 신경은 여기에 더 집중돼 있었다. 그도 그럴 것이 코언은 청문회에서 "트럼프가 불륜관계를 맺은 여성들에게 입막음용으로 돈을 주라고 지시했다."는 등의 폭로를 하고 있었다. 하노이 정상회담 당일 트럼프는 청문회를 보느라 거의 밤을 새운 채 정상회담에 임했다. 회담장으로 가는 차 안에서 트럼프는 물었다. "스몰딜과 걸어 나가는 것 중 뭐가 더 기삿거리가 될까?" 스몰딜은 영변핵단지 폐기와 대북제제 일부 해제를 교환하는 것이고 걸어나가는 것은 협상결렬을 선언하는 것을 말하는 것이었다.

북한이 제안하는 영변핵단지 폐기에 대해 어느 정도의 보상을 제시해야 협상이 타결될 것인지, 제재 완화를 한다면 어느 정도나 해야 하는 것인지, 북한에 추가로 요구한다면 어느 것을 먼저 할 것인지 등을 심각하게 고민하면서 마지막까지 협상의 성공 방안에 대해 고민한 흔적은 찾기 어렵다. 다만 자신에게 불리한 미국 내 여론을 어떻게 무마할 것인지, 그러기 위해서는 극적인 장면을 연출해야 하는데, 어떻게 하면 보다 극적인 모습을 만들어 낼 수 있는지에 더 관심을 두고 있었다. 결국 그의 생각은 걸어 나가는 것이 더 기삿거리가 된다는 것이었다. 그리고 그렇게 실행했다. 그걸로 한반도의 해빙을 가져올 수 있는 절호의 기회는 허공으로 날아가 버렸다.

트럼프의 행동은 사전에 예정돼 있다시피 한 것이었다. 사전에 그는 1986년 10월 레이건Ronald Reagan이 고르바초프Mikhail Gorbachev와 아이슬란드 레이캬비크에서 정상회담 도중 회담장을 박차고 나오는 영상을 봤다. 당시 두 정상은 핵·미사일 감축을 위해 협상장에 앉았다. 1985년 11월 스위스 제네바에서 첫 정상회담을 한 이후 두 번째였다. 레이건은 빅딜을 주장했다. 미사일방어체계를 구축하는 권한은 남겨두면서 모든 탄도미사일을 제거하는 문제, 소련군의 아프가니스탄에서의 철수 문제, 그리고 소련 내 인권 문제까지 모두 논의하자고 주장한 것이다. 반면 고르바초프는 군축문제만 논의하자고 맞섰다. 진전이 없자 레이건은 자리를 박차고 나와 버렸다. 그 영상을 트럼프가 사전에 본 것이다. 그러니 회담 결렬은 예정된 것이나 마찬가지였다(레이건과 고르바초프는 1987년 12월 세 번째 회담을 열어 사거리 5,500km이하의 중거리 핵미사일을 모두 폐기하는 중거리핵전력조약INF를 체결했다. 그렇게 만들어진 INF도 트럼프가 2019년 2월 파기했다).

2018년 6월 싱가포르에서 열린 첫 북미정상회담 당시에도 '사진찍기'에만 관심을 둔 모습은 크게 다르지 않았다. 새로운 북미관계 성립, 완전한 비핵화를 위한 노력, 한반도 평화체제 구축 노력에 합의하는 매우 뜻깊은 자리였지만 트럼프는 이러한 합의에 그다지 의미를 두지 않은 것으로 보인다. 회담을 준비하는 과정에서 참모들에게 "이건 보여주기 위한 것"이라고 말하기도 했고, "핵심 내용이 빠진 공동성명에 서명하고 기자회견 열어서 승리를 선포하면 된다."고 얘기하기도 했다. 더욱이 "이후 제재하면 된다."는 말까지 했다. 두리뭉실한 내용으로 합의하고는 거창한 것처럼 기자회견하고 이후에 북한에 대한 경제제재는 계속하면 된다는 얘기였다. 그의 관심은 김정은과 함께 서서 세계언론의 스포트라이트를 받는 것이었지 의미 있는 합의를 만들어 한반도 평화에 기여하는 것은 아니었던 것이다.

사진찍기에만 관심을 두는 트럼프의 스타일이 북미관계를 한 단계 진전시킬 뻔하기도 했다. 싱가포르 북미정상회담에서 종전선언을 할 생각을 했던 것이다. 종전선언을 하면 70년간의 휴전상태를 종결하고 지구상 마지막 냉전지대 한반도에 해빙의 기운을 불러와 세계의 이목을 집중시킬 수 있을 것이란 생각을 한 것이다. 실제 정상회담 일주일 전까지 종전선언을 생각하고 있었다고 한다. 막판에 그 생각을 버리긴 했지만 트럼프가 계속 거기에 매몰됐더라면 한반도 평화에 나름의 기여를 하는 기회를 가졌을 뻔했다. 물론 당시에도 존 볼턴, 국무장관 마이크 폼페이오Mike Pompeo 등 종전선언을 반대했기 때문에 성사되지 않았을 것이다. 종전선언은 상징적인 것이지만 미국의 대외정책에 상당한 영향을 미칠 수 있다. 북한을 적으로 상정해 남한에 사드THAAD(고고도미사일방어체계)를 배치하고, MD(미사일방어체계)도 추진하면서 중국을 견제해야 하는 상황인데,

종전선언은 북한을 지속적인 적으로 상정하기 어렵게 만들고 종전 다음에는 평화협정이 뒤따라야 하는 것이니 본격적으로 평화협정에 대한 논의도 해나가야 하는 상황을 맞게 된다. 그런 상황을 외교안보 기득권층이 달가워할 리 없다. 그래서 트럼프의 '종전선언 사진찍기'는 무산된 것이라고 할 수 있다.

국내정치도 중산층 이하 백인들만 결집시키면 된다는 생각으로 인종갈등을 유발하고 통합과 조화, 화해, 관용과는 거리가 먼, 천박하기 이를 데 없는 방식으로 운영하고 있지만, 국제관계를 다루는 방식도 한없이 가볍다고 하지 않을 수 없다. 그런데 다른 각도에서 보면, 한반도의 운명이 이런 가벼운, 그리고 우리와는 전혀 관계없는 움직임에 의해 결정될 수 있음을 트럼프의 행태는 잘 보여줬다. 주변 강대국이 운명을 결정하는 사례를 수없이 겪어온 우리의 입장에서는 지금 이 순간에도 미국이, 아니면 미국과 중국이, 아니면 미국과 중국, 일본이 우리가 알지 못하는 사이 또다시 운명적 결정을 하지 않을까 우려되지 않을 수 없다.

임진왜란이 한창이던 1592년 9월 왜장 고니시 유키나가小西行長가 명나라 사신 심유경沈惟敬을 평양성에서 만났다. 휴전협상을 시작한 것이다. 그 자리에서 고니시는 대동강 서북쪽은 명이, 동남쪽은 일본이 차지하는 안을 제시했다. 심유경이 이 안을 수용해 밀약을 맺었지만, 양측의 최종안으로 채택되진 못해 전쟁은 1598년까지 계속되었다. 중요한 건 4백년 전부터 우리와는 전혀 관련 없이 한반도의 운명을 결정하려 했다는 것이다. 1894년 청일전쟁 직전에도 조선의 분할이 제안되었다. 제안은 영국이 했다. 전쟁으로 가는 청나라와 일본에 전쟁 대신 조선을 나눠 가지라고 한 것이다. 평안도와 함경도, 황

해도는 청나라가, 강원도, 충청도, 전라도, 경상도는 일본이 차지하라는 것이었다. 경기도는 조선의 왕이 다스리되 청과 일본의 감시를 받으면 된다는 내용이었다. 일본은 이를 거절하고 청나라군을 공격해 전쟁을 시작했다.

러일전쟁 1년 전인 1903년에는 러시아가 일본에 조선 분할을 제안했다. 북위 39도를 경계로 나누자는 것이었다. 역시 일본이 거절했다. 러일전쟁 발발 직후에도 일본에서 한반도를 나누는 안이 깊이 논의되기도 했다. 결국 38선도 1945년 8월 일본 패망과 함께 한반도 북쪽으로 진출하는 소련을 보면서 미국의 육군 대령 딘 러스크Dean Rusk 등이 지도를 보고 그은 선으로 결정됐다. 이런 역사와 볼턴이 전해주는 트럼프의 태도가 겹쳐지면서 남의 머리와 입에 우리의 운명을 맡겨놓고 있는 상황이 너무 오랫동안 변하지 않고 있다는 생각이 들지 않을 수 없다. 그럴수록 우리가 스스로 운명을 스스로 개척하는 길을 더 찾아야 할 것이라는 생각도 절실해진다.

제재를 통해 고사시켜라

국제사회의 대북 경제제재는 다각도로 진행되고 있다. 경제제재에는 다수국가가 집단적으로 실행하는 다자제재multilateral sanction와 하나의 국가가 독자적으로 실시하는 양자제재bilateral sanction가 있는데, 미국은 이들을 모두 활용하면서 북한에 대한 제재를 강화해 왔다. 물론 다자제재인 유엔 안보리의 대북제재 결의에 의한 것이 훨씬 광범위하고 강력하다. 미국이 주도해 만들어낸 것들이다. 시작은 2006년

7월 북한이 장거리미사일을 시험발사할 때부터이다. 북한이 7월 5일 장거리미사일을 시험 발사하자 미국은 유엔 안보리를 통해 결의 1695호 채택을 주도했다. 미사일과 관련된 물자, 기술, 자금의 이전을 막는 내용이었다. 2006년 10월 북한의 1차 핵실험 이후에는 유엔 안보리 결의 1718호가 통과돼 제재를 강화하고 유엔 안보리 산하에 북한제재위원회를 설치했다. 2009년 2차 핵실험 이후에는 결의 1874호, 2012년 12월 장거리미사일 시험발사 다음엔 2087호, 2013년 3차 핵실험 이후엔 2094호가 채택되었다. 2016년 1월 4차 핵실험 이후엔 2270호가 통과돼 각국이 북한산 석탄, 철, 금의 수입을 금지하는 등 제재가 훨씬 강화되었다.

2017년 5월 중거리탄도미사일 시험발사에는 2356호, 2017년 7월 탄도미사일 시험발사에는 2371호, 2017년 9월 6차 핵실험에는 2375호, 2017년 11월 장거리미사일 시험발사에는 2397호 결의로 맞서면서 북한에 대한 제재는 계속 강화되었다.

미국의 독자적 제재도 많다. 북한에 대한 미국의 독자제재는 1950년대부터 존재해 왔다. 1950년 6월 25일 북한의 남침에 대한 조치로 미국은 6월 28일 「수출통제법」을 적용해 대북수출을 전면 금지했다. 12월에는 「적성국교역법」을 적용해 대북 금융거래를 전면금지하고 북한제품의 수입을 금지했다. 이후 미국은 안보위협, 공산주의, 테러지원국, WMD 확산 등을 명분으로 대북 경제제재를 지속적으로 실행해 왔다. 「핵확산금지법」, 「적성국교역법」, 「수출통제법」, 「대외원조법」 등 미국의 대외관계를 전반적으로 규정하는 12개의 법률들이 대북 경제제재에 활용되어 왔다. 1999년에는 「북한위협감소법」, 2000년에는 「이란·북한·시리아 비확산법」이 제정돼 북한을 특정해 제재를 강화했다. 2016년 북한의 4차 핵실험 이후에는 「대북제재강화법」이 제정돼 제재가 더욱 심화되었다. 행정명령 13722호, 행정명령 13810호, 재무부 해외자산통제국OFAC(Office of Foreign Assets Control)의 규정 31CFR510.314 등도 대표적이다. 이런 규정들로 북한과의 수출입·자금거래, 북한에 대한 원조·금융지원 등을 금지하고, 북한 관련 자산을 동결하고, 북한 관련자의 입국도 금지하는 등 다층적으로 제재를 실행하고 있다. 미국은 스스로 독자적인 제재를 강화하고 있을 뿐만 아니라 일본, 한국 등 동맹국으로 하여금 대북제재를 강화하도록 지속적으로 독려하고 있다.

미국이 구사하는 제재전략에는 중국 활용도 들어가 있다. 이른바 '중국역할론'이라는 것이다. 무역문제 등으로 압박해 중국으로 하여금 북한을 압박하지 않을 수 없게 만드는 것이다. 무역문제로 중국을 괴롭히면 중국이 대북재재를 강화해달라는 미국의 요구를 들어주지 않을 수 없다는 생각이다. 실제 미국은 그런 생각으로 중국을 다각도로 압박하고 있다. 중국이 압력에 못 이겨 대북제재를 강화하면 중국과 북한 사이가 벌어질 것이라는 기대도 하고 있는 것 같다. 중국을 통해 북한을 압박할 수 있으면 좋고, 거기에 중국-북한 사이를 이간시킬 가능성까지 내포하고 있으니 미국으로선 중국에 대한 압박을 늦출 이유가 없다.

문제는 중국을 통한 북한 압박이 의미 있는 것이냐 하는 것이다. 우선 그것이 조금이나마 의미가 있으려면 중국이 북한의 대외정책에 영향을 미칠 수 있어야 한다. 그런데 그렇지가 않다. 연세대 국제대학원의 존 델러리John Delury 교수가 말하는 것처럼 1958년 이후 중국이 북한에 영향력을 행사하기는 어렵다. 한국전쟁 당시 북한을 돕기 위해 북한에 들어온 중국군이 1958년 모두 철수하게 되는데, 그 이후에는 중국이 북한의 국내정치나 대외정책에 영향을 미치기는 어렵게 된 것이다. '중국이 북한을 돕고 있으니 북한의 정책도 좌지우지할 수 있을 것이다.'라는 게 미국의 생각이지만, 실상은 그렇지가 않은 것이다. 북한에 대해, 그리고 북중관계에 대해 미국이 더 많이 생각하고 연구해야 되는 이유가 이런 데 있는 것이다.

"중국의 대북 송유관을 막아라."

중국과 북한 사이에는 송유관이 있다. 중국의 단둥시 외곽에 있는 '빠산八山원유저장소'에서 평안북도 피현군의 '봉화화학공장'(정유공장)까지 30.3km 지하로 연결한 송유관이다. 이름은 '중조우의수유관中朝友誼輸油管', 1975년 건설된 것이다. 중국은 이 송유관을 통해 매년 52만 톤의 원유를 공급하고 있다. 공짜는 아니고 국제시세보다 싸게 공급한다.

2017년 하반기 대북제재를 한창 강화하던 미국은 중국에게 송유관을 막아줄 것을 요구했다. 11월 말에는 트럼프 미국 대통령이 시진핑 중국 주석에게 전화를 걸어 송유관을 잠가줄 요구했다.[3] 하지만 중국은 거부했다. 석유 공급을 막는 것은 북한의 생존을 위협하는 것으로 보았기 때문이다. 북한이 필요한 원유의 90%는 중국에서 공급받는다. 그러니 중국이 대북 송유관을 막으면 북한은 생존이 힘

3 박영환, "트럼프, 중국에 대북 원유공급 중단 요구", 『경향신문』, 2017. 11. 30.

들 정도가 된다. 실제로 2003년 2월 말 사흘간 송유관을 막은 적이 있다. 북한이 일본 쪽 해상으로 탄도미사일을 시험발사한 것에 대한 대응 차원이었다. 2002년 10월 2차 북핵위기 발발 후 미국하고만 대화하려는 북한에 대한 경고 차원이기도 했다. 그러면서도 중국은 표면적으로는 '기술적인 이유'로 송유를 중단한다고 밝혔었다. 관계의 파탄을 원치 않았기 때문이다. 중국의 송유관 중단은 효과를 발휘해 북한이 북미중 3자회담에 응하도록 했다. 2003년 4월 3자회담이 열렸고, 8월부터 6자회담이 열리게 되었다.

중국이 당시엔 일정한 효과를 거뒀지만, 이를 재차 시도하는 것은 관계의 파탄까지 각오해야 하는 중대사안이 아닐 수 없었다. 북한으로서는 생명을 위협하는 조치로 느낄 수 있기 때문이다. 그래서 시진핑은 트럼프의 요구에도 불구하고 송유관을 닫지 않았다. 중국은 미국의 요구를 들어주는 것보다는 혈맹 북한을 유지하고 관리하는 것이 국익에 더 유리하다고 판단하고 있는 것이다. 그 이름이 잘 표현하고 있듯 송유관은 중국과 북한의 우정과 우애를 상징한다. 이를 끊는 것은 양국 사이의 우애를 단절하는 의미가 될 수 있다. 중국은 거기까지도 생각하고 있을 것으로 여겨진다. 그러니 송유관을 막으라고 요구하는 것은 '북한의 목줄을 움켜쥐어라.'하는 요구이고, '북중 우정도 끊어라.'라고 요구하는 것이다.

국제사회에서 있을 수 없는 일이다. 화해협력을 촉진하고 대화와 협상을 조금이라도 진지하게 진행해 분쟁을 해결하고 갈등을 줄이려는 노력을 못 할망정 분쟁을 조장하는 일에 발 벗고 나선다면 진정한 국제사회의 리더라 할 수 있겠는가? 미국에게서 그런 것을 기대하는 게 무리일지 모르겠지만, 미국이 진정 세계의 지도적 위치를 유지하려는 현실적 욕구를 가지고 있고, 그런 욕구를 실현하려는 합리적 방안들을 강구하고 있다면, 그런 차원에서라도 좀 세계국가들이 믿고 따를만한 리더십을 발휘해야 할 것이다. 트럼프식의 리더십은 단기적 경제성과를 좀 높일 수는 있을지 몰라도 미국이라는 제국의 숨을 길게 늘리는 데에는 결코 도움이 안 되는, 아니 절대적으로 장애가 되는 방안이 아닐 수 없다.

미국의 이러한 북한 옥죄기는 기원전 5세기 '멜로스 담판Melian Dialogue'을 상기시킨다. 당시 그리스 반도의 강자 아테네와 스파르타는 펠로폰네소스 전쟁의 와중에 있었다. 멜로스는 그리스 본토의 동쪽으로 110km 정도 떨어져 있는 에게해의 작은 섬나라였다. 아테네와 스파르타 사이 중립을 표방하고 있었다. 아테네는 멜로스에 특사를 보내 아테네 편이 되라고 요구했다. "강자는 무엇이든 다 할 수 있고 약자는 이를 견뎌야 한다."는 게 아테네의 주장이었다. 멜로스는 "중립국은 적국이 아니니 그냥 좀 놔두라."고 요청했다. 하지만 아테네는 이런 요청을 거부했다. 멜로스의 중립을 용인한다면 다른 속국들에게 약한 모습을 보이는 것이라 생각했다. 기원전 416년 멜로스를 공격해 남자들은 모두 학살하고 여자들은 노예로 팔아버렸다.

'멜로스 담판'은 그래서 '강대국은 자신의 이익에 따라 행동하고 약소국의 사정은 고려하지 않는다.'는 의미로 쓰인다. 북한에 대해 제재를 계속하고, 중국도 제재에 끌어들이려 하고, 협상에는 미온적인 미국의 태도는 멜로스와 담판을 벌이던 아테네의 모습과 닮아 있다. 물론 중국, 러시아, 한국, 일본 모두 북한을 무력으로 공격하는 것에 대해서는 철저하게 반대하고 있기 때문에 미국이 아테네처럼 전면적 무력공격에 나서긴 어려울 것이다. 하지만 군사적 공격을 제외한 다양한 수단을 동원해 북한을 압박하는 전략은 계속 추진할 것 같다. 현대판 '멜로스 담판'이 아닐 수 없다.

그런데 경제제재를 중심으로 한 강경한 외교정책은 미국에게도 세계전체에도 결코 긍정효과를 가져오기 어려움을 이란의 상황이 웅변적으로 보여준다. 트럼프는 2018년 5월 지난 2015년 맺은 이란과의 핵합의를 파기한다고 선언했다. 미국뿐만 아니라 영국, 프랑스, 독일, 중국, 러시아가 나서서 이란과 이란의 핵개발을 제한하는 합의를 맺은 것인데 이를 일방적으로 폐기한 것이다. 미국은 2020년 8월에는 유엔 안보리 의장에게 이란이 핵합의를 지키지 않는다며 이란에 대한 유엔제재의 복원이 필요하다고 통보했다. 핵합의를 준수하지 않으면 제재를 복원하는 '스냅백' 시스템을 가동해야 한다는 것이었다. 도미니카공화국을 제외한 안보리 이사국 13개 나라가 모두 반대의사를 밝혔다. 이쯤 되면 아무리 미국이라도 고집을 부려서는 곤란한 상황이다. 하지만 미국은 9월에 유엔제재의 복원을 일방적으로 선언했다. 2015년 이란과의 핵합의로 효력이 중단된 대이란 안보리 결의 1696호, 1737호, 1803호, 1835호, 1929호의 모든 조항이 다시 효과를 갖는다고 선언한 것이다. 그러면서 미국은 "모든 유엔회원국이 이 조치들을 이행해야 하는 의무를 충실히 따를 것을 기대한다."라고 했다. 또, "만약 유엔회원국이 이 제재를 이행하는 의무를 다하는 데 실패하면 미국은 그 실패의 대가를 부과할 준비가 돼 있다."고도 밝혔다.[4] 안보리가 제재를 복원하지 않아도 미국이 스스

4 김진명, "안보리 이사국들 반대에도… 미국, 대이란 제재 복원 일방 선언", 『조선일보』, 2020. 9. 20.

로 제재를 부활시켜 이란을 처벌하고, 제재를 안 지키는 모든 나라에 대해 대가를 치르게 하겠다는 협박이 아닐 수 없다. 안보리에서 논의한 적도 없고, 대부분의 나라가 반대하는 일을 미국은 혼자서 추진하면서 '우리가 시키는 대로 안 하면 혼내준다.'고 얘기한 것이다. 미국은 그런 능력이 있다. 미국을 따르지 않는 나라에 대해 달러의 힘을 활용한 제재를 하면 된다. 미국과의 거래 금지, 미국 내 자산 동결, 미국 여행금지 등의 제재는 강력한 힘을 발휘한다. 그런 능력을 믿고 미국은 이런 독자행동을 불사하는 것이다. 세계 최강국이니 국제사회가 원만하게 굴러갈 수 있도록 합리적인 제도를 만들고 이를 효율적으로 운영하는 방향으로 리더십을 발휘하면 좋을 것 같은데 미국은 그럴 생각이 없다. 내가 이익이 되는 쪽으로 가겠다는 것이 미국이다.

불똥은 우리에게도 바로 튀었다. 미국의 제재로 우리은행과 IBK기업은행에 쌓여있는 이란의 석유수출대금도 이란이 사용하지 못하게 되었는데, 이란이 한국에 이 돈을 사용할 수 있도록 해달라고 압박하고 있는 것이다. 2020년 7월에는 이란 외무부의 대변인 압바스 무사비Abbas Mousavi가 한국이 석유수출대금을 계속 사용하지 못하게 하면 국제사법재판소에 제소하겠다면서 "워싱턴과 서울은 주인과 하인의 관계"라고까지 말했다.[5] 한국이 미국의 일방적인 불법제재에 복종하는 것은 워싱턴-서울의 주종관계 때문이라는 얘기였다. 미국의 제재 때문에 이런 험한 말까지 듣게 된 것이다. 자주적인 국가를

---

5 백희연, "외교부, 이란대사 초치… '워싱턴과 서울 주종관계' 발언 항의", 『중앙일보』, 2020. 7. 21.

지향하는 제3세계 나라가 한국을 어떻게 보고 있는지 적나라하게 확인할 수 있는 계기도 되었다.

이러한 상황은 이란 현지에 진출한 우리 기업들에 대한 직접적인 피해로까지 연결되었다. 이란에 진출한 삼성, LG 등 업체들은 현지인들의 홀대에 빠져나와야 하는 상황이 되었다. 제재에 동참하는 한국을 이란인들이 싫어하게 되면서 생긴 현상이다.

이란 제재는 미중갈등과 얽히면서 심각성이 높아지고 있다. 미국의 제재를 받고 있는 이란은 중국과의 관계를 강화하고 있다. 중국에 싼 값에 안정적으로 원유를 공급하는 대신 중국으로부터 25년 동안 금융과 통신, 항만, 철도 등에 4천억 달러(약 480조 원)의 투자를 받기로 했다.[6] 이란은 미국 대신 중국을 붙들고 경제를 성장시키려 하고, 중국은 일본-호주-인도를 연결한 미국의 봉쇄전략에 맞서 파키스탄-이란-이라크-시리아 연결망을 형성해가고 있다. 미중의 경쟁과 갈등이 동아시아, 오세아니아를 넘어서 중동으로 확산, 심화되어 가는 형국이다.

북한에 대한 제재를 계속하는 것은 이러한 구도를 더욱 심화하는 것이 아닐 수 없다. 북한에 대한 제재가 단순히 한 나라에 대한 제재로 멈추는 것이 아니라 국제체제의 구조변화와 맞물리면서 세계차원의 분쟁구도 형성에 적극 기여하는 모습이 되어가고 있는 것이다. 미국의 대통령이나 대외정책 결정자들에게는 그런 인식이 없을 수 있다. 정책을 직접 담당하는 사람들은 구조적·역사적 문제에 대한 깊은 천착을 할 만한 여유가 없다. 하지만 세계를 긴 안목으로 보는

---

6 정인환, "미 봉쇄 맞서 이란, 중국품으로", 『한겨레』, 2020. 7. 13.

사람들은 깊은 우려를 계속 쏟아내고 있다. 미국의 정책결정자들이 그런 목소리에 더 귀를 기울이기를 기대할 따름이다.

체제 전복도 선택지

트럼프는 애초 협상보다는 북한체제 전복을 먼저 생각했다. 워터게이트 특종기자 밥 우드워드가 트럼프를 18번이나 인터뷰한 후 쓴 『격노Rage』라는 저서가 그 내용을 잘 말해준다. 대통령 취임 6일째인 2017년 1월 26일 대북정책을 결정하는 회의가 열렸다. 오바마가 퇴임하면서 북한이 가장 큰 위협이라고 말했기 때문에 대북정책 회의가 빨리 열리게 됐다. 핵을 가진 북한을 어떻게 다뤄야 하는지가 핵심의제였다. 군사적 공격, CIA(국가정보국)의 공작, 핵 보유국 인정 등 9개의 시나리오를 두고 검토했다. 그중 트럼프는 군사·경제·외교적 압박을 강화하는 '최대압박' 전략을 취했다. 이후 2개월 남짓 더 다듬어 4월 중순 '최대압박과 관여Maximum Pressure and Engagement'라고 대북정책을 이름 지었지만, 방점은 어디까지나 '최대압박'에 찍혀 있었다.

대북정책의 이름을 확정짓기도 전인 3월 초 당시 CIA국장이던 마이크 폼페이오가 은퇴한 한국계 CIA요원 앤드루 김Andrew Kim을 찾았다. 서울, 베이징, 도쿄, 홍콩, 방콕, 바르샤바 등에서 활동한 베테랑 요원이다. 폼페이오는 코리아미션센터 설립 계획을 말했다. 앤드루 김은 CIA 전체에 흩어져 있는 수백 명의 북한 관련 전문가들을 한 곳에 모아야 하고 예산도 많이 필요하다고 말했다. 폼페이오는 지원을 약속했다. 그렇게 해서 CIA코리아미션센터가 5월에 설립되었다.

CIA 내에 특정 국가를 대상으로 하나의 센터가 세워진 것은 처음 있는 일이었다. 이 센터의 임무는 트럼프가 명령하면 북한 지도자를 타도하기 위해 은밀한 행동을 계획하는 것이었다.[7] 기회가 오면 김정은 체제를 전복하기 위해 준비하기 위한 조직이었다는 얘기다.

실제로 2017년 7월 북한이 ICBM을 시험발사했을 때 미국은 기민하게 움직였다. 주한미군은 동해에서 김정은을 타격하는 훈련을 했다. 김정은이 ICBM 시험발사 당시 참관했던 장소까지의 거리를 정확히 계산해 같은 거리에 있는 동해의 한 지점에 미사일을 떨어뜨렸다. 오차 없이 김정은을 언제든지 타격할 수 있음을 보여주기 위한 훈련이었다.

미국 네브래스카주 오마하에 있는 전략사령부는 작전계획을 실행하는 방안을 깊이 검토했다. 이것도 밥 우드워드의 저서 『격노Rage』에 나오는 얘기다. 우드워드는 작전계획 이름을 '5027'이라고 했는데, 실제로는 그 이름이 '5015'이다. 2015년 이름이 그렇게 바뀌었다. 우드워드가 그런 것까지 파악하지는 못하고 있었던 것 같다. 어쨌든 북한이 공격할 경우 한미의 대응방안을 담은 작전계획을 실행할지를 북한의 ICBM 시험 발사 국면에서 깊이 검토했다는 것이다. 다시 말하면, 북한을 공격해 체제전복을 해볼까 하는 생각을 심각하게 했었다는 얘기다. 이 당시 핵무기 80개로 북한을 공격하는 방안도 고려했다는 보도가 국내언론에 나오기도 했지만, 이는 언론사의 오역이었다. 우드워드의 저서 『격노Rage』에 나오는 "The Strategic

---

7 조의준, "트럼프가 세운 CIA코리아센터, 김정은 체제 전복이 목적", 『중앙일보』, 2020. 9. 14.

Command in Omaha had carefully reviewed and studied OPLAN 5027 for regime change in North Korea – the U.S. response to an attack that could include the use of 80 nuclear weapons" 라는 대목을 잘못 번역한 것이다. 작계 5027을 설명하는 부분을 "핵무기 80개 사용이 포함될 수 있는 (북한의) 공격에 대한 미국의 대응"이라고 번역해야 하는데, "(북한의) 공격에 대한 핵무기 80개 사용이 포함될 수 있는 미국의 대응"이라고 번역한 것이다. 어쨌든 북한에 미국이 핵무기 80개를 쓴다는 것은 그야말로 말이 안 되는 얘기다. 우선 미국은 전술핵무기를 실전배치하고 있는 것이 없다. 실전배치된 것은 모두 전략핵무기이다. 그런 큰 규모의 핵무기 80개를 북한에 쓴다면 북한은 남아나지 못할 것이고 한국, 중국에도 엄청난 방사능 피해를 줄 수밖에 없다. 그런 무리한 계획을 작전계획에 넣는다는 것이 어불성설이다. 혹시 핵무기 사용 계획을 넣는다고 해도 숫자를 명기할 이유는 없을 것이다. 숫자를 넣어야 한다면 '몇 개' 정도로 했을 것이다. 현재 한미가 가지고 있는 작전계획 5015에는 북한이 핵을 사용하는 경우 미국이 핵으로 대응하는 내용이 포함되어 있는 것 아니냐는 얘기가 나오기도 한다.[8] 어쨌든 '미국의 80개 핵 사용설'은 여러 가지로 한국언론의 저급성을 다시 보여준 사건이 아닐 수 없다.

하지만 문제는 이후 미국 전략사령관의 반응이 미국의 대북전략에 많은 의구심을 낳았다. 찰스 리처드Charles Richard 美전략사령관이 '미국의 80개 핵 사용설'이 한국언론에 난 직후인 2020년 8월 14일

8 이철재, "靑도 부정한 '핵무기 80기'…'美대북 작계 일부였다.'", 『중앙일보』, 2020. 9. 21.

브리핑에서 "작계 5027에 핵무기 사용이 포함되느냐."는 기자의 질문에 "그 어떤 작전계획에 대해서도 구체적인 사항을 언급할 수 없다."고 답했다. 물론 군인으로서 원론적인 답을 한 것이라 볼 수도 있지만, 작계에 핵무기 사용 계획 포함 여부는 한미 간 매우 민감하고 중대한 문제이기 때문에 포함되지 않았다면 분명하게 말할 수도 있는 것이었다. 청와대는 바로 전날 "핵무기 사용은 작계에 없다."고 명확히 말했다. 그런데도 미국의 전략사령관이 모호하게 말한 것은 미국이 내부적으로 작계에 핵무기 사용을 넣을 생각을 가지고 있는 것은 아닌지 의구심을 낳기에 충분했다.

미국은 북한이 ICBM을 시험발사한 지 두 달쯤 되는 9월 말에는 미군 B-1B폭격기와 전투기 20여 대가 북한영공 바로 앞까지 다가갔다. 조금만 더 전진했더라면 북한은 격추에 나섰을 것이고 그러다 보면 무력충돌이 발생할 수도 있는 상황이었다. 이때의 상황은 북한이 보기에도 매우 위험한 상황이었던 것 같다. 2018년 3월 폼페이오가 평양을 방문했을 때 김정은이 "우리는 전쟁에 매우 가까이 갔었다."라고 말한 것은 이때를 두고 하는 말이었다. 2017년 10월에는 북한과 유사한 지형을 가진 미주리주 오자크에서 김정은 참수 계획을 담은 '작전계획 5015'를 실행하기 위한 정교한 훈련도 실시했다. 이 훈련에서는 특히 지상 150m의 낮은 상공에서 고성능 벙커버스터를 투하해 지하시설을 부수는 훈련이 집중 실시되었다. 북한의 지하시설을 겨냥한 것이었다.

2017년 연말 즈음에는 미국이 '블러디 노즈bloody nose'(코피작전)를 준비하고 있다는 보도가 서방의 외신들에 잇따라 나오기도 했다. 김정은의 코를 한방 갈겨 코피를 내는 작전을 말하는 것이었다. 북한의 ICBM 발사대나 미사일을 보관하는 무기고를 타격하는 방안을 검토하고 있다는 내용이었다. 이런 보도들에 대해 미국은 정면으로 부인하지 않았다. 오히려 제임스 매티스James Mattis 당시 국방장관은 "『이런 전쟁This Kind of War』이란 책을 읽고 있다."고 말해 전쟁도 준비하고 있음을 내비쳤다. 1963년 페렌바크T. R. Fehrenbach가 출간한 한국전쟁 역사서로, 미군이 준비되지 않은 채 전쟁을 시작해 많은 희생을 낳았다는 내용이다. 이제 준비된 전쟁을 할 태세를 갖추고 있다는 얘기였다. 2017년 말 문재인 대통령이 한미군사훈련 중단을 미국에 요청하고 미국이 수용하면서 분위기가 반전돼 이듬해 2월 평창동계올림픽 개막식에 김여정이 참석하고, 이후 남북정상회담 국면이 전개되지만 2017년 하반기 미국은 어떻게 하면 김정은체제를 뒤집어버릴 수 있을까를 심각하게 고민하고 있었던 것이다.

미국이 북한체제의 전복을 검토해온 것은 어제오늘의 일이 아니다. 북한과 미국이 핵문제로 심한 갈등을 겪던 1994년 6월에는 미국이 북한의 영변 핵단지에 대한 '외과수술적 타격surgical strike'을 심각하게 고려했다. 백악관에서 구체적인 계획을 논의하고 있던 중 평양에서 김일성과 회담을 마친 지미 카터Jimmy Carter 전 미국대통령이 전화를 걸어 '북한과 고위급회담을 계속하기로 합의했다.'는 소식을 전하면서 폭격계획이 중단될 수 있었다. 부시George W. Bush 행정부의 네오콘들은 선제타격으로 김정일체제를 전복시키려는 목표를 세우기도 했다. 오바마 행정부 당시에도 그런 적이 있다. 당시 존 브레넌John Brennan CIA국장은 김정은을 제거하는 '맨 체인지man change'를 검토했었다. CIA 내에 북한그룹을 두고 북한의 위협을 제거하는 방안으로 암살 등의 작전을 검토한 것이다.[9] 쿠바에 대해서도 체제전복을 실제로 시도했었고, 쿠바의 지도자 피델 카스트로Fidel Castro에 대해 638번이나 암살을 시도했던 미국이다. 지금도 미국의 정보기관들이 북한에 대해 그런 검토를 하고 있는 것은 아닐까?

그런데 더 큰 문제는 미국의 역대정권들이 지속적으로 북한체제 전복 계획을 검토하면서도 우리를 늘 패싱해왔다는 것이다. 한반도의 운명을 좌우할 만한 엄청난 조치를 검토하는데도 우리와 논의하고 협의하는 일이 없었다는 것이다. 그러면서도 미국은 늘 한미동맹 강화를 강조한다. 우리가 중국과 좀 관계를 강화하는 듯하면 한미동맹의 가치를 내세운다. 우리에게는 한미동맹의 틀 내에서 움직이도록 하면서 미국은 그 바깥에서 북한정권을 전복해볼까, 북한 핵시설을 폭격해볼까 하는 생각을 자유롭게 해온 것이다. 동맹은 적을 공유하면서 상호신뢰가 지속할 때만 유지될 수 있다. 과연 미국은 신뢰를 유지하기 위한 노력을 하고 있는 것인가?

협상 막아선 대선

북한의 비핵화는 우리에겐 절체절명의 중대사안이 아닐 수 없다. 잘되면 한반도 해빙무드가 계속되면서 남북관계가 개선되고 경제협력도 강화되면서 경제도 활력을 찾을 수 있다. 반대로 안 되면 남북한은 장기경색 속에서 불신과 미움이 깊어질 수 있고, 경제도 어두

9 이윤영, "CIA, 작년 北 김정은 겨냥 '맨 체인지' 검토…우드워드 신간", 『연합뉴스』, 2018. 9. 11.

운 터널에 한동안은 더 머물러 있어야 할 가능성이 높다. 우리가 하는 일이라면 모든 것을 걸고 해야 할 일이다. 하지만 불행하게도 북한 비핵화는 북한과 미국의 일이 되어 있다. 북한이 그걸 원하고 미국도 비핵화는 중한 국가이익이 걸려있다고 여기면서 그렇게 되었다. 우리에게 비핵화가 중요한 만큼 북한에게도 비핵화는 큰 문제이다. 2013년 3월 핵·경제병진전략을 내세운 이후 핵무기 고도화 작업을 계속했고, 2018년 4월에는 그 작업이 마무리됐다면서 경제건설총력 전략으로 국가발전전략을 수정했다. 그러면서 2018년 6월 싱가포르에서, 2019년 2월에는 베트남 하노이에서 미국과 정상회담을 벌여 비핵화의 길을 모색했다. 비핵화로 경제제재를 해제받고 경제건설을 촉진하겠다는 생각이었다. 제재가 계속되는 한 북한이 가진 지하자원의 수출, 국제금융기구의 지원 등을 기대하기 어렵고 경제건설은 제한적일 수밖에 없기 때문이다. 결국 비핵화는 우리가 살고 북한도 사는 Win-Win의 길이 아닐 수 없다.

문제는 그것이 미국과 트럼프 미국 대통령에게는 그렇게 다급한 일이 아니었다는 데 있다. 트럼프는 재선을 향해 달리고 있었다. 선거를 앞둔 대통령에게 가장 중요한 것은 표이다. 유권자의 마음만큼 중요한 것이 없는 것이다. 작은 조치 하나라로 유권자의 마음을 사는 것이라야 하고, 그들의 마음을 조금이라도 거스르는 것이라면 포기하게 마련이다.

북한 비핵화는 어떤가? 트럼프의 득표에 도움되는 일이었나? 어떤 사람들은 말했다. 국내적으로 비토세력도 많고, 특히 유색인종들의 반감이 큰 데다 미국사회를 분열시킨 책임에 대한 비판이 많은 상황에서 외교정책에서 성과가 필요한 상황이었다고. 그래서 북핵문제를 풀어서 성과로 제시해 표를 더 얻으려 할 만한 상황이었다고. 그런데 그러려면 전제가 있다. 북한 비핵화 협상 타결이 성과로 인정받아야 한다는 것이었다. 성과로 인정받으려면 미국의 유권자들이 "잘했다." "우리가 유리하게 협상을 타결했다."라는 평가를 해줘야 한다.

그런데 내가 보기엔 그런 평가를 받기란 하늘의 별따기다. 왜? 협상 타결을 위해서는 미국도 일부 양보를 해야 하고, 그 내용은 경제제재 완화가 핵심인데, 그게 어렵기 때문이다. 왜 어렵냐? 미국인들은 북한에 대해 경제제재 완화를 싫어하기 때문이다. 미국사람들은 북한에 대해 '불량국가rogue state', '천민국가pariah state', '폭정의 전초기지outpost of tyranny' 등으로 인식하고 있다. 미국의 대통령이나 정권들이 그렇게 규정했었고, 언론들이 열심히 받아썼다. 그 바람에 사람들의 머릿속에 그런 부정적인 용어와 이미지가 깊이 새겨져 있다. 그런 국가에 대해 유엔이 채택한 경제제재 결의를 폐지하고 제재를 완화한다고? 미국사람들은 고개를 가로젓는다. 그런 상황에서 트럼프가 경제제재를 완화하고 북한과 핵협상을 타결 짓기는 매우 어려운 상황이었다.

더욱이 트럼프는 국내적으로도 쉽지 않은 상황이었다. 우크라이나 대통령에게 전화해서 조 바이든 민주당 대선 주자의 아들에 대해 조사하라고 요구했다고 해서 탄핵위기에까지 몰렸었다. 동맹을 무시하고 미국 홀로 가려는 정책은 미국 식자층의 비판을 면치 못했다. 미국사회를 인종별로 민족별로 구분하려는 분열주의 정책과 발언들도 큰 비난을 샀다. 성추문도 언제든 다시 이슈가 될 수 있었다. 유권자가 조금이라도 싫어할 만한 조치는 더욱 택하기 어려워져 있

는 상황이었다

거기에 더해 선거가 가까워 올수록 대통령은 대외정책보다는 국내정책에 관심을 기울이게 되어 있다. 대외정책은 사람들에게 주는 임팩트가 적고, 국내정책은 크기 때문이다. 미국 유권자들은 이란과 핵협상을 하는 문제는 나와 관련이 없다고 느낄 것이다. 반면 세금을 내리는 문제는 바로 나의 문제라고 인식할 것이다. 그러니 트럼프도 외교문제는 신경을 덜 쓰고, 북한과의 협상에 대해서는 관심을 더 쓸 수밖에 없었다. 이렇게 보나 저렇게 보나 대선 국면의 미국이 북한과 협상을 멀리할만한 원인은 많고도 많았다. 트럼프가 대통령이면서 맞은 대선이 북한과의 협상을 가로막고 있었다. 우리는 이런 저런 기대를 섞어 '옥토버 스프라이즈October surprise' 등을 얘기하기도 했지만, 미국의 상황은 우리의 기대와는 전혀 상관없이 북한에서 한참 멀어져 있었다.

협상은 뒷전 방위비 분담금은 엄청 요구

미군은 해방 직후인 1945년 9월 8일 한국에 들어왔다. 소련이 북한에 진주하자 일본에 있던 제24군단 7사단 병력이 급하게 인천을 통해 들어온 것이다. 이후 3년 동안 남한을 통치했고, 이승만정부가 들어선 뒤 1949년 철수했다. 철수한 미군은 한국전쟁 발발로 다시 들어왔다. 이후론 계속 주둔하고 있다. 주둔 병력규모를 보면, 1945년 76,000명이었고, 1949년에는 군사고문단 500명만 남고 모두 철수했으며, 전쟁이 발생한 1950년 214,000명이 들어왔다. 1953년에는 325,000명까지 증대되었고, 전쟁이 끝나고 병력이 빠져나가면서 1958년에는 52,000명이 되었다. 이후 5만에서 6만 명 수준을 유지하다가 1971년 43,000명으로 줄었다. 그 후 2004년까지 3만에서 4만 명 정도가 주둔했고, 2005년 29,500명으로 감축되었다가 2006년에는 28,500명으로 줄어 지금까지 그 숫자가 유지되고 있다.

주한미군 주둔비용을 우리가 분담하기 시작한 것은 1991년부터이다. 당시 1억 5,000만 달러를 우리가 부담했다. 이후 계속 증가해 1995년 3억 달러가 됐고, 2001년에는 4억 4,400만 달러가 되었다. 2005년부터는 원화로 지급하기 시작해 6,804억 원을 냈다. 2007년 7,255억 원, 2011년에는 8,125억 원으로 늘었다. 2014년 9,200억 원이 됐고, 2019년에는 1조가 넘어 1조 389억을 부담했다. 트럼프는 이것도 터무니없이 부족하다면서 한국이 분담금을 5배로 올려야 한다고 압박했다. 한국이 받고 있는 혜택에 비하면 10억 달러 정도 부담하는 것은 말이 안 되고 5배는 더 내야 한다는 요구였다.

근데 트럼프의 요구는 많이 잘못됐다. 한미가 체결한 방위비분담협정에 따르면 분담금은 한국인 노무자 인건비, 막사 등 건설비, 탄약보관 등 군수지원비 등으로만 사용하게 되어있다. 이런 협정을 무시하고 트럼프는 주한미군의 훈련비용, 심지어 미군의 인건비까지 부담해야 한다고 요구했다. 협정을 어긴 것이고, 비용의 지나친 전가가 아닐 수 없다. 더 근본적으로는 주한미군이 온통 한국을 위해 희생하고 있다는 생각이 잘못됐다. 어느 나라나 마찬가지이지만, 미국 대외정책의 기본도 국가이익이다. 국가이익이 있는 곳에 공무원, 군인을 파견하고 자원도 투여한다. 반대로 국가이익이 없는 곳에서는 이런 자원을 투입하지 않을 뿐만 아니라 있던 자원도 뺀다. 다른 어떤 나라보다고 이런 외교원칙에 충실한 나라가 미국이다. 그런데 주한미군이 온통 한국만을 위한 것이라고? 소가 웃을 일이다.

주한미군이 미국에 실제 어떤 실익을 주는지 따져보자. 2018년 1월 18일 백악관에서 국가안보회의가 열렸다. 트럼프가 갑자기 한국에 미군 주둔이 필요한지 물었다. 매티스 국방장관이 답했다. "만약 북한이 미사일을 발사한다면 알래스카 미군기지에서 이를 파악하는 데 15분 걸립니다. 그런데 주한미군은 7초만에 알 수 있습니다."라고 말했다. 트럼프는 이런 설명은 한 귀로 듣고 한 귀로 흘린 뒤 "한미동맹은 미국경제에 상처를 주고 있다."고 강조했다. 한국과의 관계에서 어떤 식이든 남는 장사를 해야 하는데 그게 안 된다는 얘기였다. 매티스는 "주한미군을 주둔시키는 것이 비용을 가장 절감하는 것"이고 "3차대전을 예방하는 길"이라고 설명했다.[10] 물론 트럼프는 이런 설명을 여전히 이해하지 못했다. 조셉 나이Jeseph Nye가 말한 것처럼 안보는 공기와 같은 것이다. 있을 땐 그 가치를 모르다가 없어지면 바로 목숨을 앗아간다. 혹시 있을지 모르는 적의 공격에 대비하는 것이 안보의 기본이다. 거기서 15분과 7초의 차이는 그야말로 천문학적인 차이이다.

게다가 미국의 가장 큰 적은 이제 중국이 되었다. 주한미군을 통해 중국의 미사일을 효과적으로 감지하는 것은 중국과의 경쟁에서 압도적인 우위를 확보하는 것이다. 중국이 미사일을 쏘고 미국이 이를 감지해야 하는 상황이 아니더라도 중국의 코앞에 미군을 배치해

---

10 김진호, "[김진호의 세계읽기] 15분과 7초의 차이를 모르겠니? 트럼프, 이 바보야!", 『경향신문』, 2018. 9. 6.

중국군에 대한 정찰능력을 강화하는 것은 미국의 전략적 이익을 크게 증대하는 것이다. 소련이 망한 이후에도 주한미군이 계속 남아 있는 데에는 이러한 이유도 작용하고 있는 것이다. 이처럼 미국의 이익을 위해 존재하는 미군의 주둔 비용을 우리에게 전가하려는 것은 트럼프의 큰 오판이 아닐 수 없다. 물론 주한미군이 있어서 우리의 안보능력이 증대되는 것은 사실이다. 그 가운데서도 대북정찰능력과 핵우산제공은 크게 평가할 수 있는 부분이다. 그걸 폄하하자는 것이 아니다. 미국도 필요해서 주한미군을 둔 것이고, 우리에게도 주는 안보상 이익이 있으니 적절하게 협의해서 방위비를 분담하면 되는 것이다.

그런데도 트럼프는 미국이 온전히 한국에 주기만 하는 것으로 착각하고 있었다. 2017년 대통령 취임 초기 아프가니스탄에 있는 미군과 함께 주한미군을 빼내라고 말하기까지 했다. 참모들의 반대로 실제 철수하지는 않았지만 트럼프는 주한미군 철수를 직설적으로 말했다.[11] 한국의 방위비 분담을 늘리기 위해 주한미군 철수 가능성을 언급하려 하기도 했다. 볼턴의 책 『그것이 일어난 방』에 이와 관련한 내용이 있다. 트럼프가 방위비 협상과 관련해서 미군 철수 문제를 검토하려 했지만, 국무부와 국방부가 하지 않았다고 밝히고 있다. 트럼프는 미국이 한국을 보호해주고 있는 것이니 미군을 철수하겠다고 위협하면 방위비 협상에서 효과적인 카드가 될 것이라고 생각하고 있었던 것이다.

---

11 김윤나영, "트럼프, 집권 초 '주한미군 빼라'… '김정은과 좋은 관계'", 『경향신문』, 2020. 9. 11.

주한미군과 관련해 트럼프는 2018년 6월 12일 첫 북미정상회담 직후 기자회견에서는 "언젠가는 주한미군을 철수하고 싶다. 그들을 집으로 데려오고 싶다. 돈이 너무 많이 들기 때문이다. 한국도 돈을 조금 내고 있지만 미국이 너무 많이 내고 있다. 그러나 지금 당장 그들을 철수하지는 않을 것이다."라고 말하기도 했다. 본심은 철수하고 싶다는 것이지만, 당시가 적절한 시점은 아니라는 얘기였다. 트럼프는 2019년 7월 일본과 한국을 방문했을 때에도 방위비 분담금 문제 등이 해결되지 않으면 동맹의 근간을 재조정할 것이라는 경고를 했다.[12] 『월스트리트저널』의 보도에 따르면 백악관이 2019년 가을 전세계에 배치된 미군의 조정을 검토했고, 이에 따라 美국방부가 2020년 3월 주한미군을 감축하는 옵션을 백악관에 제시했다고 한다.[13]

독일주재 미국 대사로 일하던 리처드 그리넬Richard Grenell은 2020년 6월 임기를 마치면서 "미군 재배치 계획의 일환으로 독일뿐만 아니라 시리아와 아프가니스탄, 한국, 일본에서도 미군철수를 계획하고 있다."고 밝혔다. 독일의 미군은 3만 4,674명에서 1만 2,000명을 줄이기로 했다. 동북아의 상황이 유럽과는 많이 다르긴 하지만 주독미군을 줄이는 미국이 주한미군이라고 해서 성역으로 남겨둘 리는 없을 것이다. 국방수권법에 따라 현재의 28,500명의 주한미군을 줄이기 위해서는 의회의 승인이 있어야 하지만, 그것이 절대적인 장벽이

---

12 "北, 트럼프를 '봉'으로 봐… 김정은과 핫라인은 존재 안 해.", 『동아일보』, 2020. 7. 13.

13 Michael Gordon and Gordon Lubold, "Trump Administration Weighs Troop Cut in South Korea", *Wall Street Journal*, July 17, 2020.

될 수도 없을 것이다. 중요한 것은 주한미군을 줄일 것인지, 철수할 것인지 모두 미국의 국익, 미국 정책결정자들의 판단으로 결정된다는 것이다. 독일의 경우 국내총생산GDP의 2%로 국방비를 올리라는 미국의 요구를 수용하지 않고 1.36%(2019년) 수준을 유지하고 있었기 때문에 트럼프의 반감을 샀다. 하지만 우리는 상황이 다르다. 미국의 중국견제라는 보다 큰 틀의 국제정치가 작용하고 있다. 그래서 주한미군을 섣불리 건드릴 것 같지는 않다. 하지만 미국 정책결정자들의 전략적인 사고의 방향은 어제든 변동 가능성이 있는 것이고, 미군감축 카드로 작은 국익을 우선 실현하려는 생각을 가지게 된다면 상황은 언제든 달라질 수 있는 것이다.

트럼프는 북한의 미사일 시험발사에 대한 보고를 받을 때에도 방위비 협상에서 이를 활용하도록 지시하기도 했다고 한다. 역시 볼턴의 회고록에 나오는 내용이다. 북한이 미사일을 발사하는 때가 '돈을 달라고 할 적기'라고 트럼프가 말했다는 것이다. "북한이 이렇게 남한을 위협하고 있지 않느냐. 그런데 미국이 남한을 보호해주고 있기 때문에 별일이 없는 것 아니냐." 이런 식으로 한국에 말하라는 것이었다. 북한이 미사일 시험발사를 하면 미국은 엄청 걱정을 하면서 한미동맹의 강화방안을 고민할 것이라는 생각은 하지말자. 어떡하면 이 상황을 이용해 미국의 이익을 더 확보할까 고심하고 있다고 보는 게 더 맞을 것이다. 바이든 행정부는 제발 트럼프 정부와는 완전히 다른 인식으로 완전히 다른 정책을 펴주길 바랄 뿐이다.

'굳건한 한미동맹'을 한국이나 미국 모두 수시로 강조하지만, 실제로 굳건한지는 따져봐야 할 일이다. 지금은 '잊혀진 사건'이 되었지만, 1996년 9월 미국에서 '한국계 스파이 사건'이 발생해 『워싱턴포스트』 1면을 장식한 적이 있다. '로버트 김 사건'이라고도 불린다. 로버트 김은 경기고와 한양대 산업공학과 출신으로, 부친이 전 공화당 의원 김상영, 동생이 김성곤 전 더불어민주당 의원이다. 1996년 유학을 위해 미국에 건너간 뒤 1970년부터는 美항공우주국NASA에서 일했고, 1978년부터는 美해군정보국ONI에서 정보분석관으로 근무했다. 주요 군사정보를 취합, 분석하는 일을 했다. 자신이 다루던 비밀정보 가운데 39건을 주미한국대사관의 무관 백동일 대령에게 건넸는데, 그게 문제가 돼 美연방수사국FBI에 체포됐고, 9년 동안 감옥생활을 했다.

그가 다루던 정보는 모두 기밀등급과 제공처가 표시돼 있었는데, 한국에 제공된 정보는 'Released: Korea'(제공됨: 한국)이란 표시가 달려 있었다. 그런데 이 표시가 붙어 있는 정보는 아주 적었다. 한국에 제공된 정보는 매우 적었던 것이다. 중요한 내용을 가진 높은 등급의 정보는 한국에 가지 않았다. 영국이나 캐나다에도 제공되는 한반도 관련 정보가 정작 한국에는 가지 않는 경우가 많았다. 1996년 9월 18일 강원도 강릉 앞바다에서 북한 잠수함이 좌초했고, 타고 있던 북한군은 도주했다. 군경의 대규모 작전으로 북한군 13명은 사살됐고, 11명은 살해된 채 발견됐고, 1명은 생포됐다. 우리 군과 민간인 17명도 사망했다. 당시 미국은 북한 잠수함이 한국 영해로 들어온 것을 알고 있으면서도 한국에 정보를 주지 않았다. 미국은 북한 잠수함을 거의 3시간 간격으로 관측하고 있었다. 당시 한국 영해로 들어온 잠수함은 두 척이었다. 한 척은 강릉 앞바다에서 좌초됐고, 다른 한 척은 동해 연안을 따라 제주도 남단까지 갔다. 그런 소상한 정보를 가지고 있으면서도 한국과 공유하지 않은 것이다. 로버트 김은

공유되지 않은 그런 정보를 미국 주재 한국 무관에게 제공하다가 오랫동안 감옥살이를 하게 된 것이다.[14]

24년 전의 일이다. 지금은 어떨까? 미국의 태도 달라졌을까? 더 많은 정보를 제공하고 있을까? 영국, 캐나다에 주는 한반도 정보를 우리에게 다 주고 있을까? 20여 년의 시간이 많은 변화를 가져왔을 것 같지는 않다. '혈맹', '우방' 등등 여러 용어들로 미국을 묘사하고, 미국에 기대야 우리의 살 길이 보장되는 것처럼 말하는 사람들이 많지만, 결국 미국은 미국의 국익을 좇아가고 있고, 거기서 한국이 고려될 가능성은 그다지 높지 않다고 보아야 하지 않을까?

---

14 최보식, "'한국계 美 스파이 사건' 그 후 20년… 방한한 로버트 김", 『조선일보』, 2016. 9. 19.

3
뿌리 깊은 반북

외교 기득권세력의 북한 혐오

미국인들이 북한에 대한 제재 해제를 싫어하는 데에는 '불량국가 북한'이라는 이미지 때문이라고 설명했는데, 우선 그런 인식을 분명히 가지고 있는 집단이 워싱턴의 외교기득권세력foreign policy establishment이다. 국무부와 국방부, 중앙정보국CIA, 상하원, 언론, 학계 등에 포진하고 있는 외교정책결정의 주요행위자들이다. 중동과 중남미, 아시아에 대한 미국의 정책을 결정해오면서 나름의 권위과 권력, 이익을 챙겨온 세력이다. 오바마 행정부에서 백악관 국가안보 부보좌관을 지낸 벤자민 로즈Benjamin Rhodes가 블롭Blob으로 칭한 집단이다. 1958년 개봉된 영화 The Blob의 주인공이 블롭인데, 이놈은 외계 생명체로 모든 것을 먹어치우면서 죽지 않는 특성을 가지고 있다. 워싱턴의 외교기득권세력이 그런 비슷한 특성을 가지고 있다고 해서 로즈는 블롭으로 이름 붙였다.

이 세력은 2차 세계대전을 치르면서 급성장해 미국 외교정책을 쥐락펴락해왔다. 세계 곳곳에 미군을 파견하고, 동맹을 형성하고, 친미적 시장과 제도를 만들어내고, 달러를 기축통화로 탄탄하게 자리 잡도록 하면서 미국의 우위를 유지해 왔다. 이들은 공직과 싱크탱크, 대학, 군수업체 등을 오가며 권력을 유지해왔다. 출신은 다양하지만 생각은 비슷하다. 미국이 패권적 리더십을 계속 행사해야 한다는 생

각, 패권을 내려놓는다는 것은 잘못된 바보같은 짓이라는 생각을 갖고 있는 것이다.[15]

이들의 북한에 대한 인식은 한마디로 회의론skepticism이다. 북한에 대해서는 어느 것도 믿지 않는 것이다. 북한이나 북한의 최고지도자가 하는 말을 신뢰하지 않을 뿐만 아니라 북한이 미국과 대화하고 협상할 수 있다는 것도 믿지 않는다. 오바마 행정부 당시에도 이들은 위력을 발휘했다. 이들의 북미데탕트에 대한 회의적인 시각이 8년 내내 오바마의 대북정책을 '전략적 인내strategic patience'상태로 얼려놓은 것이다.[16] 쿠바와 수교를 하고, 이란과 핵협상을 타결하면서도 유독 북한에 대해서만은 엄격했다. 결국 오바마 행정부는 북한과 핵문제를 해결하기 위한 진지한 협상을 전혀 해보지 못했다.

이들의 활약은 민주당 정부, 공화당 정부를 가리지 않는다. 2019년 2월 28일 하노이 북미정상회담은 트럼프와 김정은이 세기적 협상을 타결할 수 있는 절호의 기회였다. 실제로 타결될 뻔했다. 트럼프는 우선 빅딜을 제안했다. 북한이 핵무기와 핵물질, 핵시설, 그리고 다른 대량살상무기를 폐기하면 경제제재를 전면 해제한다는 것이었다. 북한의 동해에 호텔을 짓는 등 경제발전을 직접적으로 돕겠다는 얘기도 했다. 김정은은 응하지 않았다. 응하기 어려운 것이었다. '먼저 비핵화하라 그 다음에 제재 해제할게.' 이런 제안은 김정은 아니

---

15 Patrick Porter, "How the U.S. Foreign Policy Establishment Constrains American Grand Strategy", *International Security*, Policy Brief, June 2018, p.4.

16 John Feffer, "The Real Obstacle to Peace Between Washington and Pyongyang", LobeLog, June 5, 2018. https://lobelog.com/the-real-obstacle-to-peace-between-washington-and-pyongyang

라 누구라도 응하기 어려운 것이었다. '먼저 무장해제하고 나와라 그러면 보상을 해줄게.' 하는 얘긴데, 이걸 누가 받을 수 있겠는가? 신뢰가 돈독한 국가 사이에서도 이뤄지기 어려운 안이 70년간 불신을 차곡차곡 쌓아온 북한과 미국 사이에서 힘을 발휘할 수 있겠는가?

김정은은 빅딜을 거부하고 대신 역제안은 했다. 영변의 핵시설을 폐기할테니 2016~2017년 사이 채택된 유엔 안보리 제재 결의 5개, 그 가운데서도 민수경제와 인민생활에 지장을 주는 항목만 해제하라는 것이었다. 트럼프는 이 제안을 받으려 했다. 하지만 국무장관 폼페이오와 국가안보보좌관 볼턴이 트럼프를 저지했다. 이들이 내세운 것은 우라늄농축시설은 영변 바깥에도 있다는 것이었다.[17] 그래서 미국은 영변+알파, 즉 영변과 우라늄농축시설 폐기를 주장했다. 이제 김정은이 거부할 차례였다. 영변은 북한 핵시설의 핵심이다. 핵프로그램의 70% 정도는 된다고 보아야 할 것이다. 김정은으로선 대단한 결심을 하지 않고선 할 수 없는 제안이었다. 이걸 주고 제재의 일부를 해제해달라고 요구한 것이 거부되자 김정은은 더 이상의 협상은 의미 없다고 판단한 듯하다. 김정은이 영변+α 제안을 거부하자 트럼프는 예정되어 있던 오찬회담을 취소해버렸다. 이 또한 김정은의 자존심을 심하게 건드렸을 것으로 여겨진다.

폼페이오 국무장관은 미국 육군사관학교 출신으로 연방 하원의원을 거쳐 트럼프 행정부에서 중앙정보국장을 맡았고, 이후 국무장

---

17 David Sanger, Edward Wong and Michael Crowley, "U.S. Braces for Major North Korean Weapons Test as Trump's Diplomacy Fizzles", *New York Times*, December 21, 2019.

관이 됐다. 군과 공화당 하원의원 출신답게 대외정책에서 강경한 입장을 가지고 있다. 트럼프가 원하는 것이어서 정상회담을 성사시키긴 했지만, 기본적으로 북한에 대해서도 온건한 입장은 아니다. 볼턴은 예일대 출신의 변호사로 레이건 행정부 당시부터 정부와 로펌을 오가며 외교안보정책 관련 일을 해왔다. 네오콘의 대표적인 인물 가운데 하나로 아들 부시George W. Bush 정부에서 국무부 군축 담당 차관과 유엔대사를 지냈고, 트럼프 행정부에서 국가안보보좌관이 됐다. 슈퍼매파로 불리며 북한과 시리아, 베네수엘라, 쿠바, 예멘 등에 대해 레짐 체인지regime change, 즉 정권을 바꾸고 체제를 전환해야 한다는 주장을 해왔다. 특히 북한에 대해서는 필요하면 선제적 공격도 해야 한다는 주장까지 한 적이 있는 인물이다. 둘 다 워싱턴의 외교기득권세력의 대표적인 인물이다. 이들에겐 미국의 힘과 우위를 계속 유지해 나가는 것이 우선이다. 북한과 같은 '불량국가'에 미국이 양보를 해가면서 협상을 하는 것에 회의적이다. 하노이 회담도 이들을 중심으로 한 워싱턴의 외교기득권세력에 의해 결렬된 것으로 보면 틀림이 없을 것이다.

조야 막론하고 강한 반북정서

워싱턴의 외교기득권세력의 힘, 이들의 생각을 지속적으로 전파하는 언론의 영향 때문에 미국은 조야를 막론하고 북한에 대해서는 심한 반감을 가지고 있다. 좀 더 깊이 살펴보면, 미국 조야가 북한에 대해 부정적인 시각을 가지고 있는 데에는 몇 가지 근본적 이유가 있는 것으로 보인다. 크게 3가지이다. 첫째, 미국이 싫어하는 사회주의 체제이다. 미국적 가치의 핵심은 민주주의와 시장경제이다. 미국 사람들은 이것이 가장 우수한 정치·경제 체제로 인식하고 있다. 이것이 아니면 싫어한다. 중남미에 대해 미국이 간섭도 많이 하고 군대를 파견한 경우도 많은데, 대부분 좌파세력이 집권했을 때이다. 1954년 과테말라의 온건좌파 하코보 아르벤스 정권을 전복했고, 1965년에는 도미니카 공화국의 좌파 후안 에밀리오 보스크 정권을 무너뜨렸다. 1973년에는 칠레의 좌파 살바도르 아옌데 정권을 전복하는 쿠데타를 지원했다. 세계 어느 곳을 막론하고 미국은 좌파가 집권하는 것을 달가워하지 않는다. 그도 그럴 것이 세계에 신자유주의가 확산되고 모든 나라가 민주주의와 시장경제를 택해 자유롭게 무역할 때 미국은 최대의 이익을 확보할 수 있다. 막대한 자본과 첨단 기술력을 앞세워 만들어낸 상품들을 세계 곳곳에 수출하고, 자본과 기술력의 진출도 세계 곳곳에서 보장될 때 미국은 계속 승승장구할 수 있다. 미국식 민주주의와 시장경제를 거부하는 사회주의 국가는 이러한 미국의 세계전략에 결정적인 방해세력이 될 수밖에 없다.

둘째, 북한은 미국이 하지 말라는 행동을 계속한다. 핵확산금지조약NPT에 머물러 있질 않고 튀어나갔으며, 게다가 핵무기를 만들어냈다. 이는 미국이 NPT의 완전성을 보전하면서 핵우위 속에서 세계를 관리하려는 전략을 방해하는 것이다. 뿐만 아니라 북한을 보고 이란, 시리아 등도 배워 핵무기를 개발할 가능성이 있다. 그러니 미국은 북한이 미울 수밖에 없다.

셋째, 북한은 미국을 서슴없이 비판한다. 비판 정도가 아니라 욕이나 비난도 망설이지 않는다. 한국전쟁 이후 계속 북한을 압살하려는 철천지원수로 지목해왔다. 미국의 세계전략을 제국주의, 식민주의로 비판하고, 미국 대통령을 그 우두머리로 보고 비난한다. 한국과 일본에 미군을 주둔시키고 있는 것도 식민주의로 욕하고, 한국에 대해 전시작전권을 가지고 있는 것에 대해서는 식민지배의 증거로 얘기한다. 그러니 미국이 싫어할 수밖에

이렇게 북한을 싫어하는 데에는 조야가 따로 없고 여야 구분도 크지 않다. 2017년 8월부터 1년 동안 연구년을 워싱턴의 조지타운대학과 보스턴(정확히 말하면 캠브리지)의 하버드대학에서 보내면서 나는 미국 사회의 흐름을 되도록 깊이 보려 애썼다. TV도 열심히 보고, 신문도 읽고, 다양한 미국인들과 얘기도 많이 했다. 미국 사회의 북한에 대한 인식은 매우 얕은 것이었다. 공산주의를 한다, 뚱뚱한 젊은이가 리더이다, 하는 정도였다. 〈폭스 뉴스〉나 『워싱턴 포스트』, 『월스트리트저널』 등 보수언론이 북한을 싫어하는 것은 말할 것도 없고, 〈CNN〉과 같은 중도성향의 언론, 『뉴욕타임스』, 『로스앤젤레스타임스』 같은 진보성향의 언론도 북한에 대한 얕은 인식을 바탕으로 아주 회의적인 시각을 견지하고 있음을 여실히 확인할 수 있었다.

대표적 진보신문 『뉴욕타임스』가 북한에 대해 얼마나 부정적 인식을 가지고 있는지를 보여주는 사례는 많다. 2018년 11월의 사례를 보자. 11월 12일자 신문에 "In North Korea, Missile Bases Suggest a Great Deception."(북한 미사일기지 대규모 사기극 시사)이라는 제목의 기사가 실렸다. 워싱턴의 전략국제문제연구소CSIS의 보고서를 기반으로 작성된 이 기사는 북한이 16개의 숨겨진 미사일 기지에서 탄도미사일을 개발하고 있다는 내용이었다. 그러면서 6월 12일 첫 북미정상회담에서 비핵화하기로 한 합의를 위반한 것, 즉 '사기'가 되는

것이라고 쓰고 있었다. 그런데 이 기사가 말하는 석간몰기지는 이미 2016년부터 우리 정부가 감시하고 있는 곳이었다. 숨겨진 기지 운운하며 새로운 것이 나온 것처럼 말하는 것이 말이 안 되는 것이었다. 게다가 CSIS가 공개한 사진은 북미정상회담 전인 3월에 찍은 것이었다. 더욱이 북한은 미사일 개발을 하지 않겠다고 미국과 약속한 적이 없다. 첫 북미정상회담에서 한 비핵화 합의라는 것도 '완전한 비핵화를 향하여 노력할 것'이라는 큰 틀의 방향에 대한 합의였고, 구체적으로 어떤 방식으로 비핵화를 해나갈지에 대한 협상은 전혀 이루어지지 않은 상태였다. 미사일 기지 운용이 합의에 위반될 소지는 전혀 없었던 것이다. 그런데도 『뉴욕타임스』는 북한이 마치 미사일 기지를 숨겨오다 들켰고, 그게 대단한 합의 위반이라도 되는 것처럼 쓰고 있었다.

물론 기초적인 잘못은 CSIS가 저질렀다. 석간몰기지가 그동안 알려지지 않은 새로운 기지처럼 보고서를 작성했다. 그러면서도 자신은 없었던지 '이 연구의 준비에 활용된 정보 가운데 일부는 완전하지 않거나 정확하지 않은 것으로 드러날 수도 있다.'라는 큰 전제를 달고 있었다. 이 보고서 작성자 빅터 차Victor Cha는 북한에 대해 강경한 입장을 가진 보수학자이다. CSIS는 군산복합체의 지원을 많이 받고 있는 기관이다. 록히드마틴, 보잉, 제너럴다이내믹스, 제너럴애토믹스, 노드롭그루먼, L-3, 록웰, 부즈앨런해밀턴 등이 CSIS를 지원하고 있다.[18]

---

18 Tim Shorrock, "How 'the New York Times' Deceived the Public on North Korea", *The Nation*, November 16, 2018.

당시 뉴욕타임스 기사를 쓴 기자는 데이비드 생어David Sanger였다. 윌리엄 브로드William Broad라는 기자와 함께 썼지만 생어가 주도적인 역할을 했을 것으로 보인다. 30년 이상 이 신문에서 활동하고 있는 외교전문기자이다. 도쿄특파원을 하면서 한국문제를 취재한 경력도 있어 한반도 전문가로도 알려져 있다. 1998년 여름 북한이 평안북도 대관군 금창리에 새로운 핵시설로 의심되는 지하시설을 만들고 있다는 내용을 보도해 미국 의회를 발칵 뒤집어 놓고, 클린턴 행정부로 하여금 대북정책을 재검토하지 않으면 안 되게 했던 인물이다. 1년 동안의 북미 간 실랑이 끝에 그 시설은 아무것도 없는 지하동굴에 불과한 것으로 드러났고, 대북정책도 포용정책을 유지하는 것으로 결론이 났었다. 당시 생어의 기사는 알맹이가 없는 것이었지만, 북한의 핵개발에 대한 의혹을 부풀리고, 북한에 대한 부정적 인식을 확산시키는 데에는 크게 기여했다. 2018년 11월의 생어 기사도 같은 것이었다. 진보적인 언론 뉴욕타임스가 이런 기사를 지속적으로 내고 있고, 그런 것이 먹히는 것이 미국 사회이다. 북한에 대해서는 긍정보다는 부정적인 내용이 많고 또 당연한 것으로 여겨지는 사회이다. 이런 환경에서 북한과 동등수준에서 주고받기를 하거나 일정한 양보를 하기란 어려울 수밖에 없다.

사회주의를 혐오하는 미국

앞에서 간략히 봤지만, 사회주의를 싫어하는 미국은 좀 더 깊이 얘기해볼 필요가 있을 것 같다. 미국은 유독 사회주의 국가들에 대해서는 알레르기 반응을 보이며, 정권전복도 서슴지 않았다. 독재국가라 하더라도 우익독재국가들과는 협력관계를 유지하면서도 좌익독재국가에 대해서는 유난스럽게 강한 비난과 강경정책을 구사해왔다. 우익이면 박정희 정권처럼 독재정부라도 협력의 대상으로 삼아왔고, 좌익이면, 칠레의 아옌데 정부처럼 정당성 충분한 정권도 타도의 대상으로 삼는 경우가 적지 않았다. 미국이 대외정책에서 '이중잣대double standard'를 가지고 있다고 비판받고 있는 것도 이 때문이다.

미국의 사회주의 혐오는 건국 당시 유럽대륙으로부터의 종교적 자유와 정치적 자유를 가장 중요한 명분과 모토로 삼았던 것에서 기원한다. 그것이 훨씬 강화된 것은 2차대전을 겪으면서부터이다. 2차대전 당시 미국은 적대국 독일에도 무수한 물자를 수출했다. 포드와 GM은 탱크를, 스탠다드 오일은 석유를, IBM과 ITT는 정보통신체계를 팔았다. 자회사를 세워서, 또는 스페인과 같은 중립국을 통해 수출했다. 미국은 그걸 허용했다. 미국기업이 돈을 버는 일을 막을 수는 없었다. 기업을 살리고 자본주의를 지키는 것이 미국이 번영하는 길이기 때문이다. 기업이 돈을 벌도록 하는 길이라면 나치정권에 도움을 줘도 상관없다는 인식이었던 것이다.

반대로 기업이 자유롭게 활동하지 못하고 자본주의 발전에 저해가 되는 것에는 아주 심하게 반대해왔다. 파시스트 정권이 망해가는 상황에서 미국의 반反사회주의 정책은 본격적으로 나타난다. 이탈리아의 파시스트 무솔리니 정권은 1943년 여름 무너졌다. 이탈리아를 점령한 미국과 영국은 새로운 이탈리아를 건설하는 데 반反파시스트 세력을 배제했다. 반파시스트 세력은 무솔리니와 연대했던 군부와 기업가, 대지주 등을 제재하면서 새로운 정부를 구성해보려 했지만,

승전국 미국과 영국에 의해 배제된 것이다. 이들을 너무 급진적으로 여기면서 이탈리아의 공산화를 우려한 때문이었다. 미국·영국은 무솔리니 협력 세력들과 다시 손잡고 이탈리아를 운영해 나갔다. 이탈리아 국민 입장에서는 무솔리니 시절과 별반 달라진 게 없는 상황이 된 것이다.

프랑스의 상황도 비슷했다. 1944년 8월 나치로부터 해방 된 프랑스에는 크게 3개의 정파가 세력을 다투게 되었다. 영국에서 망명정부를 이끌다 입국한 드골Charles De Gaulle 세력, 나치와 협력하던 비시 정권, 비시 정권에 대항하던 레지스탕스가 그것이다. 영국은 드골을 지지했다. 미국은 비시 정권의 페탱Henri Philippe Pétain 원수를 지지했다. 레지스탕스는 위험한 급진세력으로 보고, 드골은 처칠Winston Churchill의 피후견인 정도로 보았다. 그래서 보수적이면서 다루기 쉬운 페탱과 협력하려 한 것이다. 하지만 비시 정권과 협력하는 것은 미국 내에서도 반발을 불렀다. 영국도 반대했다. 선택은 드골일 수밖에 없었다. 다루기 어렵지만 보수적인 드골이 급진적인 레지스탕스보다는 훨씬 낫다는 판단이었다. 특히 전후 소련과 협력을 강화하던 좌파세력을 제압하기 위해서는 반공주의자 드골이 필요했다. 미국은 드골을 싫어했지만 공산주의는 더 싫어한 것이다. 그렇게 미국은 2차대전이 끝나갈 무렵 유럽에서 철저한 반反좌파-친親보수의 정책을 실현하고 있었다.

2차대전 당시 손을 잡았던 미국과 소련은 공동의 적을 물리치면서 일대일 경쟁관계에 들어서게 된다. 냉전이 시작된 것이다. 냉전이 익어가는 과정은 미국이 '반공국가', '안보국가'가 되어가는 과정이었다. 소련은 1944년 하반기부터 폴란드, 헝가리, 불가리아를 점령해 들어가면서 친親소련국가를 늘려간다. 1945년 8월에는 미국이 일본을 단독 점령한다. 1946년 1월에는 핵무기 관리와 핵개발 관련 문제를 놓고 미국과 소련이 다툰다. 미국은 유엔원자력기구를 설립해 관할하도록 하자 하고, 소련은 유엔을 믿지 못해 합의점을 찾지 못한다. 그해 2월에는 소련주재 부대사 조지 케난George Kennan이 '긴 전보Long Telegram'을 통해 미국의 소련에 대한 봉쇄정책을 제안한다. 소련은 내부적으로 아주 불안하고 대외적으로는 팽창주의를 추구하고 있으니 미국이 봉쇄정책을 실행하면 소련은 내부적인 붕괴과정을 겪게 될 것이라는 내용이었다. 당시 소련과 협력관계 속에서 세계를 운영해야 한다는 '볼렌-로빈슨 보고서Bohlen-Robinson Report'도 있었지만 무시된다.

1946년 11월 중간선거에서 공화당이 승리하면서 반공국가 지향성은 더 강화된다. 1947년 초 국무장관에 합참의장 출신 조지 마샬George Marshall이 임명되고, 소련 봉쇄주의자 케난이 국무부 정책실장이 된다. 그해 3월에는 그리스와 터키의 좌파를 척결하고 우파를 지원하기 위한 트루먼 독트린Truman Doctrine이 선언돼 공식적으로 냉전이 시작된다. 9월에는 미국의 상무장관 헨리 월러스Henry Wallace, 소련군의 참모총장 게오르기 주코프Georgi Zhukov가 해임된다. 양측 정부에서 그나마 온건론을 제시해온 인물들이다. 그럼으로써 미국과 소련 정부 내에서 온건론은 찾아보기 어렵게 된다. 1948년 4월에는 마샬계획이 본격 시행되고, 1949년 4월에는 나토NATO(북대서양조약기구)가 설립돼 냉전은 점점 심화의 단계에 들어가게 된다. 전문가들도 강경론만을 제시하고, 민주당 행정부는 보다 많은 예산을 확보하기 위해 소련의 안보위협을 과장하고, 공화당이 장악한 의회는 예산 승인 과정에서 더 강력한 정책을 주문하고, 이후 공화당 행정부는 그 연장 선상에서 보다 강한 정책을 추진해 나가면서 미국은 더 강력한 반공 국가가 되어 간다.

이러한 과정을 거쳐 미국은 사회주의, 공산주의에 대해서는 철저히 반대하고 무시하고 압박하는 국가가 되었다. 그래서 사회주의 국가와는 대화 자체가 쉽지 않다. 대화의 전제는 신뢰인데 사회주의 국가에 대한 신뢰가 미국 내에서 싹트기는 어려운 구조인 것이다. 북한과 대화가 잘 안되고, 대화를 진행해도 결실을 맺기 어렵고, 어쩌다 합의가 이뤄져도 도중에 깨지는 이유가 여기에 있는 것이다. 그러니 신뢰를 형성해 가는 작업이 양국 사이에 먼저 이루어져야 한다. 이를 위해서는 작은 대화, 작은 협상이 되도록 자주 열리는 것이 최선일 것이다. 그런 것들을 이루고 지켜가면서 서로에 대한 믿음을 키울 때 핵문제와 같은 큰 이슈를 해결하기 위한 협상도 타결할 수 있는 동력이 생길 수 있을 것이다.

1994년 북미핵합의는 북한이 깼다?

미국사회가 북한을 싫어하는 근본적인 이유를 좀 따져봤지만, 좀 더 직접적인 이유를 한 가지만 말한다면 1994년 북미제네바합의를 북한이 깬 것으로 알고 있다는 것이다. 제네바합의는 북미 간 첫 주요 합의로 1차 북핵위기를 해결했다. 그래서 북미관계사에서 매우 중대한 의미를 갖고 있다. 북한은 핵개발을 포기하고, 그 대가로 미국은 경수로 발전소 2개를 지어주고 북미관계를 정상화한다는 내용이다.

그대로 지켜졌다면 지금의 핵문제도 없고 한반도는 지금보다 훨씬 평화로운 상태가 되었을 것이다. 하지만 이게 깨졌다. 미국인 대부분은 북한이 깼다고 믿는다.

하지만 실제 그런가? 그렇지 않다. 1994년 10월 제네바합의가 타결된 직후 11월에 미국의 중간선거가 있었다. 여당인 민주당이 졌다. 의회권력이 야당 공화당으로 옮겨갔다. 미국은 예산에 관한 한 하원의 권한이 막강하다. 야당 공화당은 제네바합의에 불만이었다. 합의 내용 중에는 매년 50만 톤의 중유를 미국이 북한에 준다는 것도 포함되어 있었다. 영변의 원자로 가동을 중단해 전력을 생산하지 못하게 됐으니 그에 대한 보상을 중유로 해주기로 한 것이다. 공화당이 장악한 하원은 이 중유 공급 예산 승인을 미뤘다. 공급에 차질이 생길 수밖에 없었다. 북한은 미국을 의심하기 시작했다. 미국이 약속한 경수로 발전소 2개를 짓는 과정도 순탄치 않았다. 당초 예상한 것보다 시간이 많이 걸렸다.

북한의 의심은 좀 더 심화되었다. 그러다가 북한은 우라늄 농축을 생각하게 된 것으로 보인다. 저농축 우라늄은 원자로 가동의 연료로 쓸 수 있고, 고농도로 농축한 우라늄은 핵무기가 된다. 북한이 처음부터 고농축 우라늄을 만들려고 한 것인지, 처음에는 연료용 저농축 우라늄을 만들려고 하다가 북미관계가 나빠지면서 고농축 우라늄까지 생각하게 된 것인지는 분명하지 않다. 우라늄을 농축하려면 원심분리기가 필요한데, 원심분리기를 설치하려면 고강도 알루미늄이 있어야 했다. 이걸 북한이 외국에서 수입한 것을 미국이 확인했다. 그러면서 북미는 서로를 의심하게 된다. 그 의심이 폭발한 것이 2002년 10월이다. 부시George W. Bush 정권의 국무부 아시아태평양차관보 제임스 켈리James Kelly가 북한을 방문했다. 켈리는 김계관 외무성 부상을 만나 "HEU(고농축우라늄) 갖고 있지?"라며 추궁했다. 김계관은 부인했다. 다음날에는 북한 측에서 강석주 외무성 제1부상이 나왔다. 켈리의 추궁에 강석주는 "우리는 HEU보다 더한 것도 가질 권한이 있다."고 맞섰다. 이 얘기를 미국측은 북한이 HEU 보유를 인정한 것으로 여겼다. 그래서 핵개발을 하지 않기로 한 제네바합의를 깨고 중유 공급, 경수로 공사도 중단해 버렸다. 그 바람에 제2차 북핵위기가 시작돼 한반도를 얼어붙게 만들어 놓은 것이다.

여기서 우리가 주목해야 할 포인트가 두 개다. 하나는 제네바합의를 북한이 일방적으로 어기기 시작한 것이 아니라는 것이다. 시작으로 따진다면 미국이 먼저다. 물론 중유 지원과 경수로 건설이 지연되는 것을 보고 우라늄 농축을 생각한 북한이 더 크게 잘못했다고 할 수도 있지만, 그게 전적으로 북한의 책임이 아님은 분명하다.

다른 하나는 2002년 미국이 '북한이 HEU를 가졌다.'는 이유로 제네바합의를 파기했는데, 이게 섣부른 결정이었다는 것이다. 당시 북한은 분명히 HEU를 가지고 있지 않다고 말했다. 그런데 미국은 "HEU보다 더한 것도 가질 권한이 있다."라는 강석주의 말을 근거로 HEU를 가진 것으로 단정하고 제네바합의를 파기했다. 북한이 원심분리 시설을 공개한 것은 2010년, 그러니까 그 이후 8년이 지나서이다. 그러니까 2002년 제네바합의가 파기된 이후 짓기 시작해 2010년 완성했을 가능성이 높다. 제네바합의가 살아 있고, 미국이 국제사회의 광범위한 네트워크를 활용해 계속 감시를 하고 있는 상황에서 많은 물자를 수입해서 원심분리 시설을 완성하고 HEU 농축까지 했다고 믿긴 어렵다. 2002년 당시 북한 상황에 대한 합리적인 추론은 '미국에 대한 불신이 쌓여가면서 북한이 우라늄 농축 시설 건설에 대한 일정한 준비 작업을 하고 있었다.'라는 것이 될 것이다.

미국이 그런 정황을 파악하고 있었다면 북한과 협상을 통해 서로 간의 불신을 해소하고 합의를 제대로 지켜가는 쪽으로 정책방향을 잡아가야 했을 것이다. 그런데 부시 행정부는 그럴 생각이 없었다. 민주당 정부가 만들어낸 제네바합의는 '잘못된 행동에 대해 보상을 한 것'이라는 인식을 갖고 있었다. 그러니 약간의 빌미만 생기면 합의를 파기할 생각이었다. 그러던 중 북한이 고강도 알루미늄을 해외에서 수입한 정황을 파악했고, 이를 근거로 합의를 깨버린 것이다.

이런 디테일한 과정에 대해 미국의 언론은 크게 관심을 두지 않는다. 그저 북한이 핵을 개발하려 하다가 들통나서 제네바합의가 깨졌다고 쓴다. 그러니 정치인도, 일반인도 그렇게 믿는다. 그런 북한과 다시 핵협상을 하겠다고 나서는 정부를 환영하기 어렵다. "하려면 100대 0의 합의를 해라."하는 식이다. "북한의 핵무기, 핵시설, 핵물질, 생화학무기 등 다른 대량살상무기 모두 폐기하고, 그 이후에 제재를 해제하든 말든 해라."하는 것이다.

북한에 대한 부정적인 인식을 확산하는 또 하나의 직접적인 원인이 오토 웜비어Otto Warmbier 사건이다. 버지니아 주립대 재학생이던 웜비어는 2016년 1월 관광 목적으로 북한에 들어갔다. 그런데 호텔에서 정치선전물을 훔치려 했다는 이유로 체포돼 15년 노동교화형을 선고받았다. 그런데 그가 17개월 후 의식불명 상태가 돼 미국에 넘겨졌다. 식중독에 걸린 상태로 수면제를 복용했다가 그렇게 되었다는 게 북한의 설명이었다. 미국인들은 분개했다. 미국의 의료진이 웜비어를 검진해 보았지만 식중독의 증거를 발견하지 못했고, 수면제를 먹고 뇌손상을 일으킨 임상사례도 없음이 알려지면서 미국인들의 반북정서는 더 심해졌다.

이런 것들이 종합적으로 작용하면서 미국이 북한에 유화적인 모습을 보이고 미국인들이 북한사람들을 선의로 대하기는 참 어려워졌다. 대화는 서로 믿는 마음이 있어야 깊이를 더해갈 수 있고, 협상은 서로 양보를 해야 비로소 하나의 합의점에서 타결될 수 있는데 북한과 미국은 그게 쉽지 않게 되어 있는 것이다.

4
한반도·동북아 평화?

유엔사령부는 남북관계 방해[19]

2019년 10월 즈음 유엔군사령부(유엔사)가 여론의 도마 위에 올랐다. 남북관계의 주요 계기에 군사분계선 통과나 비무장지대DMZ 출입을 허가하지 않은 경우가 잦은 것이 문제가 되었다. 우리가 기억하는 것만 해도 많다. 2018년 8월 경의선 철도 현지조사를 위해 우리 측이 군사분계선을 통과하겠다고 유엔사에 신청서를 냈지만 허가하지 않았다. 출발 48시간 전에 신청서를 제출하지 않았다는 것이 이유였다. 긴급통행으로 허가할 수 있었는데도 그렇게 하지 않았다. 경의선·동해선 철도 현대화는 2018년 4·27 남북정상회담의 주요합의사항이었고, 공동조사는 이를 위한 첫 단계 사업이었다. 2019년 초 북한에 지원하는 타미플루 적재 차량의 군사분계선 통과도 허가하지 않았다. 2019년 6월에는 김연철 통일부 장관이 독일에서 온 방문단을 이끌고 고성통일전망대와 GP(감시초소)를 방문하려 했지만 유엔사가 제동을 걸어 못 갔다. 국감장에서도 이런 부분에 대한 지적이 나오자 유엔사는 2018년 이후 DMZ 출입신청 2,220여건 가운데 93%는 승인해줬다고 밝혔다. 7%, 155건은 불허했음을 스스로 인정

---

19 이 글은 『프레시안』에 게재한 "유엔사, 유엔모자 쓰고 왜 미국 뜻대로?"(2019. 10. 28)를 수정, 보완한 것이다.

한 것이다. 위에서 언급한 것 외에도 많은 것이다. 7%가 적은 것이라는 의미로 말한 것이지만, 무턱대고 DMZ출입신청을 하는 경우는 없을 테고 그럴만한 이유로 그럴만한 기관이 신청을 했을 테니 7%를 거부한 것이면 매우 높은 비율이 아닐 수 없다.

우리 정부가 추진하려 하는 북한 개별관광과 관련해서도 DMZ를 통과하는 것은 유엔사의 승인이 필수라는 입장을 유엔사는 밝히고 있다. 남북이 합의해도 유엔사 승인이 없으면 개별관광도 안 된다는 얘기다.

유엔사는 한국전쟁 당시 구성돼 정전협정을 실행하는 주체로 남아 있다. 정전협정 1조 7항이 "군사정전위원회의 특정한 허가 없이는 어떠한 군인이나 민간인이나 군사분계선을 통과함을 허가하지 않는다."고 규정하고 있고, 9항은 "민사행정 및 구제사업의 집행에 관계되는 인원과 군사정전위원회의 특정한 허가를 얻고 들어가는 인원을 제외하고는 어떠한 군인이나 민간인이나 비무장지대에 들어감을 허가하지 않는다."라고 되어 있다. 또, 군사정전위원회의 한쪽 당사자가 유엔사로 되어 있고, 군사정전위 남측의 구성과 운영을 유엔사령관이 맡아서 하고 있다. DMZ 출입과 군사분계선 통과를 유엔사가 관장하는 것은 이러한 정전협정 체계에 따른 것이다.

정전협정은 전쟁을 우선 중단한다는 내용의 합의이고 군사정전위원회는 이 정전협정이 잘 지켜지도록 감독하고, 합의 위반 사항에 대해 협의, 처리하는 역할을 맡고 있는 만큼 유엔사도 그런 목적에 맞게 운영되면 된다. 그런데 지금의 유엔사는 그렇지 못하다. 미군체계 속에 있으면서 미국 정부의 정책방향에 따라 정치적인 모습을 보이고 있다. 트럼프 행정부 내내 미국은 남북관계가 북미관계보다 먼저 가서는 안 된다는 입장이었다. 북한에 대해 강한 경제제재를 유지하면서 비핵화를 이루겠다는 생각이었다. 한국이 무슨 일을 추진하고 북한과 교류를 활성화하는 것은 북한에 대한 압박을 가하는 데 방해가 된다는 인식이었다. 유엔사는 이러한 미국의 입장에 따라 DMZ 출입을 되도록 엄격하게 통제한 것이다

그도 그럴 것이 유엔사령관은 주한미군사령관이 겸하고 있다. 미군의 4성장군이다. 게다가 당초 유엔사가 생길 때는 유엔의 틀에서 창설되었지만 운영은 미국이 해왔다. 한국전쟁 발발 직후 유엔 안보리 결의에 따라 1950년 7월 24일 창설됐지만, 이후 운영은 오롯이 미국에 맡겨진 것이다. 유엔안전보장이사회나 사무총장 등 그 누구의 통제도 받지 않는다. 유엔의 공식기구도 아니고 활동단체도 아니다. 1995년 북한이 유엔에 유엔사 소환을 요구하자 당시 유엔사무총장 부트로스 부트로스-갈리Boutros Boutros-Ghali는 '유엔사는 유엔의 보조기관이 아니며 유엔사의 해산문제는 유엔기구의 책임이 아니라 미국 정부의 권한 내에 있는 문제'라는 내용의 답신을 보냈다. 유엔사가 유엔의 조직이 아니라 미국의 조직이라는 얘기다. 유엔사가 미군의 지휘계통에 따라 명령을 받고 미국의 국익에 따라 운영되고 있음은 이제 주지의 사실이 되다시피 했다

게다가 유엔사는 한반도 종전선언이 이루어지고 평화협정이 맺어지면 없어져야 할 존재이다. 정전체제를 관리하는 기구이니 정전체제가 사라지는 날 함께 사라져야 하는 것이다. 남북관계가 좋아지고 한반도에 훈풍이 불게 되면 유엔사는 해체 준비를 해야 한다. 조직은 한 번 생기면 점점 커지는 속성이 있다. 파킨슨의 법칙이다. 외교정책이론 가운데 관료정치모델도 대외정책이 결정되는 것은 관료들

이 서로 자기 조직의 존속·확대·강화 등을 추구하면서 쟁투하고 밀고 당기기를 하는 와중에 결정된다고 주장한다. 유엔사 입장에서는 자기조직의 해체를 앞당길 남북관계의 개선을 도와줄 이유가 별로 없는 것이다. 유엔사는 남북관계의 진전을 막아서는 역할을 할 뿐만 아니라 전시작전권 환수 이후 미국의 영향력을 행사하는 통로가 되려한다는 의심도 받고 있다. 전시작전권이 환수되면 한미연합사는 없어지고 미래연합사가 생겨 한국군 4성장군이 사령관이 된다. 미군 장성이 미래연합사 부사령관이 되어 주한미군을 지휘한다. 이런 상황이 미국에게 달가울 리 없다. 그래서 미국은 유엔사를 키워 이를 통해 미국의 영향력을 유지하려 하고 있는 것으로 보인다. 2019년 8월 한미연합지휘소 연습이 실시되었는데, 그 과정에서 미국은 전작권 전환 이후 유엔사가 한반도 위기관리에 참여해야 한다고 주장했다. 정전협정 유지 임무를 넘어 한반도 위기관리에도 참여한다는 것은 유엔사를 통해 미래연합사와 한국군을 통제하려는 게 아닌지 의심스럽지 않을 수 없다. 더욱이 유엔사의 후방기지가 일본에 있고, 후방기지는 유사시 전력제공국의 병력과 장비를 지원받아 한국으로 보내는데, 그 과정에서 일본이 적극 개입할 가능성도 있다

실제로 유엔사는 확대되고 있다. 유엔사 부사령관은 종전에는 주한 미7공군사령관이 겸임했는데, 2018년에는 캐나다 육군중장 웨인 에어Wayne Dyre가 임명되었고, 그를 이어 2019년에는 호주 해군 중장 스튜어트 마이어Stuart Mayer가 부사령관을 맡았다. 따로 부사령관을 임명해 유엔군의 규모를 확대하고 다국적성도 강화하려 하고 있는 것이다. 미8군사령관이 겸직하던 유엔사 참모장도 따로 임명돼 지금은 마크 질레트Mark Gillette 美 육군 소장이 와 있다. 유엔사 참모부의 자

리들도 한국군, 미군, 제3국군으로 채워지고 있다. 독일군 연락장교 배치도 추진됐는데, 이는 문재인 정부의 반대로 무산되었다.

그렇다면 이러한 상황에 어떻게 대응해나가야 할까. 정전협정의 서언序言은 "이 조건과 규정의 의도는 순전히 군사적 성질에 속하는 것이며 이는 오직 한국에서의 교전쌍방에만 적용한다."고 명기하고 있다. 협정의 내용은 군사적 부문에만 적용된다는 얘기다. 비군사적 성격의 DMZ 출입까지 군사정전위원회와 유엔사가 관장할 이유는 없는 것이다. 문화재를 조사하고, 북한에 의약품을 전해주고, 환경조사를 하는 것까지 유엔사의 허가를 받아야 할 근거는 없다고 하겠고, 이는 전적으로 한국 정부의 뜻에 따라 결정되어야 할 부분으로 보인다. 그런 부분에 대한 정밀한 연구, 그에 따른 유엔사 권한의 엄밀한 제한이 우선 필요하다.

장기적으로 유엔사가 자기 역할을 확대하려는 것에 대해서는, 말할 것도 없이 한반도 상황을 안정화시키고 남북관계를 개선해 나가는 것이 가장 근본적인 해법이다. 종전선언, 평화협정까지 간다면 더 말할 나위가 없다. 하지만 그게 아니라도 남북이 경제, 문화 등의 분야에서 교류를 확대하고 점점 가까워지는 단계로 나아간다면 '유사시'를 상정해 유엔사의 역할과 조직을 확대하려는 시도는 논리적 기반이 약해진다. 유엔사가 아예 필요 없는 상황을 만들어 가는 작업을 계속해야 한다.

김정남을 CIA정보원으로 활용?

2017년 3월 4일 『뉴욕타임스』에 흥미 있는 기사가 실렸다. 미국이 북한에 대해 사이버 공격을 계속해왔고, 2016년 북한의 중거리미사일 시험발사가 7번이나 실패한 것은 이 때문이라는 내용이었다. 기사에 따르면 미국은 2013년 2월 12일 북한의 3차 핵실험 이후 북한에 대한 사이버전 능력을 강화하기 시작해 2016년 중거리 무수단 미사일 시험발사를 본격 방해하고 나섰다. 북한이 발사한 미사일은 몇 초 만에 공중에서 폭발했다. 북한이 4월부터 10월까지 무수단 미사일 6차례, 잠수함발사미사일SLBM 3차례 등 모두 9차례나 시험발사를 했는데, 성공한 것은 무수단 미사일 1발, SLBM 1발밖에 없었다.

이에 북한도 대응책 마련에 나섰는데, 무한궤도형 이동식 발사대를 이용하는 것이었다. 무한궤도형 발사대는 산악지형으로 숨어들어 발사하는 것이 가능해 사전에 탐지해내기가 어렵다. 미국의 탐지를 피해 산악으로 숨어들어 발사하는 방안을 개발해낸 것이다.[20]

『뉴욕타임스』의 기사는 완전한 정보를 가지고 썼다기보다는 개연성을 얘기한 것이다. 하지만 미국은 이란에 대해 실제로 사이버공격을 계속했다. 2006년부터 2015년 이란핵합의가 타결될 때까지 '올림픽 게임'이라는 작전명으로 이란의 핵시설 시스템을 교란시키는 공격을 지속적으로 실행한 것이다. 악성코드를 침투시켜 나탄즈에 있는 지하 우라늄농축시설의 원심분리기 제어시스템 등을 고장내

---

20 이용수, "北 무수단 발사 잇단 실패 뒤엔… 美 'Left of Launch' 작전 있었다.", 『조선일보』, 2017. 3. 6.

는 등의 수법을 사용했다. 부시George W. Bush 행정부에서 오바마Barack Obama 행정부로 이어지면서 공격은 지속적으로 진행됐다. 부시 행정부에서는 시스템에 혼란을 주는 정도였다면 오바마 행정부는 핵시설에 대규모 피해를 유발하는 쪽으로 공격을 강화했다. 원심분리기의 회전축을 과하게 빨리 돌아가게 해 시설을 파괴하는 방식이었다.

2010년 여름 프로그램에 오류가 생겨 악성코드가 외부로 알려지게 되었다. 하지만 이후에도 미국의 사이버 공격은 계속돼 2010년 9월 나탄즈 핵시설의 원심분리기 5,000개 중 1,000여 개가 일시 조종불능 상태가 되었고, 부세르 원자력발전소도 가동이 중단되었다.[21]

미국은 북한에 대해 경제제재를 가하고 북한이 협상을 통해 비핵화로 나아가려는 시도에도 미온적인 입장을 보여왔다. 그러면서 기회만 있으면 제재는 강화하려 해왔다. 공식적으로도 완전한 비핵화가 이뤄지기 전까지는 제재를 계속 강화하겠다는 입장을 밝혀왔다. 게다가 이렇게 사이버 공격까지 시행하고 있다면 미국의 대북정책에서 대화, 협상, 외교의 영역은 과연 있기나 한 것인지 궁금해질 따름이다.

미국은 김정은의 이복형 김정남까지도 정보원으로 이용하려 했을 가능성이 있다. 2019년 6월 10일자 『월스트리트저널』 기사가 이를 잘 말해준다. 김정은의 이복형 김정남이 美중앙정보국CIA의 정보원이었다는 내용이었다. 관련 내용을 알고 있다는 취재원을 인용해 CIA와 김정남 사이에 연계가 있었다고 보도한 것이다. 김정남은 CIA뿐만 아니라 중국 등 다른 나라의 정보기관과도 접촉이 있었다

21 임민혁, "美, 이란 핵시설엔 '올림픽 게임' 작전", 『조선일보』, 2017. 3. 6.

는 내용도 포함하고 있었다.[22] 김정남이 CIA의 정보원이었다는 주장은 『워싱턴 포스트』의 베이징 지국장 애나 파이필드Anna Fifield도 했다. 그녀가 2019년에 낸 책 『마지막 계승자The Great Successor』에서 김정남이 돈을 받고 CIA에 정보를 넘겼다고 주장했다. 2017년 2월 말레이시아 쿠알라룸푸르 국제공항에서 암살되기 직전 머물렀던 호텔의 엘리베이터에서 아시아계 남성과 접촉하는 장면이 보안카메라에 잡혔는데, 그 남성이 CIA요원이라는 것이다. 암살된 김정남의 백팩에는 현금 12만 달러가 들어 있었는데, 이게 정보를 넘기고 받은 돈이었을 가능성이 높다는 주장이었다.[23]

충분히 개연성 있는 얘기다. CIA의 활동범위는 일반인의 상상을 뛰어넘는다. 북한을 나와 홍콩과 마카오, 베이징 등을 자유롭게 돌아다니는 김정남이 CIA의 표적이 안 되었다면 이상한 일일 것이다. 게다가 김정남은 김정은의 권력승계에 대해 비판적이었다. 오래전에 북한을 나왔지만 로얄패밀리의 비밀에 대해서는 그만큼 많은 정보를 가진 사람도 찾기 어려웠을 것이다. 세계 모든 나라에 대한 정보를 되도록 많이 확보하려 하는 게 미국이지만, 특히 북한과 같은 적대국에 대해서는 다양한 루트를 통해 비밀정보를 확보하려 한다. 경제제재, 사이버공격과 함께 정보획득을 위한 다양한 수단과 방법이 동원되고 있는 것이다.

---

22 Warren Strobel, "North Korean Leader's Slain Half Brother Was a CIA Source", *The Wall Street Journal*, June 10, 2019.

23 애나 파이필드 지음, 이기동 옮김, 『마지막 계승자』, 프리뷰, 2019, pp.305-306.

중거리미사일도 배치?

1987년 12월 8일 소련공산당 서기장 미하일 고르바초프가 워싱턴을 방문해 로널드 레이건 미국 대통령을 만났다. 양국이 보유하고 있는 핵탄두 장착용 단·중거리미사일을 폐기하는 조약에 서명을 하기 위해서였다. 두 정상은 백악관 이스트룸에서 나란히 앉아 조약에 서명했다. 중거리핵전력조약INF (Intermediate-Range Nuclear Forces Treaty)이다. 미국과 소련이 사거리 500~5,500km인 단·중거리 미사일을 폐기하기로 했다. 실제로 조약에 따라 1991년까지 양국의 단·중거리미사일이 모두 폐기되었다. 냉전의 와중에 양측의 정상이 중·단거리 미사일을 모두 폐기하기로 한 조약은 매우 큰 의미가 있는 것이었다. 실제로 이 합의가 이뤄지면서 미소냉전의 흐름은 큰 고비를 넘게 되었고, 세계의 조류는 탈냉전으로 향하게 되었다. INF는 세계 현대사의 큰 흐름을 바꾼 중요한 조약이 아닐 수 없다.

잘 알려지지 않은 얘기기만, 이 INF가 이뤄지는 데 커다란 기여를 한 사람이 서독과 통일 독일에서 18년 동안 외교장관을 지낸 한스디트리히 겐셔Hans-Dietrich Genscher이다. 1977년 소련이 SS-20 미사일을 서부지역에 배치해 동서의 긴장이 고조되었다. 사정거리 5,000km에 달하고 탄두가 비행 중 분리되면서 여러 개 목표를 향해 날아가는 복수개별유도탄두를 가지고 있는 미사일이었다. 미국은 이에 대항하기 위해 탄도미사일 퍼싱-II와 크루즈 미사일을 서독에 배치하려 했다. 겐셔는 미국 미사일 배치를 막으면서 소련도 서부에 배치한 미사일을 뒤로 물리도록 설득했다. 하지만 소련이 쉽게 응하지 않았다. 그러자 1983년 미국 미사일의 서독 배치를 수용했다. 소련과 미국의 균형을 맞추는 것이 협상에 도움이 되겠다는 생각이었다. 이후 겐셔는 서독 배치 미국 미사일의 우선 철수를 주장했다. 당시 레이건 행정부는 소련에 대해 강경정책을 실시하고 있었는데, 이를 비판하면서 대화를 촉구했다. 그 일환으로 미사일 우선 철수도 주장한 것이다. 그러면서 동시에 소련에게는 미국이 미사일을 철수하면 소련도 서부 배치 미사일을 철수할 것을 설득했다. 우선은 미국을 설득하는데 주력했다. 먼저 철수하면 소련도 철수할 수 있도록 하겠다고 집요하게 설득했다. 결국 미국이 먼저 철수했다. 곧 소련도 철수하게 되었다. 이 협상의 성공으로 발생한 동력은 곧 단·중거리미사일 협상으로 이어졌다. 그 결과 INF가 나오게 되었다. 겐셔는 이후 탁월한 통찰력으로 독일통일을 적극 추진해 통일에 결정적인 역할을 했고, 1992년 6월 "독일통일이 이뤄졌으니 내 역할은 끝났다."면서 외교장관에서 물러났다.

그런데 미국은 2019년 2월 INF 탈퇴를 선언했다. 중국이 단·중거리미사일을 많이 개발하고 있다는 이유를 댔다. 중국은 이에 대해 "소수의 중거리 미사일을 보유했지만 방어용"이라는 입장이다.[24] 중국이 그렇게 말했지만, 실제 중국은 INF와 같은 제약 없이 다양한 형태의 미사일을 개발해왔다. 그런데 미국은 중국과 협상해 INF 체제에 들어오도록 하는 대신 INF를 파기하는 쪽을 택했다. 중국과 군비경쟁을 본격적으로 해보겠다는 의사표시가 아닐 수 없다. 소련이 붕괴된 여러 가지 원인 가운데 하나가 미국과의 군비경쟁이었다.

---

24 손현성, "추궈홍, '미국, 중국 겨냥 중거리미사일 한국 배치 시 후과 초래'", 『중앙일보』, 2019. 11. 29.

레이건 행정부는 미국의 위성에 요격미사일을 설치해 소련에서 날아오는 미사일을 잡겠다는 '전략방위구상SDI(Strategic Defense Initiative)'을 입안하고 실행했다. '별들의 전쟁'이라고 불리는 전략이었고, 오늘날 '미사일 방어계획MD(Missile Defense)'의 아버지뻘 되는 것이다. 엄청난 예산이 드는 작업이었다. 레이건 행정부는 여기에 천문학적인 예산을 들였고, 소련은 이를 넘어서는 ICBM 개발에 나서지 않을 수 없었다. 그러면서 어렵던 경제는 더욱 어렵게 되었고, 결국은 붕괴하는 과정에 들어서게 된 것이다. 레이건을 좋아하는 트럼프가 비슷한 전략을 구사한 것인데, 상황은 1980년대와 완전히 다르다. 소련은 경제가 어려웠지만, 중국은 아니다. 계속 세계 최고의 성장률로 성장하고 있다. 성장속도가 줄긴 했지만, 강대국 가운데는 중국의 성장률을 따라갈 나라가 없다. 미국이 군비경쟁을 촉발하면 중국은 오히려 반길 수도 있다. 그렇지 않아도 국방비 늘리고 군비강화하고 싶은데, 미국이 판을 깔아주는 격이 된다.

어쨌든 미국의 INF 폐기는 러시아보다는 중국을 겨냥한 것이고, 미중경쟁에 더 큰 원인이 있다고 하겠는데, 거기까진 우리가 어쩔 수 없는 부분이고 우리와 직접적인 관련도 없는 일이었다. 하지만 2019년 8월 마크 에스퍼Mark Esper 美국방장관의 발언은 INF 폐기를 우리의 이해와 직결된 문제로 만들어버렸다. "지상배치형 중거리미사일을 아시아태평양 지역에 배치하길 원한다."고 말한 것인데, 이는 INF를 폐기하고 자유롭게 중거리미사일을 배치할 수 있게 된 상태로 한국이나 일본, 타이완 등에 중거리 미사일을 배치하고 싶다는 얘기였다. 물론 중국을 겨냥한 조치이다. INF는 조약의 당사국이 탈퇴선언을 하면 6개월 후 효력이 생기는 데, 미국이 2월에 탈퇴선언을 하고 효력이 생긴 것이 8월 2일이다. 에스퍼는 그 효력이 생겨 INF가 폐기된 바로 다음날 중거리미사일을 아시아 국가에 배치하겠다는 속내를 보인 것이다.

미국이 INF를 폐기한 것이 러시아보다는 중국을 겨냥한 것이고, 그렇다면 미국이 중국 가까이에 있는 동맹국에 미사일을 배치해 중국을 직접 견제하려 하는 것은 당연한 수순이라 할 수 있다. 이제 큰 불똥이 우리에게로 튀어와 있는 상태다. 미국은 다양한 형태로 중거리미사일 한국배치를 타진할 것이다. 국무부나 국방부 관료들이 우리 정부의 의사를 알아보는 형태, 미국의 관료나 정치인들이 언론에 미사일배치 가능성을 얘기하는 형태, 정부 주변의 학자들이 세미나 등을 통해 의견을 말하는 형태 등 다양한 모습이 될 것이다. 벌써 그런 조짐이 보인다. 미국기업연구소AEI의 정치경제석좌 니컬러스 에버스타트는 2020년 1월 1일『뉴욕타임스』기고문에서 "북한을 사거리 안에 두는 중거리미사일 배치를 시작하는 게 어떤가?"라고 제안했다. 그 미사일이 중국을 사거리 내에 두는 것도 인정했다. 그가 내세우는 명분은 그렇게 하면 중국이 북한 비핵화에 더 협조할 것이라는 것이었다.[25] 중국은 2019년 말 러시아와 함께 대북제재를 완화하는 결의안을 유엔 안보리에 제출했다. 미국은 북한 비핵화를 위해서는 대북 경제제재에 관한 한 국제사회가 한 목소리를 내야 한다고 강조해왔다. 특히 중국의 협조는 기회 있을 때마다 역설했다. 중국과 러시아의 대북제재 완화 시도는 이러한 미국의 입장에 정면으로 맞

---

25 Nicholas Eberstadt, "North Korea Is Not Done Trolling Trump", *New York Times*, 2020. 1. 1.

서는 것이다. 이러한 상황에서 중국에 대한 압박의 수단으로 한국에 중거리미사일 배치를 추진해야 한다는 것이 에버스타트의 주장이다.

미국 입장에선 국제공조를 위한 하나의 방편으로 쉽게 생각할 수 있는 문제일지 모르겠다. 하지만 우리에겐 엄청난 파장을 몰고 올 일이 아닐 수 없다. 2017년 사드 배치와는 차원이 다른 문제를 야기할 것이 명약관화하다. 사드는 명분상으로는 북한을 감시하고 북한의 미사일을 요격하기 위한 것이다. 실제로는 중국을 겨냥한 것이라고 보는 게 옳을 테지만 어디까지나 북한을 타깃으로 한 것이었다. 그런데도 중국의 반발은 엄청났다. 우리에 대한 보복은 큰 타격으로 다가왔다. 아직 그 여파가 가시지 않은 상태로 남아 있다.

그런데 중거리미사일 배치는 북한을 명분으로 삼기 어렵다. 미국은 사거리 1,000~5,000km 정도의 미사일 배치를 원하고 있을 텐데, 이는 북한을 넘어가는 것이다. 게다가 미국은 INF를 폐기하면서 '중국이 중거리미사일을 많이 개발해왔다.'는 명분을 내세웠다. INF 폐기하고 중국을 견제하는 작업을 본격화하겠다고 선언한 것이다. 그러면서 만약 한국에 중거리 미사일 배치를 추진한다면, 이는 곧 한국을 중국견제의 전초기지로 삼겠다는 얘기가 되는 것이다. 이에 대해 중국은 어떻게 나올까? 너무 뻔하다. 흔히 하는 말로 '안 봐도 비디오'다. 한국과 단교를 하겠다고 나올 수도 있다. 중국은 이미 사드 사태 당시 단교를 거론하기도 했고, 중국의 군부인사들은 경북 성주의 사드 포대가 자리잡은 곳에 대한 외과수술식 타격을 말하기도 했다. 군사적 공격은 몰라도 단교는, 중국의 외교행태로 보아 얼마든지 가능한 선택지라고 할 수 있다. 중국은 일본과 댜오위다오(일본명 센카쿠열도) 사태가 심각해진 2010년 일본에 대해 희토류 수출을 금지하는 강력조치로 맞섰고, 주변국과 분쟁이 발생하면 언제든 민족주의 정서를 자극해 대대적인 시위와 함께 강력한 조치를 취할 준비가 되어 있다. 실제로 2019년 11월 당시 추궈훙邱國洪 주한중국대사는 국회에서 강연을 하면서 "미국이 한국 본토에 중국을 겨냥하는 전략적 무기를 배치한다면 어떤 후과後果를 초래할지 여러분들도 상상할 수 있을 것"이라고 강조했다.[26] 한국 땅에서 한국을 향해 협박을 한 것인데, 무례한 발언이 아닐 수 없다. 여하튼 그의 이러한 발언을 통해 중국 정부의 입장을 여실히 확인할 수 있다. "미국은 절대 중거리미사일 아시아 배치를 시도하지 마라, 그리고 한국은 절대 미국이 요구하더라도 수용하지 마라, 수용하면 엄청난 대가를 치를 것이다." 이런 입장임을 말하고 있는 것이다.

총독 같은 주한미국대사

대사가 자기 나라의 이익을 대변하는 것을 당연한 일이다. 우리나라 대사들도 외국에 나가면 우리의 정책을 설명하고 우리의 국익을 실현하기 위해 노력한다. 그런데 초대 존 무초John Muccio 이후로 많은 주한미국대사들은 한국에서 활동하면서 때로는 은밀하게 때로는 노골적으로 우리 정부를 압박하고 요구사항을 내세우는 일을 반복적으로 해왔다. 1960년 4·19혁명 당시 미국대사 월터 매카너기Walter

---

26 손현성, "추궈훙, '미국, 중국 겨냥 중거리미사일 한국 배치 시 후과 초래'", 『중앙일보』, 2019. 11. 29.

McConaughy는 이승만을 찾아가 3·15부정선거가 시위의 원인임을 인정하고 새로운 선거를 치러야 한다고 주문했다.[27] 스스로 미국이 파견한 한국총독이라는 생각을 갖지 않으면 하기 힘든 행위였다.

김대중 정부는 그래도 미국에 대해 할 얘기는 좀 하면서 '보다 균형적인 관계more-balanced relations'를 만들어보려 노력한 정부였다. 그런 정부 당시에도 미국에게는 약했고, 주한미국대사는 강자의 모습이었다. 1998년 5월 21일 당시 청와대 외교안보수석 임동원이 주한미국대사 스티븐 보스워스Stephen Bosworth를 만났다. 6월 예정된 김대중 대통령의 미국방문과 관련한 문제를 논의했다. 김대중은 美의회에서 연설을 할 예정이었다. 보스워스는 "연설은 포괄적이면서도 개인적인 얘기도 해야 하고, 그렇다고 너무 구체적으로 들어가면 안 된다. 길이도 너무 길면 안 된다."고 주문했다. "IMF의 구제금융이 한국경제 회복에 아주 중요한 역할을 했다는 부분도 있지 말아야 한다."고 강조했다.[28] 물론 과거 이승만·박정희 정권 당시만큼 고자세는 아니었겠지만, 세밀한 부분까지 주한미국대사가 주문하는 모습은 씁쓸한 여운을 남긴다.

이런 모습은 지금도 많이 다르지 않다. 해리 해리스Harry Harris 주한미국대사는 2019년 9월 관저에서 여야 국회의원들을 만나 "문재인 대통령이 종북좌파에 둘러싸여 있다는 얘기가 있다."고 말했다고 한

---

27 Telegram From the Embassy in Korea to the Department of State, April 19, 1960, *Foreign Relations of the United States* 1958-1960, Volume XVIII, Japan; Korea (Washington D.C.: United States Government Printing Office, 1994), p.621.

28 Telegram From the Embassy in Korea to the Department of State, Seoul 02952 03 of 04 221612z, 1998. 5., p.4.

다.[29] 한 나라의 대사가 주재국의 대통령과 관련해 이런 얘기를 할 수 있는 것인지 의아할 뿐이다. 미국대사는 그렇게 외교상의 예의를 무시해도 되는 것인지 묻고 싶다. 아무리 군인 출신이라고 하지만 [그는 美대평양사령관(해군 대장) 출신이다], 지금은 외교관 신분인데 인식이 그토록 경직될 수 있는 것인지도 의문이다. 그는 일본의 수출규제에 대한 대응차원에서 한국이 지소미아GSOMIA(한일정보보호협정) 연장을 중단한 것과 관련해서도 일본에 대해선 함구하면서 한국의 지소미아 연장만을 강조해 지나치게 일본편향임도 드러냈다. 그는 주일미군과 일본인 어머니 사이에서 태어난 일본계 미국인인데, 그런 자신의 속성을 숨기지 않고 그대로 드러냈다고 하겠다.

해리스는 거기서 그치지 않았다. 남북관계의 발전과 관련해서도 북한의 비핵화와 속도를 맞춰야 한다고 했다. 비핵화를 위한 북미간의 협상이 진전되지 않는 이상 한국이 북한과 직접 교류협력을 강화하면 곤란하다는 얘기다. 북한 개별관광도 미국과 협의해야 한다고 했다. 이런 게 트럼프 정부의 기본적인 방침이긴 하다. 하지만 미국대사가 한국에서 직설적인 화법으로 남북관계를 개선하려는 한국의 정책에 직접 제동을 거는 발언을 하는 것은 외교상의 큰 결례가 아닐 수 없다. 김정은 위원장의 답방, DMZ의 유네스코 문화유산 등재 등도 미국과 협의해야 한다고 말했다. 우리가 동맹의 안정적 운영을 위해 협의를 하는 것은 모르겠지만, 미국대사가 이런 것까지 협의하라고 말하는 게 옳은 것인지 의문이다. 그러면서도 해리스는 미국-

29 전혼잎, "'외갓집 일본 생각?' 해리스 대사 '종북좌파' 언급에 SNS도 부글", 『한국일보』, 2019. 11. 29.

이란의 긴장이 높아져 있는 호르무즈해협에 우리 해군을 파병해달라고 요청했다(결국 우리 정부는 2020년 1월 미국 주도의 호위연합에 참여하지 않는 독자파견 형태로 호르무즈해협에 파병하기로 결정했다).[30] 필요한 것은 요청하고, 우리가 필요한 것은 하지 말라고 요구하고 있는 것이다.

한미동맹은 대표적인 교환동맹trade-off alliance이다. 미국은 안보security를 제공하고 우리는 국가자율성national autonomy 일부 양보해왔다. 안보와 국가자율성이 교환된다는 측면에서 대표적인 비대칭동맹이기도 하다. 미국이 우리의 안보 일부를 맡아주는 대신 국가자율성이라는 주권적 요소를 일부 양보하는 것이어서 교환되는 가치가 대칭적이지 않은 것이다. 역사가 진행되는 동안 우리의 발언권이 조금씩 향상되어왔고, 진보정부들은 할 얘기를 하기 위해 노력해왔지만, 미국은 여전히 안보를 제공하는 대신 한국의 국가자율성을 양보받아야 한다는 생각을 하고 있는 것 같다. 해리스의 발언은 이런 미국의 의식을 잘 보여주고 있다. 그가 한국에 있는 동안 어떤 얘기를 더 할지 잘 지켜보자.

---

30 김경진, "해리스 美대사 인터뷰…'남북관계, 비핵화 속도 맞춰야'", *KBS*, 2020. 1. 8. http://news. kbs.co.kr/news/view.do?ncd=4358160

5
미국의 미래는?

조약 안 지키는 미국[31]

미국은 1994년 북미제네바합의를 북한이 깼다고 여기면서 북한을 비난하고 있지만, 실제 조약을 무시하고 버리는 행동을 왕왕 하는 쪽은 오히려 미국이다. 미국은 2020년 초 새로운 핵무기를 생산해 해군부대에 배치했다. W76-2라는 저위력 핵무기이다. 저위력 핵무기란 위력 20kt 미만의 작은 핵무기를 이른다. 1kt(킬로톤)이 TNT폭약 1000톤이 폭발했을 때의 폭발력이니까 20kt이면 TNT폭약 2만톤이 폭발했을 때의 힘이다. 약한 것이라고 보긴 어렵지만, 핵무기 자체가 통상의 무기와는 다른 차원의 것이어서 이 정도는 저위력으로 규정하는 것이다. W76-2는 5~7kt의 폭발력을 지닌 것으로 알려져 있다. W76은 100kt, W76-1은 90kt의 위력을 가졌는데, 이것들의 위력을 낮춰서 새로 개발한 것이다

먼 미국의 얘기 같지만, 이렇게 새로운 핵무기를 개발, 배치하는 것은 우리와 무관한 일이 아니다. 작은 핵무기를 배치하는 것은 핵사용의 신뢰성을 높이기 위한 작업이다. 그러면서 억지deterrence를 강화하기 위한 것이다. 큰 핵무기(전략핵무기)는 수십만 명의 희생을 유

---

31 이 글은 『프레시안』에 게재한 "미국은 왜 저위력 핵무기 개발해 실전 배치하나?"(2020. 2. 29)를 수정, 보완한 것이다.

발하는 부담 때문에 실제 사용 가능성은 낮다. 핵사용의 신뢰성 자체가 높지 않은 것이다. 큰 핵무기에 대해서는 상대국이 실제 사용될 것이라고 믿어주지 않는 것이다. 하지만 저위력 핵무기는 100명 정도의 희생자를 내기 때문에 사용 가능성이 전략핵무기에 비해 높다고 할 수 있다. 적은 희생자를 낼 수 있는 핵무기이니 실제 사용될 수 있다는 믿음을 상대국에 주는 것이다. 결국 저위력 핵무기를 많이 가지고 있으면 상대국이 함부로 공격을 못하는 것이다

그런데 사용의 신뢰성을 높인다는 것은 실제 사용될 수도 있음을 의미한다. 미국 저위력 핵무기가 사용된다면 상대가 어디이겠는가? 중국, 러시아, 시리아, 이란, 북한 등이 그 리스트에 들어갈 수 있을 것이다. 미국과 이들 국가들은 남중국해, 대만해협, 중동, 서해 등에서 충돌할 가능성이 있다. 만에 하나 충돌이 발생하고 그것이 격화되면 작은 핵무기가 사용되지 말란 법이 없다. 저위력 핵무기는 사용 가능성이 높은 무기 아닌가?

핵무기가 많이 배치되면 오히려 군사적 충돌 가능성은 낮아진다는 주장이 있긴 하다. 케네스 월츠Kenneth Waltz가 주장하는 '합리적 억지론rational deterrence theory'이다. 핵을 가진 국가들이 많아지면 서로 충돌을 두려워하고 군사력 사용을 자제해 핵전쟁은 물론, 재래식 전쟁도 발생 가능성이 낮아진다는 주장이다. 낙관적인 견해라서 '확산 낙관론proliferation optimism'이라고도 한다. 이 이론이 맞다면 미국이 새로운 핵무기를 만들어서 배치하는 것이 오히려 전쟁 가능성을 낮출 수도 있다. 하지만 이에 대해서는 강한 반론이 있다. '조직이론organization theory'이다. 스콧 세이건Scott Sagan과 조시 웨들Josh Weddle의 주장이다. 핵무기는 군에서 운용하고, 군은 위기의 단계에 따라 행동의 절차

가 있으며, 그에 따라 행동하다 보면 부지불식간에 핵무기를 발사하게 될 수 있다는 생각이다. 낙관론과 대비되는 '확산 비관론proliferation pessimism'이다.

합리적 억지론은 인간 이성에 대한 절대 신뢰를 바탕으로 한 이론이다. 하지만 인간이 그렇게 이성적으로만 행동하는가? 그렇지는 않다. 미국의 대통령이 매우 이성적으로만 판단할 것이라고 전적으로 믿어도 되는가? 역시 그렇지는 않다. 게다가 조직이론이 아니더라도 핵무기가 확산되는 것은 핵사고의 가능성을 높인다. 1966년 스페인에서 발생한 팔로메어 사건이 이를 잘 말해준다. 미군 B-52 폭격기가 수소폭탄을 싣고 공중급유 훈련을 하고 있었다. 급유를 받으려다 급유기와 충돌했다. 급유기는 바로 폭발했다. 폭격기에도 불이 붙었다. 조종사는 탈출해야 했다. 수소폭탄을 그대로 두면 불에 폭발할 수 있었다. 바다에 떨어뜨리는 게 낫다고 생각하고 바다를 향해 떨어뜨렸다. 하나는 바다에 떨어졌지만, 나머지 3개는 팔로메어 마을에 떨어졌다. 그 중 하나는 낙하산이 펴져 안전했다. 하지만 2개는 땅에 떨어져 깨졌다. 핵폭탄이 터질 뻔 했다. 다행히 탄두를 둘러싼 안전장치가 파괴되지 않아 재난으로 이어지지는 않았다. 이 정도로 심하진 않더라도 아찔한 핵사고는 수백 건에 이른다. 그러니 미국의 새로운 핵무기 배치는 위험의 분명한 확산이 아닐 수 없다.

이런 실제적인 위험뿐만 아니라 새로운 핵무기의 개발은 분명 조약을 위반하는 행위이다. NPT(핵확산금지조약)의 전문에는 조약당사국들은 조속한 시일에 핵무기 경쟁을 중지하도록 되어 있다. 핵군비 축소의 방향으로 효과적인 조치를 취하도록 되어 있기도 하다. 이 조약이 발효된 지 50년이 되었다. 하지만 미국은 새로운 핵무기를 만든다. 존 볼턴이 영국의 가디언과의 인터뷰에서 밝힌 바에 따르면, 트럼프 행정부는 핵실험을 다시 시작하는 문제도 지속적으로 논의했다고 한다. 전략핵무기의 성능을 개선하기 위한 작업을 핵실험을 통해 계속하려 했다는 것이다.[32] 그러면서 미국은 핵개발을 하려는 나라에 NPT를 들이댄다. 비핵국가는 핵개발을 하지 않도록 되어 있는 NPT를 지키라고 하는 것이다. 같은 조약을 '너는 지켜라 나는 안 지켜도 된다.' 식이니 이중적이다.

미국이 북한은 비난할 때는 늘 유엔결의를 안 지켰다고 한다. 핵실험, 탄도미사일 시험발사 하지 못하게 한 유엔결의를 위반했다는 얘기다. 유엔결의라는 것도 미국이 주도해서 북한을 타깃으로 만든 것이다. 어쨌든 국제규범의 준수를 주장하려면 먼저 스스로가 잘 지킨다는 게 전제되어야 할 것이다. 하긴 미국식의 행위가 국제정치의 현실을 더 잘 보여주는 것인지도 모른다. 북한 입장에서 생각해 본다면, 미국을 심판하고 싶을 것이다. 미국이 새로운 핵무기를 만들었으니 국제평화를 해치는 행위이다. 유엔 안보리 소집해서 제재 논의해야 하는 사안이다. 북한은 그러고 싶을 것이다. 유엔 안보리가 하는 가장 핵심적인 업무가 국제평화를 해치는 행위에 대해 제재를 가하는 일이다. 하지만 북한은 힘이 없다. 설혹 회의가 소집된다 해도 미국이 반대하면 그만이다. 거부권이 있다. 미국을 제재하는 안보리 결의는 채택될 수 없는 것이다. 조약 안 지키고, 없는 결의 만들어서 제재하고, 자신은 제재에서 자유로운 상태로 행동하고... 힘이 모든

---

32 이병준, "볼턴 또 폭로 '백악관, 최근 2년간 미국 핵실험 재개 논의'", 『중앙일보』, 2020. 7. 22.

것을 결정한다는 현실주의 논리에 미국은 매우 충실하다. 유엔도 현실주의의 높은 장벽을 넘진 못한다.

미국은 최근에도 ICBM 시험발사를 한다. 2020년 2월에도 했고, 8월에도 했다. 8월 시험발사는 6일 캘리포니아 반덴버그 공군기지에서 ICBM인 미니트맨3을 시험발사하는 것이었다. 이 미사일은 반덴버그 기지 지하 발사시설에서 발사돼 태평양의 마셜제도 인근에 떨어졌다. 7,600km를 비행했다. 공중지휘기에 탑승한 장병이 명령에 따라 발사단추를 누르는 방식으로 공중발사시스템의 신뢰성을 시험하는 것이었다. 북한에 대해서는 단거리라도 탄도미사일 기술을 이용한 것이면 시험발사를 못하도록 하는 유엔 안보리 결의를 만들어 놓고 있으면서 미국은 대륙을 건너가는 ICBM 시험발사도 자유롭게 하고 있는 것이다. 물론 북한이 그동안 도발을 많이 했기 때문에 그런 결의가 만들어진 것 아니냐라고 말할 수 있을 것이다. 하지만 그것도 북한이 아무런 이유 없이, 그냥 도발하고 싶어서, 국제사회가 싫어하는 것을 하고 싶어서 그런 것인가? 이런 문제들을 깊이 따지고 들어가면, 북한은 미사일 시험발사하는 데 대해 제재를 계속 받아야 되고, 미국은 ICBM을 시험발사해도 아무런 제재가 없는 것이 그렇게 공평한 것인지 의문이 들 수밖에 없다.

더욱이 미국은 조약을 안 지킬 뿐만 아니라 종종 버리기도 한다. 중거리핵전력조약INF도 폐기했고, 전쟁범죄를 처벌하는 국제형사재판소ICC 설립을 위한 의정서에도 반대했다. 온실가스 감축을 위한 교토의정서도 거부했다. 거슬러 올라가면 1차대전 직후 국제연맹조약에도 서명을 하지 않았다.

국가가 자국의 이익에 따라 외교안보정책을 결정하고, 필요에 따라 정책과 전략을 구사하는 것을 나무랄 수는 없을 것이다. 하지만 국제규범을 안 지키고, 타국에 적용하는 원칙을 나에게는 적용하지 않는 태도는 곤란하다. 북한에게, 중국에게, 러시아에게 요구하는 게 있으면 미국도 그 요구의 내용에 해당하는 것은 지켜야 옳을 것이다. 그것이 미국이 슈퍼파워로서의 힘과 권위를 좀 더 오래 끌고 갈 수 있는 길이 되기도 할 것이다.

평화보다는 대결 좋아하는 군산복합체

미국의 군산복합체는 거대하고 정책에 대한 영향력이 크기로 유명하다. 앞에서 CSIS의 뒤에도 군산복합체가 있다고 했지만, 연구기관에 영향을 미치는 것은 간접적인 영향이라 할 수 있고, 실제 더 문제가 되는 것은 정책에 실제로 영향을 미쳐 그들에게 유리한 정책을 만들어 내는 것이다. 정책결정에 핵심적인 역할을 하는 사람들도 군산복합체의 주요 부분이 되어 있고, 실무자까지 그 먹이사슬에 들어가 있기 때문에 그런 현상들이 발행하는 것이다. 정세현 전 통일부 장관이 2018년 11월 15일 더불어민주당 한반도비핵화특별위원회 창립 회의에서 기조강연을 했는데, 그 자리에서 의미 있는 얘기를 했다.

> 제가 실무자 생활을 많이 해봤지만, 대통령이 지시하고 좋은 말을 해도 실무자들이 애먹이면 한 발짝도 못 나간다. 그리고 미국 실무자들은 퇴직 후를 생각한다. 군산복합체와 밀접히

> 연관돼 있다. 군산복합체 먹이사슬에 들어가 있다. 그래서 긴장이 유지되고 무기시장이 유지되는, 나아가 확대되는 쪽으로 상대방의 협상전략을 분석한다. 그리고 시장 확대될 수 있는 쪽의 대책으로 대통령도 흔든다. 처음에는 빨리 해결한다고 하다가도 서두르지 않겠다, 북한이 항복할 때까지 기다리겠다 밖에 안 된다.[33]

이렇게 말한 것이다. 북한에 대한 미국의 정책도 군산복합체와 연결되어 있는 사람들이 결정, 실행하는데, 이들이 문제가 해결되는 쪽보다는 긴장을 유지 내지는 고조시키는 쪽으로 일을 추진하기 때문에 한반도 긴장완화, 비핵화는 난관이 많을 수밖에 없다는 얘기다

사실 군산복합체의 문제는 어제 오늘의 얘기는 아니다. 군산복합체military-industrial complex란 용어를 처음 사용한 사람은 드와이트 아이젠하워Dwight Eisenhower이다. 1961년 1월 대통령을 마치고 백악관을 떠날 때 한 고별연설에서 군산복합체라는 말을 쓰면서 그 폐해에 대해 경고했다.

> 평화유지의 필수요소가 우리의 군대입니다. 우리의 군비는 강해야 하고, 즉각 행동할 수 있도록 준비되어 있어야 하며, 그래서 잠재적 침략자가 스스로의 파괴를 무릅쓰고 침략하는 일이 있어서는 안 됩니다. 이 거대한 군조직과 무기산업

---

33 성한용, "미국 군산복합체 장단에 춤추는 대한민국 보수기득권", 『한겨레』, 2018. 11. 18.

의 결합은 미국이 경험하지 못한 새로운 것입니다. 그것의 경제적, 정치적, 심지어 정신적 영향은 모든 도시, 모든 지방의회, 연방정부의 모든 부서에서 느껴지고 있습니다. 우리는 이러한 국면이 긴요하게 요구하는 것이 무엇인지 인식해야 합니다. 또 그것의 큰 시사점도 파악해야 합니다. 우리의 노역과 자원, 생계가 모두 관련되어 있고, 우리 사회의 구조와 관련되어 있습니다. 정부의 위원회들에서 우리는 군산복합체military-industrial complex의 부당한 영향이, 일부러 찾았든 그렇지 않든, 생기지 않도록 조심해야 합니다.

고별연설에 이런 비장한 경고를 날린 아이젠하워였지만, 실제 그가 재임하던 1950년대는 미국은 군대와 군비가 엄청나게 증강하는 시기였다. 그래서 군산복합체의 문제가 생긴 것이기도 하다. 특히 핵무기를 생산해 작전 배치하는 데 엄청난 돈을 쏟아 부었다. 이른바 대량보복전략에 따른 것이었다. 소련이 핵무기로 공격하면 엄청난 양의 핵무기로 한꺼번에 공격해 소련의 주요 도시와 시설을 초토화한다는 전략이다. 그런 전략으로 실제 소련이 감히 핵공격을 하지 못하게 한다는 것이 이 전략의 실제 의도였다. 어쨌든 대량의 핵무기가 필요했다. 전략핵무기는 3가지 발사수단이 있다. 폭격기, 대륙간탄도미사일ICBM, 그리고 잠수함발사미사일SLBM. 그 중 폭격기와 ICBM이 공군 관할이다. 그래서 공군이 급성장했다. 핵전쟁을 담당하는 전략공군사령부SAC의 규모를 보면, 1948년 B-29 폭격기 30대와 핵폭탄 50개, 승무원 6명이 전부였다. 그런데 1950년대 중반에는 55개 기지, 20만 명의 병력을 가진 대규모 부대로 성장한다.[34] 그런 과정을 통해 미국의 군사주의는 미국 사회에서 강하게 뿌리를 내렸고, 그 기반 위에서 군산복합체는 견고한 카르텔로 성장해 엄청난 이익을 챙기게 되었다. 아이젠하워도 이런 문제를 충분히 인식하고 있었다. 하지만 통제하지는 못했다. 그래서 퇴임연설에서 군산복합체를 경계할 것을 경고한 것이다.

미국의 군산복합체를 이끌어 가는 업체는 록히드마틴, 보잉, 레이시온, 노스롭그루먼, 제너럴다이내믹스 등 5대 방산업체이다. 이들은 통상 해마다 국방부와 1,000억 달러 이상의 계약을 체결한다.[35] 미국 전체 국방예산의 7분의 1 정도가 이들에게 들어가는 것이다. 이 엄청난 돈을 받아 이 군수업체들은 무기를 생산한다. 장기적인 계획으로 연구와 개발R&D에도 엄청 투자한다. 생산한 무기는 세계 곳곳에 판다. 우리도 미국 무기를 많이 산다. 2014년에서 2018년까지 4년 동안 무기 수입국가들의 순위를 보면 우리는 사우디아라비아, 인도, 이집트, 호주, 알제리, 중국, 아랍에미리트연합UAE, 이라크 다음으로 9위였다. 우리가 산 무기를 가장 많이 판 나라는 미국으로, 4년간 우리 무기 수입액의 51%는 미국산이었다. 독일산이 39%, 영국산이 3%였다.[36]

미국 무기를 많이 사는 우리의 군산복합체도 미국의 군산복합체

---

34 박인규, "군산복합체가 미국의 민주주의를 침해하고 있다.", 『프레시안』, 2019. 9. 29. http://www. pressian.com/news/article_print.html?no=258362

35 조찬제, "[조체제의 월드프리즘] 미국 국방부도 모르는 미 국방예산 사용처", 『경향신문』, 2019. 12. 21.

36 SIPRI, "Trends in International Arms Transfers, 2018", SIPRI Fact Sheet, March 2019, p.6.

와 연결되어 있다. 그러니 북한과 대화하고, 북한핵문제를 대화로 풀어내고, 정전협정에 이어 평화협정을 만들어 내는 것이 여간 어려운 일이 아니다. 예전처럼 북한과 대결하고 군비경쟁을 계속하면 좋다. 군의 힘은 강화되고, 군의 규모도 줄이기 어렵고, 높은 자리 없어질 가능성도 적다. 그런데 북한이 비핵화로 가고, 북한과 잘 지내게 되고, 남북 간 평화분위기가 익어 가면 군부는 약해진다. 군에 투여되는 자원도 줄어든다. 군대나 군과 관련된 기관의 규모는 줄게 되고, 좋은 자리도 줄게 된다. 이들에게 이게 달가울 리 없다. 모든 조직은 한 번 만들어지면 줄어들지 않는다. 계속 커지려 한다. 그 속에 있는 구성원은 그걸 원하니까. 군도 마찬가지다. 그런 구조 속에 북한 비핵화를 이뤄내야 하는 것이니 곳곳에 복병이 있게 마련이다.

중국에 대한 공격적 포위 전략

성장하는 나라를 두고 다른 나라는 보통 두 가지 가운데 하나의 전략을 선택한다. 편승전략bandwagonning strategy 또는 균형전략balancing strategy이다. 편승은 성장하는 나라의 편에서 서서 이익을 취하는 것이다. 반대로 균형은 성장하는 나라에 맞서 세력의 균형을 추구하는 것이다. 보통은 작은 나라가 잘 나가는 강대국에 대해 어떤 전략을 취할지를 논의할 때 활용하는 개념이지만, 강대국 사이를 관찰하는 데에도 응용이 가능하다.

미국의 입장에서 성장하는 중국에 편승해 중국을 도와주고 관계를 강화하면서 이익을 취할 수 있다. 반대로 중국의 성장을 저지하면서 미국의 패권 유지를 추구할 수도 있다. 현재 미국이 취하고 있는 전략은 후자이다. 균형전략을 쓰고 있는 것이다. 그래서 무역전쟁을 일으켜 중국의 경제적 편익을 줄이려 하고 있다. 보안법을 중심으로 한 중국의 홍콩정책에 대해서도 반대 입장을 분명히 하면서 대중국 공세를 강화하고 있다. 우방국들에게 화웨이의 5G장비를 사용하지 못하도록 하는 것도 중국의 기술적 성장을 저지하려는 것으로 볼 수 있다.

인도태평양전략이라는 동아시아 전략도 일본과 호주, 인도, 한국, 타이완, 베트남, 싱가포르 등을 동원해 중국을 포위하려는 전략이다. 중국에서 좀 멀리는 일본, 호주, 인도의 전선을, 좀 가까이는 한국-타이완-베트남-싱가포르로 연결되는 전선을 형성해 중국을 옥죄려는 것이다. 미국은 인도, 호주, 일본과 함께 비공식 전략포럼인 '4자안보대화'(쿼드)를 구성해 운영하고 있는데, 이를 나토(북대서양조약기구)와 같은 다자안보동맹으로 발전시키려 하고 있다. 스티븐 비건 국무부 부장관이 2020년 8월 그런 구상을 밝혔는데, 쿼드를 나토나 유럽연합 같은 공식적 다자기구로 만들어 나갈 필요성을 느끼고 있다고 말한 것이다. 더욱이 미국은 쿼드에 한국과 베트남, 뉴질랜드 등을 추가해 보다 포괄적인 기구로 만들어 가겠다는 구상까지 가지고 있다.[37] 10월 6일 도쿄에 모인 미국, 일본, 호주, 인도의 외교장관들은 쿼드 장관회의를 연례화하기로 하고, 11월에는 쿼드 4개국이 합동군사훈련도 실시해 나토화 작업을 본격적으로 시작하는 모습을 보였다. 특히 폼페이오 美국무장관은 10월 초 트럼프 대통령이 코로

---

37 정인환, "중국 보란듯… 미 '인도-태평양판 나토 동맹 추진'", 『한겨레』, 2020. 9. 2.

나19에 감염되는 비상상황에서, 예정돼 있던 한국방문은 취소하고 쿼드 장관회의에는 참여해 미국의 관심이 한미동맹이나 북미대화보다는 중국 봉쇄에 훨씬 쏠려 있음을 몸으로 보여주었다.

이런 것이 중국포위의 큰 그림이 실현되어 가는 모습이라 할 수 있다. 특히 인도는 그동안 미국과 중국 사이에서 미묘한 입장을 보여 왔는데, 최근에는 미국편에 서는 모습이다. 2020년 6월 말 히말라야 국경지대에서 중국과 유혈충돌을 겪은 뒤 인도의 중국에 대한 태도가 많이 달라졌다. 11월의 쿼드 4개국 합동군사훈련은 인도가 미국, 일본과 연례적으로 실시하는 합동해상훈련 '말라바르'에 호주를 초청하는 형식으로 진행되었다. 인도는 지난 2007년 '말라바르'에 호주를 초청했었든데, 중국이 강력 반발하는 바람에 이후에는 초청하지 않았다. 그런데 이제 다시 호주를 초청해 쿼드 합동훈련을 실시함으로써 친미적 태도를 분명히 하고 있는 것이다.

그에 대한 대응차원에서 중국은 인도의 적 파키스탄과의 관계를 강화하고 있다. 2020년 8월 왕이王毅 중국 외교부장은 중국 남부 하이난으로 파키스탄의 외교장관 마크둠 샤 마흐무드 쿠레시Makhdoom Shah Mahmood Qureshi를 초청해 파키스탄의 주권보호를 지원하겠다고 약속했다. 인도와 분쟁 중인 파키스탄을 적극 지원하겠다는 얘기였다. 파키스탄 과다르항에서 중국 신장까지 도로를 연결해 양국의 경제를 활성화하려는 '중국-파키스탄 경제회랑' 프로젝트[510억 달러(약 60조 원) 규모]도 한때 지지부진했지만 중국 정부의 관심으로 재점화되었다.

미국 편에 서서 중국 포위에 가담해 온 호주는 중국과의 갈등이 깊어가는 양상이다. 호주 정보기관이 2020년 6월 신화사 등 호주 주재 중국 매체 소속 기자 4명에 대해 압수수색을 실시했다. 기자들을 장시간 심문하고 휴대전화와 컴퓨터 등을 압수해 갔다. 같은 날 친중파 국회의원인 샤케 모슬만Shaoquett Moselmane의 집과 사무실도 수색이 실시된 것으로 보아 기자들도 친중적 행위와 관련된 혐의를 받고 있었던 것으로 보인다. 중국은 중국계 호주인을 조사하는 것으로 맞섰다. 2020년 8월 중국 CCTV의 영어 채널 CGTN의 앵커로 활동하고 있는 중국계 호주인 청레이成蕾를 '국가안전을 해치는 범죄활동'을 한 혐의로 조사한 것이다. 9월에 두 명의 호주 기자에게 소환 통보를 보냈다. 신변의 위협을 느낀 이들은 호주 공관으로 피신해 중국을 빠져나갔다. 그에 따라 1972년 수교 이래 처음으로 중국에 상주하는 호주 특파원이 한 명도 없게 됐다. 양국은 그밖에도 여러 영역에서 부딪히고 있다. 호주 정부는 코로나19에 대한 중국의 책임을 거론하기도 하고, 중국기업의 호주기업 인수를 반대하기도 한다. 중국은 호주산 쇠고기 수입을 줄이고, 중국인의 호주 여행·유학 자제에 나서고 있다. 이렇게 인도, 호주, 파키스탄 등이 구체적으로 관여하면서 전체적으로 미국의 중국 포위 전선, 그에 따른 중국의 대응 전선은 보다 뚜렷해지는 양상이다.

중국 내부로 들어가 보면 미국은 각지에 총영사관을 설치해 놓고 대규모 인원을 상주시키면서 중국에 대한 정보를 수집해 중국의 전략적 움직임에 대응하는 정책을 펴고 있다. 2020년 7월 미국과 중국의 상호 총영사관 폐쇄 조치에 따라 알려진 것이지만, 미국은 쓰촨성四川省 청두成都 총영사관에 현지 채용인력 150명을 포함해 약 200명의 직원을 두고 있었다. 여기에는 중앙정보국CIA이나 군정보기관에서 파견한 인물들도 있었을 것이다. 이들이 신장과 위구르, 티베트 지역과 관련한 정보를 수집하고 있었던 것이다. 중국의 청두 총영사관 폐쇄의 원인이 된 중국의 휴스턴 총영사관에도 비슷한 인원이 근무하고 있었다. 이들이 텍사스와 플로리다 등 남부 8개 주와 미국령 푸에르토리코를 관장하면서 이 지역의 정보를 수집하고 있었다. 미국은 중국의 휴스턴 총영사관을 '중국군 연구절도의 핵심epicenter'로 지목했다. 기술도시 휴스턴 지역에서 진행되는 의학과 제약 분야의 연구성과를 훔치는 중국군 스파이들의 본거지로 규정한 것이다. 중국은 텍사스대학 교수들이 연구하는 코로나19 백신과 관련한 정보를 훔치려 한 것으로 전해진다.[38] 그래서 미국은 이곳을 폐쇄했고, 그에 대한 대응조처로 중국은 미국의 청두 총영사관을 폐쇄한 것이다. 중국은 미국을 넘어서기 위해 다양한 공작을 펴고 있고, 미국은 중국의 성장을 저지하기 위해 봉쇄를 추진하고 있는 것이다.

이러한 중국에 대한 공격적 포위 전략에는 트럼프의 국가안보 부보좌관 매슈 포틴저Matthew Pottinger의 역할이 컸다. 매사추세츠대학에서 중국학을 전공한 포틴저는 로이터통신과 월스트리트저널에서 베이징 특파원으로 7년을 일했다. 이후 해병대 정보장교로 일했고, 헤지펀드에서 근무한 경력도 있다. 해병대 정보장교로 아프가니스탄에서 근무할 당시 정보부대 책임자로 있던 마이클 플린Michael Flynn을 만나게 됐고, 플린이 트럼프의 국가안보보좌관이 되면서 국가안보회의NSC 아시아담당 선임보좌관을 맡게 됐다. 2019년 9월에는 부보좌관으로 승진했다. 부보좌관이 되면서 중국정책은 대부분 그의 몫

---

38 김정한, "中정부 코로나 백신정보 절도 시도… 휴스턴 영사관 폐쇄", 『뉴스1』, 2020. 7. 30.

이 되었다. 통상은 어느 지역을 전공하면 그 지역을 좋아하게 되는데, 중국학 전공자인 포틴저는 반대로 중국에 대해 매우 부정적인 인식을 가지고 있다. 언론사 특파원 당시의 경험이 이런 인식에 영향을 주었을 것이다. 베이징의 스타벅스 매장에서 중국군인에게 폭행을 당한 일도 있고, 취재 노트를 빼앗기지 않기 위해 화장실 변기에 버린 경험도 있다. 중국의 권위주의체제와 정보통제, 그에 따른 개인적인 수난까지 경험한 포틴저는 중국에 대해 상당한 반감을 가지고 있었던 것이다.

이러한 포틴저의 인식이 정책형성에 많은 영향을 미쳤던 것으로 보인다. 코로나19에 '우한바이러스'라는 이름을 붙인 것도 그의 아이디어였다. 코로나19와 관련해 중국당국이 정보를 은폐하고 있다고 믿었고, 그런 만큼 바이러스에 지명을 붙여 중국의 책임을 분명히 해야 한다고 생각한 것이다. 우한의 실험실에서 코로나19가 유출됐다는 것을 증명하는 정보를 모으도록 미국의 정보원들을 압박하기도 했다.[39]

미국의 중국 포위전략은 이렇게 다차원적으로 진행되어 왔다. 정치·군사·경제 등 다양한 영역에서 동시에 전개되어 온 것이다. 중국 연구의 세계적 권위자 에즈라 보겔Ezra Vogel 하버드대 명예교수가 "중국을 공격하는 것은 중국인들의 애국심만 자극하는 것"이라고 충고를 하고 있음에도 트럼프 행정부는 이런 것에 크게 신경쓰지 않은 것 같다. 중국을 끌어내리는 것이 미국이 올라가는 길이라고 여기는

39 유지혜, "'우한 바이러스' 작명한 포틴저 '중국 실험실 캐라' 스파이 압박", 『중앙일보』, 2020. 7. 24.

제로섬 사고에서 한 치도 벗어나지 못한 것이다.

더욱이 중국 포위는 동맹국들까지 관여시켜 다각적으로 이뤄져 왔다. 그러면서 미국의 대중전략은 우리의 한반도문제 해결 방향과 충돌하는 양상도 보였다. 우리는 남북관계 개선을 위해 북한과 대화해야 하고, 중국·러시아와도 협력해야 한다. 그런데 미국의 중국 포위 전략은 동아시아에서 한미일의 결속을 독려한다. 이는 북중러의 반사적 결속을 유발한다. 실제로 한미일 대 북중러의 대결구도가 동북아 국제질서의 기본 틀로 형성되어 가고 있다. 한반도에 잔재하고 있는 냉전에 동북아의 냉전구도가 덧씌워지는 형국이다. 이는 남북의 교류협력·관계개선을 더욱 어렵게 할 수밖에 없다. 미국의 전략이 미국의 전략으로 끝나는 게 아닌 것이다.

그렇다면 트럼프 행정부는 왜 이러한 대결전략 지향이었는가? 근본원인은 미국의 패권 약화에 있다고 할 수 있다. 1차·2차 세계대전을 통해 확보된 미국의 패권은 1970년대까지는 난공불락이었다. 소련이라는 냉전의 상대가 있었지만, 이념적·군사적 경쟁상대였을 뿐, 경제적 측면이나 종합적 국력 측면에서는 미국이 세계 유일의 초강대국 자리를 유지하고 있었다. 하지만 1970년대 베트남전 패배, 이후 일본과 EU, 독일의 성장, 중국의 급부상, 2008년 금융위기를 겪으면서 미국의 패권은 약화되었다. 최근에는 중국과 함께 G2로 불리는 상황이 되었고, 미국은 중국을 막아서지 않으면 안되겠다는 인식을 갖게 되었다. 트럼프는 그래서 중국과 무역전쟁도 불사하고, 코로나19부터 산업스파이까지 거론할 수 있는 것은 모두 거론하면서 중국때리기에 올인하게 된 것이다

패권국 미국은 국제공공재 제공을 스스로 맡고 나서면서 국제안

보 확보와 자유무역질서의 유지에 힘을 쏟았다. 세계각국을 설득해 핵확산금지조약NPT을 만들어 내고 기후변화, 해적, 테러, 마약, 인신매매 등 지구적 문제 해결에 앞장서는 모습이었다. 세계무역기구WTO의 안정화를 통해 자유로운 거래질서의 확보에도 힘을 기울였다. 하지만 달라졌다. 국제공공재 제공에는 그다지 관심이 없다. 자국이익 확보에 올인하는 모습이 되었다. 트럼프 행정부는 'America First'(미국우선주의)라는 구호를 공공연히 내세웠다. 동맹국에 안보를 제공하는 것보다는 비용을 청구하는 것을 더 중요시했다. 패권 약화에 따른 강박증이라 할 수 있다. 이런 근본원인에 따른 중국 포위 전략이니 바이든 행정부에서도 큰 기조는 어느 정도 유지될 것 같다. 그에 따라 한반도도 해빙의 무드를 만들기가 결코 쉽지 않은 상황에 놓여 있는 것이다.

G0시대 되나?

G2의 시대는 지나고 G0의 시대가 되어간다는 얘기가 나온다. G0라는 용어는 미국의 정치학자 이안 브레머Ian Bremmer가 2012년 사용하기 시작한 것인데, 트럼프 시대 미국을 보면서 새롭게 세인들의 관심을 받게 되었다. 특히 코로나19 대처를 계기로 트럼프의 무능이 드러나면서 미국의 세계적 리더십 하강을 예상하는 사람들이 많아지고, 그러면서 G0라는 말은 더욱 각광받게 되었다. G0는 어떤 나라도 국제적 어젠더를 주도하지 못하고 국제공공재를 제공하는 나라도 없는 상태를 말한다. 지금까지는 미국이 자유무역질서와 같은

국제공공재 제공, 기후변화와 테러, 해적, 마약, 국제인민매매 등 지구적 문제 해결에 나서고, 중국이 이를 지원하면서 G2시대를 양국이 주도해왔다.

그러다가 트럼프 행정부 출범 이후 미국우선주의를 바탕으로 한 중국 압박, 특히 그로 인한 미중무역분쟁이 미국과 중국 사이의 큰 균열을 가져왔다. 양국의 갈등과 경쟁은 군사, 과학기술, 문화, 이념 등 다방면으로 확대되었고, 2020년 들어 코로나19의 확산은 양국관계를 더욱 악화시켰다. 미국은 코로나19을 확산시킨 주범으로 중국을 지목할 뿐 지구적 질병에 대한 공동대처를 이끌어내려는 어떤 노력도 하지 않았다. 세계적 리더의 모습을 보이지 못한 것이다. 중국은 중국대로 코로나19의 발원지로 비난받고 있는데다 대처과정에서의 불투명성 때문에 세계 리더로서의 품격에는 여전히 미치지 못하고 있음을 스스로 드러냈다. 그러면서 G0시대가 되는 것 아니냐라는 우려가 커지고 있는 것이다.

G0에 대한 걱정은 지구적 어젠더를 설정하고 국제공공재를 제공하는 나라가 없어짐으로써 다가올 수 있는 혼돈의 상황도 있지만, 더 큰 것은 이른바 '킨들버거 함정Kindleberger Trap'에 대한 염려이다. 미국의 경제사학자 찰스 킨들버거Charles Kindleberger가 주장하는 2차 세계대전의 원인은 이렇다. 1차 세계대전이 끝나고 영국의 패권은 사라져 갔다. 그러면서 미국의 패권이 구축되기까지는 시간이 걸렸다. 1920~1930년대는 그렇게 패권국 부재의 상황이었다. 어느 나라도 패권을 행사하지 못하는 그런 상황이 대공황과 2차 세계대전을 불러왔다. 2차 세계대전은 이렇게 패권 부재가 유발했다는 것이 킨들버거의 주장이다. 그래서 패권국 부재 상황에서 큰 전쟁이 발생하

는 것을 킨들버거 함정이라고 한다. 패권전쟁의 발생원인과 관련해 패권국이 도전국을 공격해 대전쟁이 발생한다는 '투키디데스 함정 Thucydides Trap'과 대비되는 주요 주장이다

어쨌든 G0의 시대에 대한 염려는 킨들버거 함정에 대한 우려로 연결된다. 더욱이 미국의 리더십에 대한 부정적인 세계여론은 이런 걱정을 더 심화시킨다. 갤럽이 2019년 3월부터 2020년 2월까지 1년 동안 세계 135개국에서 각각 1,000명을 대상으로 조사를 했는데, 미국의 글로벌 리더십을 지지한다는 답변이 평균 33%에 그쳤다. 중국의 32%와 별 차이가 없었다. 1위는 44%를 얻은 독일이 차지했다. 오바마 행정부 당시인 2016년 조사에서는 미국이 48%를 얻었었는데, 많이 떨어진 것이다. 나라별로 보면, 분쟁국가 코소보에서는 미국이 82%로 조사대상 국가 중 가장 높은 지지율을 보였고, 안정사회인 아이슬란드에서는 9%밖에 얻지 못했다. 한국에서는 41%의 지지율을 받았다. 세계평균 33%보다는 높은 것이지만, 2016년의 53%보다는 많이 떨어졌다.

2020년 8월에는 미국이 이란에 대한 무기 수출 금지 조치를 연장하자는 결의안을 유엔 안보리에 제시했는데, 투표결과 찬성표는 단 두 표만 나왔다. '미국의 굴욕'이라 할 만한 사건이 발생한 것이다. 중국과 러시아는 물론 반대했고, 영국과 프랑스, 독일 등은 기권했다. 특히 미국의 가까운 동맹 영국이 미국의 적대국에 대한 제재안에 기권하는 경우는 매우 드문 일인데, 그런 일이 발생한 것이다. 과거 미국의 점령지였고, 지금도 미국에 대한 의존도가 높은 도미니카공화국만이 찬성했다. 오바마 행정부가 어렵게 만들어 낸 이란과의 핵합의를 탈퇴한 트럼프 행정부에 대한 신뢰가 국제사회에서 얼

마나 떨어져 있는지를 여실히 보여주는 사건이라 할 수 있다. 특히 WHO(세계보건기구) 탈퇴 통보와 NATO(북대서양조약기구) 탈퇴 위협 등과 겹치면서 전통적인 미국의 지지세력인 서유럽마저도 미국을 외면하는 상황이 된 것이다.

이제 미국이 세계의 좋은 경찰good cop 역할이나 자유무역체제의 지주 역할을 해주기를 기대하기는 어려울 것 같다. 그렇다고 중국에 이를 기대하기도 시기상조이다. 결국 우리를 포함해 모든 나라는 스스로의 힘과 능력으로 자조self-help의 길을 가야할 것이다. 물론 국제법이나 국제기구의 역할이 한꺼번에 무너지는 것은 아니겠지만, 그런 것들에 많은 기대를 하기도 어려운 상황이 되어가고 있다. 스스로의 능력과 전략적 판단이 중요해질 수밖에 없다. 국제공조, 국제협력이라는 것이 쉽지 않은 상황, 이뤄지더라도 스스로의 능력과 전략적 지향점 없이는 효용성이 크지 않은 상황이 되어가고 있는 것이다.

2장

협상에 매달리는 북한

1

자신감으로 경제건설에 총력

경제건설에 총력

북한 김정은 위원장은 2021년 신년사를 하지 않았다. 대신 전 주민을 향한 친필 연하장을 통해 "인민의 이상과 염원이 꽃필 새로운 시대를 앞당기기 위하여 힘차게 싸울 것"을 다짐했다. 2020년에도 신년사를 따로 내지 않았다. 대신 김정은 국무위원장의 조선노동당 중앙위원회 제7기 5차전원회의 보고를 통해 핵협상에 대한 입장을 표명했다. 경제건설과 군사력 강화를 병행하겠다는 것이었다. "우리가 제재 해제를 기다리며 자강력을 키우기 위한 투쟁에 박차를 가하지 않는다면 적들의 반동공세는 더욱 거세여 질 것"이라며 자력갱생과 경제발전에 매진할 것임을 밝혔다. 또, "미국의 대조선 적대시가 철회되고 조선반도에 항구적이며 공고한 평화체제가 구축될 때까지 국가안전을 위한 필수적이고 선결적인 전략무기개발을 중단 없이 계속 줄기차게 진행해나갈 것"이라며 "머지않아 새로운 전략무기를 목격하게 될 것"이라고 말했다. "우리의 억제력 강화의 폭과 심도는 미국의 금후 대조선 입장에 따라 상향조정될 것"이라며 미국의 태도 변화에 따라 협상의 가능성도 열어놓았다

조선일보는 이를 두고 모라토리엄 파기라고 단정했다. 기사제목이 "김정은, 비핵화협상 1년반만에... 핵·미사일 모라토리엄 파기 선언하며 美와 정면대결로"이다.[1] 김정은의 보고를 핵·대륙간탄도미사

일ICBM 시험을 하지 않겠다는 선언을 파기한 것으로 본 것이다. 어불성설이다. 파기라면 전제조건이 붙으면 안 된다. '핵미사일 시험을 하지 않겠다는 선언을 이제부터 지키지 않겠다.' 이런 식으로 말해야 한다. 하지만 김정은의 보고는 큰 전제를 가지고 있다. 미국의 적대시 정책이 철회되면 핵·ICBM 시험을 하지 않겠다는 것이다. 그런데 전제는 무시하고 제목을 '모라토리엄 파기 선언'으로 뽑아 북한이 곧 핵실험을 하거나 ICBM 시험발사를 할 것처럼 말했다.

조선일보가 북한을 그렇게 보는 것과는 별개로, 북한의 입장은 별로 변한 게 없다. '협상이 되면 협상한다. 안 되면 핵·ICBM 개발 계속한다.'는 것이다. 북한 아니라 어떤 국가라도 의당 취할만한 상식적 태도이다. 내가 원하는 게 있는 데 그것을 얻을 때까지는 밀고 당기기를 계속해보겠다는 얘기다.

그리고 더 주목해야 할 부분은 김정은 위원장의 생각은 집권 이후 줄곧 경제에 맞추어져 있다는 것이다. 김정은은 2012년 4월 대중 앞에서 처음 연설하면서 '인민들이 더 이상 허리띠를 졸라매지 않도록'하겠다고 강조했다. 이후 수시로 인민생활의 향상을 강조해왔다. 2013년 3월에는 당 중앙위 전원회의를 통해 핵·경제병진전략을 국가발전전략으로 채택했다. 그러고는 핵무기를 고도화하고 ICBM을 개발하는 데 힘을 쏟았다. 핵무기의 소형화·경량화·다종화에 성공하고, 2017년 11월 ICBM 시험발사에도 성공하면서 전략을 전환했다.

---

1 윤희훈, "김정은, 비핵화협상 1년반만에… 핵·미사일 모라토리엄 파기 선언하며 美와 정면대결로", 『조선일보』, 2020. 1. 1. http://news.chosun.com/site/data/html_dir/2020/01/01/ 2020010100933.html

미국과 협상하고 남북관계도 진전시키면서 경제건설을 하겠다는 전략이었다. 2018년 4월 당 중앙위 전원회의에서 핵·경제병진전략이 완성되었음을 선언하고, 경제건설 총력 전략으로 국가발전전략을 바꾼다고 공식 선언했다. 그 후 그 전략의 연장선상에서 미국과 싱가포르, 하노이에서 정상회담을 했고, 한국과도 정상회담을 이어갔다. 비핵화 협상을 성공시켜, 경제제재에서 벗어나고, 체제안전도 보장받아 발전된 나라를 만들겠다는 길을 간 것이다. 김정은은 그 길에서 지금도 벗어나지 않고 있다.

더욱이 경제건설 총력 전략은 시진핑 중국 주석의 철저한 지지를 받고 있다. 시진핑은 2018년 5월 중국 다롄大連에서 열린 2차 북중정상회담에서 '사회주의 경제건설에 총력을 집중할 데 대한 새로운 전략적 노선을 제시한 데 대해 지지한다.'고 밝힌 이후, 2018년 6월 3차 북중정상회담, 2019년 1월 4차 북중정상회담에서도 지지 의사를 분명히 했다. 북한의 최대 후원세력 중국의 전적인 지원을 받고 있는 경제건설 총력 전략은 앞으로도 김정은의 핵심 국가발전전략으로 지속적으로 추진될 것으로 보인다.

그렇다면 김정은은 왜 그런 길을 가고 있는 것인가? 간단하다. 살기 위해서다. 우선 스스로가 살기 위해서다. 김정은 스스로 살기 위해서는 인민들의 지지를 받아야 한다. 그러려면 경제를 일으켜야 한다. 막스 베버가 말하지 않았던가. '최고지도자가 리더십의 정당성 얻기 위해서는 권위authority를 확보해야 한다.'라고. 힘power은 '남이 하기 싫어하는 것을 하도록 만드는 능력'이다. 권위는 '인정된 힘'이다. 남들이 인정해주는 힘을 말한다. 권위에는 3가지 종류가 있다. 전통적 권위traditional authority, 카리스마적 권위charismatic authority, 법적/합리적 권위legal/rational authority. 전통적 권위는 조상의 후광이다. 아버지나 할아버지가 훌륭한 업적을 쌓아 그 후대가 태생적으로 갖게 된 권위를 말한다. 카리스마적 권위는 초인적 능력을 통한 권위이다. 남들이 갖지 못한 초인적인 의지로 생사를 넘나들면서 민족해방을 위해 헌신한 독립운동가 등이 가질 수 있는 권위다. 법적/합리적 권위는 선거 등의 정당한 과정을 통해 리더가 된 사람이 확보할 수 있는 권위이다. 경제적인 성과를 보여줘 합리적 사고능력을 가진 시민들이 자연스럽게 지지하도록 해서 얻어지는 권위도 여기에 속한다.

김정은은 집권 초기 할아버지 김일성과 닮은 모습을 연출하며 전통적 권위를 확보하기 위해 노력했다. 연설 모습, 헤어스타일, 현장을 찾아가 노동자와 함께 호흡하는 모습 등이 그런 것이었다. 어릴 적부터 사격의 명수로 군사적 영도력을 보였다면서 다른 사람과 완전히 구분되는 초인적인 모습으로 보이게 하려는 시도도 했다. 이후 김정은이 해야 하는 작업은 법적/합리적 권위를 확보하는 방안이 아닐 수 없다. 그 가운데서도 경제적인 성과로 인민들부터 합리적 지지를 받아내는 것은 자신의 정권을 공고화하는데 필수불가결한 요소이다. 그래서 김정은은 초기부터 인민생활과 경제를 강조했고, 핵협상에 나선 것이다.

김정은이 경제건설 총력 전략을 세운 데에는 성장과정에서 느끼게 된 경제성장에 대한 열망을 실현하려는 욕구도 작용한 것으로 여겨진다. 그런 점에서 김정은은 비핵화 협상을 제대로 해보겠다는 생각을 분명히 갖고 있는 것으로 보인다. 오히려 비핵화 진정성이 없다는 주장이 논리적인 근거를 대기 어렵다. 논리적인 차원뿐만 아니라 감성적 차원에서도 그의 비핵화에 대한 진정성의 근거는 존재한다. 2018년 3월 9일 정의용 청와대 국가안보실장이 백악관에서 트럼프-김정은 정상회담을 발표한 이후 사전준비를 위해 마이크 폼페이오Mike Pompeo 당시 美중앙정보국장이 평양을 방문해 김정은을 만났다. 3월 31일이다. 그가 확인하고 싶은 것은 김정은의 비핵화 진정성과 의지였다. 정의용이 트럼프를 만날 때 김정은에게서 이미 확인한 비핵화 의지를 전했지만, 트럼프는 자신의 심복을 시켜 직접 확인하고 싶어 했다. 한 회의실에 폼페이오와 김정은이 마주앉았다. 폼페이오가 물었다. "한국 측은 당신이 비핵화 의지가 있다고 우리에게 말했는데 그게 사실입니까?" 이에 대해 김정은은 "나는 내 아이들이 남은 평생을 핵무기를 짊어지고 사는 것을 원치 않습니다."라고 말했다. 밥 우드워드의 『격노Rage』에 나오는 얘기다.[2] 본인이 나서서 비핵화를 꼭 이뤄 아들 대에는 핵을 벗은 채 정상적인 국가로 활동하도록 하고 싶다는 욕구를 표현한 것이다. 김정은에게는 세 자녀가 있고, 장남이 10살 정도인 것으로 전해진다. 이 정도면 경제건설총력전략이라는 이성적 측면의 요인뿐만 아니라 정서적 측면에서도 김정은이 비핵화로 나갈 충분한 동인을 갖고 있다고 보아야 하지 않을까?

혹자들은 북한이 이미 헌법에 핵보유국을 명시했고, 핵보유 관련 법령도 제정했는데, 이는 핵을 영원히 가지려는 의도로 보아야 하고, 따라서 비핵화 협상에 나온 것은 뭔가를 얻어내기만 하고 핵은 양보하지 않겠다는 의도에서라고 주장한다. 하지만 헌법, 법률은 하루아침에 바꿀 수도 있는 것이다. 특히 전체주의 국가 북한에서 김정은

---

2 박현영, "비핵화 묻자, 김정은 '난 아버지…아이들 핵 짊어진 삶 싫다'", 『중앙일보』, 2020. 9. 14.

의 명령 하나면 이를 바꾸는 것은 어렵지 않다. 핵을 양보하지 않고 경제제제 해제 등을 얻으려 한다는 것도 미국의 협상력이나 협상 노하우를 인식하고 있다면 하기 어려운 주장이다. 많은 자원과 인력을 동원해 하나부터 열까지 재고 또 계산하면서 협상하는 나라가 미국인데, 또 그런 사실을 잘 알고 있는 게 북한인데, 미국과의 협상에서 비핵화 없이 얻기만 하는 협상을 하려 한다는 건 너무 어설픈 분석이 아닐 수 없다. 요컨대 북한은 경제건설총력전략이라는 기본적인 국가발전전략을 바탕으로 미국과의 핵협상을 통해 경제제재 해제를 받고, 체제안전도 보장받아 안정된 국가를 건설하겠다는 생각을 가지고 있는 것이다. 연세대 국제대학원의 존 델러리John Delury 교수는 북한이 '보통의 동아시아국가normal East Asian economy'가 되고 싶어 한다고 보고 있는데, 경제제재를 벗어나 현상변경세력의 이미지를 탈피하고 정상적으로 거래하고 교류하는 국가가 되고 싶어 한다는 것이다. 그러니 때론 미국과 대결하고 때로는 도발적인 행위도 하겠지만, 이는 자신들에게 꼭 필요한 것을 얻어내면서 국제사회로 나아가려는 시도라고 보아야 할 것이다.

자신감 넘치는 김정은

김정은은 2012년 집권 이후 줄곧 핵·미사일 개발에 힘썼다. 2013년 2월 3차핵실험, 2016년 1월 4차핵실험, 2016년 9월 5차핵실험, 2017년 9월 6차핵실험을 순차적으로 진행하며 핵무기를 고도화했다. 이후 ICBM 시험에 집중해 2017년 7월 화성-14형을 성공적으로 시험발사했고, 11월 29일에는 화성-15형 시험발사에 성공했다. 고각발사된 화성-15형 미사일은 최대고도 4,475km, 수평비행거리 1,000km 정도였다. 비행시간은 53분. 정상각도로 발사되었다면 사거리가 13,000km 정도 되는 것이었다. 수도 워싱턴을 비롯해 미국 전역을 사정권 안에 넣게 된 것이었다

이 과정을 끝낸 뒤 북한은 2018년 초 평창동계올림픽 개막식에 대표단을 파견했고, 남북정상회담에 나와 남북 협력의 가능성을 타진했다. 이후 미국에도 정상회담을 제안해 첫 북미정상회담도 열었다. 북한이 ICBM을 개발한 이후 트럼프의 입장은 달라질 수밖에 없었다. 핵탄두를 개발했다 해도 ICBM이 없다면 북한은 미국에게 직접적인 위협이 될 수 없다. 한국이나 일본에 대한 위협에 어떻게 대응할 것이며, 핵우산을 어느 수준으로 어떻게 제공할지를 한국, 일본과 구체적으로 논의하는 것이 중요한 과제인 정도다. 하지만 핵탄두에 ICBM까지 가진 북한은 그야말로 직접적인 위협이다. 단추를 누르면 바로 워싱턴까지 날아갈 수 있는 핵무기가 있는 북한은 다른 차원으로 대응해야 하는 상대일 수밖에 없다. 그래서 트럼프는 김정은의 정상회담 제안에 응할 수밖에 없었다. 물론 김정은이 원하는 대로 미국이 제재를 완화해주거나 종전선언을 해주지는 않았지만, 한국 그리고 미국과 정상회담을 진행하면서 비핵화 약속을 분명하게 하고 그에 따라 얻을 건 충분히 얻어내려 하는 그의 행보는 스스로 가진 힘과 상황장악에 대한 자신감이 없다면 불가능한 것이다.

경제도 부침은 좀 있지만, 아주 나쁜 상태는 아닌 것으로 보인다. 장기과제인 식량문제가 얼마나 개선되느냐가 관심이 아닐 수 없는데, 2020년 생산량은 2019년에 비해 20~30만 톤 감소했다. 그렇지

만 2019년 생산량은 464만 톤으로 2018년에 비해 2% 증가했다. 쌀 224만 톤, 옥수수 152만 톤, 감자 등 서류 57만 톤, 보리류 15만 톤, 기타 16만 톤이 생산된 것인데, 식량사정이 좀 좋아진 것이 김정은 자신감의 기본적인 바탕이 되고 있는 것으로 보인다. 2012년 김정은 집권 이후 식량생산 추이를 보면, 2012년 468만 톤, 2013년 481만 톤, 2014년 480만 톤, 2015년 451만 톤이었고, 2016년에는 482만 톤으로 가장 많았다. 2017년에는 470만 톤, 2018년에는 455만 톤으로 조금 감소했었다.[3] 그러다가 다시 2019년에는 좀 증가했다가 2020년에는 조금 감소한 것이다.

경제성장률도 2012년 1.3%, 2013년 1.1%, 2014년 1.0%로 플러스성장을 지속하다가 2015년 −1.1% 성장을 했고, 2016년에는 3.9%로 비교적 높은 성장을 했다. 그러다가 2017년에는 −3.5%, 2018년에는 −4.1% 성장으로 좋지 않았다.[4] 전체적으로 보면 식량사정은 획기적으로 나아지진 않았지만, 과거 어려운 시절보다는 좋아진 상태를 유지하면서 더 개선할 길을 찾고 있는 것으로 보인다. 경제의 전반적인 상황은 김정은 정권 초기엔 좋았지만, 유엔의 경제제재가 영향을 미치면서 좀 나빠진 것으로 보인다.

경제성장률 숫자만으로 보면 좀 나빠진 것으로 보이지만, 실제 북

3 최종일, "北김정은 '전례없는 풍년'…국제기구 평가와 엇갈려", 『뉴스1』, 2020. 1. 3.; 통계청, 『통계로 보는 2018 북한의 주요통계지표』, 통계청 보도자료, 2018. 12. 19., p.17.

4 이유섭, "작년 북한 경제성장률 −4.1%…21년 만에 최저", 『매일경제』, 2019. 7. 26.; 통계청, 『통계로 보는 2018 북한의 주요통계지표』, 통계청 보도자료, 2018. 12. 19., p.23.

한을 방문한 사람들, 북중국경지역을 통해 북한실물경제의 흐름을 파악하고 있는 사람들의 전언에 의하면 북한경제는 김정일 정권 당시보다 많이 좋아졌다고 한다. 2012년부터 전국적으로 건설붐이 불어 평양에는 창전거리, 은하과학자거리, 미래과학자거리, 여명거리 등 초고층 아파트단지가 잇따라 들어섰고, 함북 함흥시와 양강도 혜산시 등에도 아파트단지들이 건설되어 왔다. 강원도 원산의 갈마반도, 평남 양덕, 양강도 삼지연에는 호텔과 수영장, 상업시설, 야외무대 등을 포함한 대규모 관광단지를 건설했다. 북한 주민들도 전보다 나아진 것으로 느끼고 있다고 한다. 2019년 6월 평양과 원산, 개성 등을 다녀온 중국동포의 전언에 의하면 주민들은 전보다 당당해 보였다고 한다. 또, 전과 달리 중국인 관광객들에게서도 담배나 과자 등 중국물건을 거저 얻으려 하기보다는 자신들이 가진 것과 바꾸려 하더라는 것이다.[5] 그런 점으로 보면, 북한이 전반적으로 활력을 가지게 된 것은 분명해 보인다. 물론 코로나19로 국경을 봉쇄하면서 이보다는 좀 더 어려워졌을 것으로 여겨진다.

몇 년간의 경제운영을 바탕으로 김정은은 체제 운영에 자신감을 가지고 있다고 보아야 할 것이다. 김정은은 자신감의 일단을 가끔 보여주는 데, 2020년 10월 10일 당 창건 75주년 열병식 연설에서 말한 것도 그중 하나이다. 코로나19와 태풍 등의 난관을 극복하는 데 보여준 인민과 군인들에게 감사를 표하면서 "정말 면목이 없다." "이 나라를 이끄는 중책을 지니고 있지만 아직 노력과 정성이 부족하다."고 말한 것이다.[6] 전체주의 국가의 리더로서 보이기 힘든 모습이

---

5 김기현, "10년 전과 달라진 북한 관광", 『프레시안』, 2019. 6. 29.

아닐 수 없다. 2017년 신년사에서도 이러이러한 성과를 냈다, 앞으로는 이렇게 하겠다 하는 내용만 있었던 것이 아니다. 잘 안 되는 부분까지도 표현했다.

> 또 한 해를 시작하는 이 자리에 서고 보니 나를 굳게 믿어주고 한마음 한뜻으로 열렬히 지지해주는 세상에서 제일 좋은 우리 인민을 어떻게 하면 신성히 더 높이 떠받들 수 있겠는가 하는 근심으로 마음이 무거워집니다. 언제나 늘 마음뿐이였(었)고 능력이 따라서지 못하는 안타까움과 자책 속에 지난 한 해를 보냈는데 올해에는 더욱 분발하고 전심전력하여 인민을 위해 더 많은 일을 찾아할 결심을 가다듬게 됩니다.

모든 권력을 한 손에 쥐고 있는 최고지도자가 '능력이 모자랐다.' 고 말하기는 매우 어려운 것이다. 그럴 필요도 없을 것이다. 하지만 김정은은 그런 모습을 보였다. 2020년 3월 17일 평양종합병원 기공식이 있었는데, 이때에도 김정은은 "(2019년 말) 전원회의에서 자기 나라 수도에 마저 온전하게 꾸려진 현대적인 의료보건시설이 없는 것을 가슴 아프게 비판했다."면서 열악한 의료환경을 자인하는 말을 했다. 그 자리에서 또 "빨리 해야 한다고 하여 시공의 질을 낮추거나 질을 높인다고 하여 속도를 늦추는 것은 당의 사상과 요구에 배치된다."며 날림공사를 경고하는 메시지도 내놓았다.[7] 날림공사가 왕왕

---

6 김지은, "'면목 없다' '고맙다' 눈물 훔친 김정은", 『한겨레』, 2020. 10. 12.

7 정빛나, "북한, 코로나 속 평양종합병원 착공… 김정은 직접 '발사단추'", 『연합뉴

있었다는 애기도 되는 것이었다.

평양종합병원 건설은 김정은이 수시로 챙기고 있는 것으로 알려져 있는데, 2020년 7월 20일 『로동신문』에 난 기사는 공사와 관련해서 김정은이 하나부터 열까지 모두 체크하고 있음을 알 수 있게 해준다. "건설 예산도 바로 세우지 않고 마구잡이식으로 경제조직 사업을 진행하고 있다."고 간부들을 나무랐고, "각종 지원사업을 장려함으로 인민들에게 오히려 부담을 들씌우고 있다."고 질책했다. 체계적으로 사업진행을 못하면서 인민들로부터 지원을 받아 공사를 했음을 지적한 것이다. 자원이 부족한 북한에서 학교든 관공서든 필요한 중요한 공사를 진행할 때는 인민들로부터 물자, 돈 등을 지원받아 하는 경향이 있었는데, 이를 직접 지적한 것이다. 역시 감추고 싶은 치부 가운데 하나였을 텐데, 그런 것까지 들추는 것은 문제점들을 하나하나 지적하면서 제대로 고쳐나가겠다는 의도, 그런 것을 할 수 있다는 자신감으로 읽힐 수 있을 것이다.

어쨌든 이런 진솔한 화법, 거침없는 태도는 상황 전체를 장악하고 있으면서 강한 자신감을 가지고 있을 때 가능한 것이라 할 수 있다. 모자라는 것은 모자란 대로, 할 수 있는 것은 할 수 있는 것대로 밝히고 인민들이 국정방침을 따라오게 하겠다는 생각으로 읽혀 그가 가진 체제운영에 대한 자신감을 말한 것으로 볼 수 있는 것이다. 정권 출범 초기를 지나서는 학생들의 교과서에서 김정은 우상화 내용이 줄었는데,[8] 이 또한 실용적 지도자의 모습을 일정 부분 보여주는

스』, 2020. 3. 18.

8 김영권, "[특파원 리포트] 전문가들 '김정은의 신비화 삼가 발언, 달라진 주민 정보

것이면서 동시에 자신감을 나타내는 것이라 할 수 있을 것이다.

이러한 자신감은 지금까지 미국과 협상을 하면서도 보였고, 앞으로도 계속 그런 기조 속에서 협상은 진행될 것으로 짐작된다. 미국이나 한국과 협상을 하더라도 쫓기면서 다급하게 하진 않을 것이다. 다소 여유를 가지면서 다름의 전략에 따라 얻을 것을 최대한 얻는 방향으로 할 가능성이 높은 것이다.

효율적 통치 지향

김정일 시대와 구분되는 김정은 시대의 특징은 효율적인 통치를 추구한다는 점이다. 김일성도 초기 정파 간 경쟁 시대를 지나 김일성 유일체계를 세운 이후에는 만기친람했다. 김정일도 모든 결정을 스스로 하다시피 했다. 경제뿐만 아니라 국내정치, 외교, 군사 등 모든 분야를 스스로 직접 관장했다. 특히 당의 조직지도부를 직접 통제하면서 이를 통해 정부와 군 등 주요부문을 컨트롤했다. 그래서 조직지도부장을 따로 두지도 않았다. 하지만 김정은은 권한과 책임을 일정 부분 나눠주면서 효율적인 통치를 추구하고 있다.

친동생인 김여정은 노동당 중앙위원회 제1부부장이라는 직함을 가지고 있으면서 명실상부한 2인자 역할을 하고 있다. 특히 김여정은 대남·대미 전략과 관련해서 각 기관의 보고를 받고 이를 취합해 김정은에게 보고하고 지시를 내리기도 하고 있다. 경제분야는 박봉

의식 반영한 것'", VOA, 2019. 3. 11. http://www.voakorea.com/a/4823680.html

주 노동당 부위원장, 김덕훈 내각 총리가 통할하고 있다. 군사분야는 최부일 노동당 군정지도부장이 무력기관에 대한 전반적인 감독기능을 수행하고 있으며, 리병철 당 중앙군사위 부위원장은 전략무기 개발을 담당하고 있다.

역시 이러한 권한분산은 권력의 공고성에 대한 자신감에서 나오는 것이라 할 수 있다. 권한을 나눠줘도 정권을 유지하는 데 문제가 없다는 인식이 아니면 이뤄지기 어려운 조치가 아닐 수 없는 것이다. 또한 장기집권을 위해서는 통치스트레스를 줄여야 하는데, 그런 차원의 조치로 볼 수도 있을 것이다. 책임을 분산하려는 의도도 갖고 있다고 할 수 있다. 대미정책이나 경제, 군사 분야의 정책이 실패했을 때 국면전환을 위해서는 책임을 져 줄 수 있는 인물이 필요한데, 그런 차원에서 권한을 분산했을 가능성도 있다.

국가정보원은 이를 두고 위임통치 운운했지만, 맞는 얘기는 아니다. 위임통치는 누군가에게 통치권을 맡기는 형태이다. 김여정에게 통치권을 맡긴 것은 결코 아니기 때문에 위임통치라는 표현은 많이 오버한 것이 아닐 수 없다. 박지원 국정원장이 취임 이후 첫 번째 국회 정보위원회 보고에서 이런 내용을 밝힌 것인데, 대북정보를 지나치게 흥미본위로 다루는 것 아닌지 우려스럽다. 이렇게 어떤 정보를 흥미위주로 과장하는 것을 영어로 표현하면 'sex up'이 된다. 원래는 '성적으로 흥분시키다.'라는 의미였는데, '어떤 것을 더 흥미롭게 보이게 하다.', '과장하다.'라는 의미로도 쓰인다. 내가 영국에서 유학할 당시 'sex up'이란 말을 한동안 많이도 들었다. 2003년 5월 말 BBC가 '영국 정부가 이라크전쟁의 명분을 쌓기 위해 이라크의 대량살상무기 보고서를 과장했다.'는 보도를 대대적으로 하기 시작했는데, 그때 정보를 과장했다는 의미로 'sex up'이란 용어를 썼다. TV나 라디오를 틀기만 하면 이 말이 나올 정도였다. 정보에 'sex up'은 있을 수 없는 일이다. 정보기관의 과장은 의외의 파장으로 연결될 수 있다. 북한의 반발을 살 수도 있고, 정보기관 자체의 신뢰를 떨어뜨릴 수도 있다.

어쨌든 김정은 정권은 자신감을 바탕으로 권한을 일부 분산시키기도 하고 잘못한 것을 솔직히 털어놓고 성찰하는 듯한 모습도 보이고 있다. 그러면서 대외적인 지원은 수용하지 않고 있다. 2020년 여름 코로나19와 수해, 경제제재라는 3난을 혹독하게 겪으면서도 대외적인 지원은 받지 않았다. 남한의 인도적 지원도 거절했다. 물론 코로나19가 외부 지원을 통해 유입될 가능성에 대한 우려도 있었을 것이다. 하지만 더 근본적인 것은 외부세력에 굴복하지도 않고 지원을 호소하지도 않으면서 자력갱생하는 모습을 갖추고자 하는 것이라고 여겨진다

십년 가까운 김정은의 집권은 세계정세와 미중경쟁, 동북아정세를 직접 몸으로 경험하는 과정이었다. 강대국들은 더 강한 화력과 경제력을 확보하려 하고 있고, 그 과정에서 치열한 경쟁을 하고 있는 모습들도 목도했다. 그 와중에 약소국이 생존하기 얼마나 어려운지도 생생하게 경험했을 것이다. 특히 미국과의 핵협상 과정에서 약소국의 무장해제를 추구하는 강대국의 진면목을 보았을 것이다. 그러면서 김정은은 자신의 정권을 오랫동안 공고하게 유지하면서 주변국에 휘둘리지 않으려는 전략을 세워나가고 있을 것이다. 그런 것이 통치의 효율을 추구하면서 주변국에 손 벌리지 않고 자력갱생의 가치를 더욱 높이 드는 모습으로 나타나고 있는 것으로 보인다.

2
대미 협상에 올인

쉽게 나가진 않는다

김정은은 2019년 4월 최고인민회의 시정연설에서 연말까지 미국이 '새 계산법'을 갖고 나와야 한다고 말했다. 6개월의 실랑이 끝에 10월 스웨덴 스톡홀름에서 실무회담이 열렸다. 미국이 제시한 것은 북한이 기대한 '새로운 계산법'이 아니었다. 북한이 주요핵시설을 폐기하는 대신, 미국은 대북제재 가운데 석탄과 섬유에 대한 수출규제를 3년 동안 해제하겠다는 안이었던 것으로 전해진다. 2019년 2월 하노이에서 북한이 요구했던 제재 해제 규모보다도 줄어든 것이었다. 북한 입장에서는 '새 계산법'이 아니라 '구닥다리 계산법'이 아닐 수 없었다. 이후 미국은 북한이 제시한 연말까지 새 계산법을 제시하지 않았다. 그러자 북한은 2019년 12월 당 전원회의를 통해 '정면돌파' 구호 아래 경제건설·군사력 강화에 매진하겠다고 선언했다.

본래 협상을 통해 핵문제를 해결하고 거기서 경제건설의 자원을 확보하겠다는 전략을 가진 북한이지만, 쉽게 핵을 내주려던 것은 아니었다. 어디까지나 합리적인 주고받기가 이뤄져야 한다는 생각이었다. 연말까지 새로운 안을 제시하라던 주장이 먹혀들지 않자 북한은 스스로의 힘으로 살아보겠다는 자력갱생 모드로 전환한 것이다. 협상의 장으로 북한을 불러내기가 상당히 어렵게 되었다. 2020년 1월 11일 외무성 고문 김계관이 조선중앙통신에 낸 담화를 보면 그런 북한의 입장을 분명하게 확인할 수 있다. 김계관은 "이제 다시 우리가 미국에 속히워(속아) 지난 시기처럼 시간을 버리는 일은 절대로 없을 것"이라면서 "일부 유엔 제재와 나라의 중핵적인 핵 시설을 통채로(통째로) 바꾸자고 제안했던 월남(베트남)에서와 같은 협상은 다시는 없을 것"이라고 밝혔다.[9] 많은 것을 희생하고 감수하며 개발해놓은 핵시설을 제재 해제 정도를 받고 양보하는 일은 없을 것이라는 얘기다. 하노이 회담에서 상한 자존심에 다시 상처를 내는 일을 하지 않겠다는 얘기로도 들인다. 이런 발언으로 미루어 보면 북한이 다시 협상장에 앉기는 쉽지 않을 것 같다.

물론 북한이 이렇게 강경한 입장으로 돌아섰지만 협상을 완전히 버린 것은 아니다. 김정은 국가발전전략의 핵심이 경제건설인 만큼 이를 실현하기 위한 노력은 계속할 것이다. 그 연장선상에서 미국이 일정한 조건을 만들어 주면 협상은 열릴 수 있다. 김계관의 담화 가운데 "조미 사이에 다시 대화가 성립되자면 미국이 우리가 제시한 요구사항들을 전적으로 수긍하는 조건에서만 가능하다."라는 대목이 협상의 문 또한 완전히 닫히지 않았음을 보여준다. 그렇다면 북한의 요구사항들은 무엇인가? 크게 보면 체제안전보장과 제재완화이다. 체제안전보장은 우선 한미연합군사훈련 중단과 종전선언을 의미한다고 할 수 있다. 제재완화와 관련해서는 2019년 2월 하노이에서 북한이 제시했던 것이 북한이 요구하는 기본틀이라고 할 수 있다. 2016~2017년 사이 유엔 안보리가 채택한 5개 대북제재 결의 가

---

9 노지원, "북 외무성 고문, 트럼프→김정은에 '친서' 보냈지만 '미국에 속는 일 없을 것'", 『한겨레』, 2020. 1. 13.

운데 민수경제와 인민생활에 지장을 주는 항목들을 해제하라는 것이다. 북한이 쉽게 협상장에 나가진 않겠지만 협상의 가능성은 여전히 존재하고 있는 것이다. 물론 이런 북한의 요구를 미국이 선뜻 들어주진 않을 것이다. 하지만 미국이 협상으로 문제를 해결하겠다는 생각이라면 북한이 협상으로 가는 문을 좀 더 열 생각을 해야 할 것이다.

2019년 10월 스톡홀름 실무협상이 무산된 뒤 북한과 미국은 양자간 직접협상은 하지 못하고 있지만, 한국과 중국 등 다양한 통로로 양측의 의견을 조정하는 작업을 진행하고 있는 것으로 보인다. 북한에 외무성이 있고, 미국 국무부에는 대북정책팀이 존재하고 있으면서 핵문제 해결의 방안을 모색하고 있으니 의견교환이 없을 수 없다. 우리 외교부에도 한반도평화교섭본부가 있고, 중국 외교부에도 한반도사무특별대표가 있다. 그러니 이들 사이 지속적으로 커뮤니케이션이 이뤄지면서 새로운 아이디어들도 교환되고 있는 것이다. 미국은 북한에 핵문제와 관련한 매우 포괄적인 조치를 요구해 왔다. 우선 모든 핵개발 계획에 대한 포괄적 신고와 사찰단의 사찰 허용, 모든 핵활동 중지를 요구하고 있다. 구체적인 조치로는 영변 핵단지뿐만 아니라 평양 남부 산업단지인 강선에 있는 우라늄 농축시설, 평안북도 박천의 우라늄 정련·농축시설, 황해북도 평산의 우라늄 정련·농축시설, 자강도 하갑의 우라늄 농축시설을 신고하고 폐기할 것을 요구하고 있는 것으로 전해진다. 여기에 더해 ICBM 제조시설로 의심되는 평양 산음동 시설의 목록 제출 등도 요구사항으로 제시하고 있는 것으로 알려져 있다. 이에 대해 북한은 경제제재에 대한 명확한 스케줄, 그리고 체제안전보장의 구체적 방안 제시를 요구하고 있는 것으로 보인다.

양측의 입장이 많이 차이 난다. 하지만 북한의 입장이 '협상 안 한다.'는 결코 아니다. '조건이 맞으면 한다.'는 입장이다. 그럼에도 2019년 2월 하노이 회담처럼 막연한 상태로 나가서 빈손으로 돌아오는 일을 반복하진 않겠다는 생각이다. 양측이 입장차를 좁히는 데에는 시간이 많이 필요하다. 그러면서도 북한은 국가발전전략상의 필요에 따라 협상에 대한 관심은 놓지 않을 것이다. 이제 미국의 정권이 바뀌었다. 바이든은 트럼프보다는 합리적 협상을 지향하고 있다. 북미양측이 만나는 게 중요하다. 그러자면 바이든 행정부가 조속히 북핵문제를 우선순위에 두고 협상의 길에 들어서야 한다.

중국도 안 믿는다

북한은 기본적으로 자존심이 강한 나라이다. 자존심과 국가자율성은 어느 나라든 중시하시만 북한은 특히 여기에 가치를 많이 둔다. 그래서 김일성 시대 주체사상도 만들었다. 사상적으로 주체, 정치적으로 자주, 경제적으로 자립, 안보적으로 자위를 핵심 주장으로 하는 주체사상은 북한이 얼마나 자존감이 강한 나라인지를 잘 보여준다. 이 주체사상은 지금도 북한의 통치와 외교의 근간을 이루고 있다. 핵문제와 관련해서도 북한은 어디까지나 스스로의 안보를 스스로 확보하려는 '자위'의 차원에서 핵무기를 만들었으며, 비핵화 협상도 자존심을 굽히지 않으면서 받을 것은 충분히 받고 최종 합의문에 서명하겠다는 마인드로 접근하고 있다. 그런데 이런 북한을 향해 '최대의 압박으로 협상장에 나오게 했다.', '앞으로도 제재를 계속 강화하면서 협상을 해야 한다.' 등등의 주주장은 내세우는 것은 협상을 하지 말자고 하는 얘기와 다름이 없다.

핵문제는 특히 북한의 국가안보전략에서 핵심적 위치를 차지하고 있기 때문에 정권 차원에서 스스로의 이해를 계산하면서 스스로 생각하고 스스로 결정하고자 하는 문제가 아닐 수 없다. 많은 것이 모자라는 조건에서 막대한 자원을 들여 핵을 개발한 만큼, 이를 어느 정도 어떻게 개발해서 어떻게 활용하겠다는 치밀한 전략 아래에서 구체적 계획이 진행되어 왔다고 보아야 할 것이다. 최종적으로 이를 폐기해야 하는 비핵화 협상 또한 치밀한 전략과 계산 속에서 움직인다고 해야 할 것이다. 그만큼 김정은을 비롯한 정권의 핵심세력들이 자신들과 북한이라는 국가의 존망까지도 염려하면서 관련 조치와 정책을 철저하게 주체적으로 결정하려 하고 있는 것이다. 이런 상황에서 중국의 영향, 주변국의 압박 등등은 크게 변수가 되지 않을 것으로 여겨진다.

국제사회가 중국의 대북 영향력을 자주 거론하지만, 이것도 매우 제한적이다. 북한의 속내는 철저하게 주체적이고, 중국마저도 잘 믿지 않고 있음은 여러 사례를 통해 드러났다. 2000년 남북정상회담 당시 김정일은 "김일성 주석은 중국은 주머니를 두 개 차고 있으니 항상 조심하라고 하셨다. 내 생각은 다르다. 중국이 찬 주머니는 두 개가 아니라 열 개는 된다."라고 말했다. 김정일은 2005년 정동영 통일부 장관을 만났을 때에는 "중국은 남과 북 사이에서 항상 어부지리를 취하고 있다."고 말하기도 했다. 김정은도 "중국은 현재 우리와 가장 가까운 국가이지만 앞으로 가장 경계해야 할 국가가 될 수도 있는 나라이기도 하다. 역사적으로 우리나라를 가장 힘들게 했던 나라가 바로 중국이다."라고 말한 적이 있다.[10] 김정은은 마이크 폼페이오 美국무장관과 몇 차례 만났고 트럼프와 정상회담도 했지만, 주한미군 얘기를 한 적은 없다. 그런 과정을 통해 폼페이오는 '김정은은 주한미군이 중국에 대한 제약이 되기 때문에 계속 주둔하기를 바란다.'는 결론을 갖게 되었다고 한다.[11] 미국을 경계하는 만큼 중국도 경계하고 있다는 얘기이다.

북한 고위관리 출신의 한 탈북자는 "김정일은 늘 중국에 심한 모욕감을 느끼고 있었으며, 김정은에게도 중국과 절대 타협하지 말고 자주권을 지키라는 말을 수없이 한 것으로 안다. 중국이 한국에 고고도미사일방어체계, 사드를 배치하지 말라고 압박하는 것처럼, 북한에는 개혁개방을 강력히 요구했다. 북한의 일반주민들은 잘 모르지만 차관급 이상 관리들은 '말씀'(김정일의 말)을 통해 당시 중국의 후진타오 주석과 원자바오 총리의 개혁개방 압박에 대해 전달받았다. 그러나 개혁개방은 곧 개인숭배의 종식을 의미한다는 사실을 잘 아는 북한 김씨 정권은 중국과의 개혁개방 대신 미국과의 국교정상화를 통해 체제를 인정받기를 원한다."며 북한 지도자들의 중국 경계심리를 적나라하게 전하기도 했다.[12]

북한은 핵실험과 핵개발의 과정에 대해서는 중국과 협의하지도

---

10 이희옥, "김정은, 중국과의 관계 회복에도 경제발전 셈법은 달라", 『중앙일보』, 2018. 11. 26.

11 김진명, "북 2017년 ICBM 쐈을 때, 미 핵무기 80개 사용 검토", 『조선일보』, 2020. 9. 13.

12 백성원, "[심층취재]중국, 대북압박 필요 못 느껴… 북한은 변함없는 전략자산", *Voice of America*, 2017. 3. 15.

않는다. 2017년 9월 15일 작성된 중국공산당 내부문건은 "최근 조선의 집권통치자들은 우리와 충분한 협의 과정을 거치지 않고 핵실험을 위해 또다시 제멋대로 독단적 행위를 벌여 국제공동체에 막대한 부정적 영향을 미쳤다."고 밝히기도 했다.[13] 핵문제에 관한 한 북한이 중국과 충분한 정보교환이나 협의를 하지 않는다는 얘기이고, 그래서 중국이 불만을 갖고 있다는 말이다. 고도의 국가전략에 관한 한 북한은 중국도 믿지 않고, 스스로 생각하면서 스스로 판단하고 있음을 방증하고 있는 것이다. 중국과 역사적·이념적·전략적 연대를 형성하고 있지만, 전적으로 중국을 믿으면서 따르는 것은 아니고, 북한 나름의 사고와 전략에 따라 중국도 강대국의 하나로 간주하면서 경계심을 늦추지 않고 있는 것이다.

반드시 미국과 협상한다

혹자는 이렇게 얘기한다. "북한이 중국에 의지하는 바 크고, 중국도 북한을 필요로 하니 양자 사이 협력이 더욱 강화되면, 북한은 더 이상 미국이나 한국과 협력할 필요 없을 것이다." 이런 전망을 하는 사람들은 대부분 중국을 중심으로 북한을 보면서 중국의 경제적 힘을 과신하는 이들이다. 중국이 경제적으로 북한에 도움을 계속 주고 있고, 이는 더 확대될 가능성이 높다. 북한도 경제건설에 총력을 기울

---

13 김지수·이영종, "중국의 대북 경고… '핵 고집 땐 간부·가족 가혹하게 처벌'", 『중앙일보』, 2020. 1. 10.

이고 있는 만큼 중국의 지원이 계속 필요하다. 그런 점에서 북중경제관계는 더욱 긴밀해질 것이다. 그렇다면 중국의 지원이 계속 확대되는 것이 미국과의 협상을 불필요하게 만들 것인가?

이 문제에 대한 답은 북한이 근본적으로 추구하는 것이 무엇인지, 북한이 그동안 어떤 길을 걸어왔는지에 대한 천착 이후에나 가능하다. 북한이 단순히 경제를 발전시키는 데에만 관심을 기울이고 있다면 모든 것을 중국에서 얻고, 미국, 남한과 협상할 필요는 없을 것이다. 목하 북한이 원하는 것은 크게 보면 두 가지이다. 하나는 경제제재 해제, 다른 하나는 체제안전보장. 경제제재는 국제사회와 거래를 확대하면서 경제발전을 추진하기 위한 것이다. 결국 경제를 발전시키기 위한 것이다. 북한이 경제발전에만 눈을 돌리고 있다면 미국과 유엔이 중심이 된 경제제재는 그냥 두고, 중국과의 관계 강화로 해결할 수 있을 것이다. 물론 한계가 있는 것이지만, 그것으로도 어느 정도 경제성장은 이룰 수 있을 것이다. 2019년 6월 중국이 약속한 것과 같은 대규모 인도적 지원, 중국의 대규모 관광 등 경제제재를 피해서 중국으로부터 얻어올 수 있는 것들이 많다. 북한도 이를 잘 알고 있다. 하지만 전적으로 여기에만 매달리는 것을 북한은 원치 않는다. 이는 중국에 대한 종속을 의미하는 것이기 때문이다.

소련의 도움으로 국가를 세웠으면서도 소련의 간섭은 피하려 애를 썼다. 소련파를 숙청하고 자립적 민족경제 건설을 추진한 것은 그런 취지였다. 한국전쟁 당시 중국군의 도움을 받았지만, 1958년에는 중국군의 철수를 추진했고, 문화혁명 당시 홍위병들의 북한체제 비판에 대해서는 강력하게 맞섰다. 1956년 8월 종파사건 당시 연안파와 소련파 징계에 소련과 중국이 직접 간섭했을 때에도 일시적으로 중소의 의견을 수용했다가 결국은 북한의 의사대로 연안파·소련파를 숙청했다. 그런 경험을 토대로 주체사상을 만들었다. 북한이 추구하는 것은 그냥 잘 사는 게 아니라 '줏대 있게 잘 사는 것', '자존심 지키며 잘 사는 것'이다. 그러니 중국에 의존해 먹고사는 문제를 해결할 수 있는 길이 있다 해도 그것이 중국 경도를 의미하고, 중국의 간섭으로 연결될 가능성이 있다면 이는 북한이 가는 길이 아니다. 그래서 중국과 경제관계가 깊어진다고 해서 미국과 핵협상을 하지 않을 것이라고 전망하는 것은 틀릴 가능성이 매우 높은 것이다.

북한이 현하 필요로 하는 두 번째 것, 체제안전보장 문제는 어떤가? 모든 국가가 추구하는 이익, 즉 국가이익에는 크게 5가지가 있다. 자기보존self-preservation과 안보security, 번영prosperity, 위신prestige, 평화peace이다. 자기보존은 망하지 않고 생존하는 것을 말하고, 안보는 생존이 위협받지 않는 국제환경을 만드는 것을 이른다. 번영은 경제력을 강화하는 것, 위신은 다른 나라로부터 관심과 존경을 받는 것, 평화는 폭력적 충돌이 없는 것을 말한다.[14] 자기보존은 단순히 소극적 생존만을 의미하는 것이라면, 안보는 침략을 받지 않고 국가와 국민의 안전이 안정적으로 확보되도록 국제적 여건을 조성해나가는 것을 의미한다는 점에서 국가들이 추구하는 가장 핵심적인 이익이 아닐 수 없다.

북한이 말하는 체제안전보장은 국가이익 가운데 핵심인 안보의 확보를 의미하는 것이다. 안보를 중국과의 협력으로, 중국의 전적인 지원만으로 확보하는 것은 안보적으로 중국에 의존하는 것이다. 중

---

14 Donald Puchala, *International Politics Today*, Harper & Row, 1971, pp.73-90.

국에 안보를 의지하게 되면, 첨단무기를 수입하는 것, 서해와 동해에서의 군사협력, 동북아안보질서를 세워가는 문제 등 모든 것을 중국과 협의해야 하는 상황이 될 것이다. 역시 북한의 지향점과는 크게 동떨어진 방향이 아닐 수 없다. 중국에도 소련에도 전적으로 의존하지 않으면서 어느 쪽으로부터도 간섭받지 않는 주체적 나라를 추구해온 북한과는 전혀 어울리지 않는 것이다.

미국과 협상하면 달라지는가? 얼마든 달라질 수 있고, 그런 길을 가겠다는 것이 북한이다. 미국과 핵협상을 해서 차츰 비핵화의 길로 가고, 그 과정에서 제재를 해제받고, 체제안전보장을 받겠다는 것이 북한의 전략이다. 제재 해제받아서 미국, 일본, 남한, 유럽 등 세계 많은 나라들과 교역·교류하면서 경제성장을 이루고, 국제사회에서 정상국가로 인정받겠다는 생각이다. 중국에 의존은 종속의 길이지만 국제사회와 자유롭게 거래하는 것은 자율의 길이다. 그러니 북한은 자율의 길을 가려 하는 것이다.

체제안전보장도 중국으로부터만 받는 것은 불완전하고 일방적인 것이지만, 미국과 불가침협정이나 평화협정 등을 통한 것은 동아시아 전체의 평화 속에서 자연스럽게 북한의 안보를 확보하는 길이다. 일본, 한국과도 장기 평화를 다질 수 있는 길이다. 그러니 미국과 핵협상을 하지 않을 리가 있겠는가? 그 연장선상에서 한국과도 남북관계 개선 방안, 군사적 긴장완화를 위한 협상을 안 할 수 있겠는가? 반드시 한다고 보는 게 합리적일 것이다. 다만 일방적으로 양보하면서 협상장으로 나오지는 않는다는 것이다. 약한 고리가 많고 경제가 어려운 만큼 재고 또 재면서, 위험은 최대한 피하면서 협상에 임할 것이다. 앞으로도 계속 때론 강한 워딩으로 주변국을 비난하고 때론 도발도 할 것이다. 대부분 전후좌우를 살피면서 위험은 철저히 피하려는 생각에서 나오는 행위라 할 수 있을 것이다.

미중갈등 활용

경제건설 총력 전략을 세워놓고 미국과 협상을 하려 하는 북한이지만 그렇게 쉽게 협상에 나오진 않을 것이라 했는데, 거기엔 북한의 동북아 국제질서를 보는 견해도 작용하고 있다. 실제로 북한은 최근 북미협상을 장기전으로 끌고 가겠다는 생각을 간간히 표명해 왔다. 2020년 7월 10일 김여정 노동당 중앙위원회 제1부부장이 북미정상회담을 서두르지 않겠다는 입장을 밝히는 등 장기전 태세를 분명히 하고 있는 것이다. 그동안 대북제재 해제를 요구하고 대신 비핵화조치를 하려 했는데, 전략을 바꿔 미국이 적대시 정책을 철회할 때 비로소 협상에 임하겠다는 입장을 얘기한 것이다. 제재 해제가 당장 급한 문제가 아니라는 얘기도 했다. 북미협상의 전제조건이 까다로워지고 문턱이 높아진 것이다. 미국이 문턱을 높이니 북한도 맞받아 높이는 상황이 된 것이다.

2019년 2월 하노이 북미정상회담 당시까지는 북한이 협상에 매우 적극적이었다. 트럼프와 담판하면 제재를 해제받을 수 있고, 그러면 경제건설 전략을 효과적으로 실행할 수 있다는 계산이었다. 그래서 북한이 더 협상을 요구하는 쪽이었다. 하지만 협상을 해보니 미국의 근본적인 사고가 변화하지 않았음을 확인할 수 있었던 것인지, 북한의 태도는 강경해졌다. 미국이 북한을 철저한 적으로 여기고, 북한에 대해서는 완승을 해야 한다는 생각을 가지고 있으면서, 일대일 주고받기식 거래도 거부하고 있음을 알게 된 것이라 할 수 있겠다. 그것을 한마디로 표현하면 '미국의 북한 적대시정책'이라는 것이 북한의 견해다. 그것이 없어지지 않으면 협상은 있을 수 없고, 해봐야 아무런 소용이 없다는 것이 2020년 7월 김여정 담화의 핵심내용이다.

미국의 전략에 대한 이러한 분석을 바탕으로 북한은 장기전 태세에 들어갔다고 하겠는데, 지금의 세계정세와 동북아정세의 핵심은 미중경쟁, 미중갈등이라는 정세판단도 이러한 장기전 전략 형성에 중요한 영향을 미치고 있는 것으로 보인다. 조총련(재일조선인총연합회)이 발행하는『조선신보』2020년 7월 15일자는 미국과 중국이 그동안의 경쟁관계에서 '공존할 수 없는 관계'로 변화하고 있다고 분석하면서 미국에서 누가 집권하더라도 중국과의 갈등은 장기화할 것이라고 진단했다. 동북아정세의 핵심은 미중갈등이고, 미중갈등은 하루 이틀 사이 해결될 문제가 아니라는 전망이다. 세계사의 큰 조류에 따라 패권국이 전이되는 와중에 있으며 패권국 미국과 도전국 중국의 경쟁과 갈등은 점점 심화할 것이라는 국제정치 석학들의 진단과 다를 바 없다.

북한은 미중갈등의 구도에서 물론 중국 편을 들고 있다. 그것도 철저한 편들기이다. 남중국해 갈등, 홍콩보안법, 신장·티베트 인권문제 등 미국과 중국이 충돌하는 모든 문제에 대해 미국을 비판하면서 중국을 두둔하고 있다. 미중갈등과 그에 따른 동북아 신냉전 구도 속에서 북중러-한미일 대결양상도 형성되어 가고 있다고 하겠는데, 북한은 북중러의 북방삼각동맹체제에 의존해 한미일의 압박에 대응해 나가겠다는 전략을 가지고 있는 것이다. 어쨌든 북한은 미중경쟁 양상에서 중국 편승을 어느 때보다 노골화하고 있는데, 이는 비핵화 협상의 장기화에 직접 연결된다.

조기에 타결 가능성이 있으면 타결해보려 했는데, 그렇지 않다면 서두르는 모습으로 미국에 끌려가지는 않겠다는 것이다. 미중갈등 속에서 중국 편에 서면 미국이 섣불리 북한에 초강경조치는 하지 못할 것이라는 판단도 작용하고 있다. 실제 미국과 중국의 갈등관계가 지속되는 가운데 미국이 북한에 대해, 그것도 중국 편에 서 있는 중국의 유일한 동맹국 북한에 대해 군사적 공격과 같은 행동을 하기는 어렵다. 북한은 이러한 구도를 잘 파악하고 있고, 그러면서 중국 편들기를 더 분명하게 하고, 북미 핵협상은 장기과제로 다루려 하고 있는 것이다.

이러한 북한의 전략은 중국의 전략적 수요에 따라 더욱 힘을 받고 있다. 중국도 미중갈등 환경에서 북한과 전략적 협력을 더욱 강화해야 하는 형편이다. 갈등하는 강대국들은 되도록 많은 나라를 동맹으로 확보하려 한다. 과거 냉전시대 미국과 소련이 그랬다. 지금의 미국과 중국도 그런 환경에 처해 있다. 미국이 인도태평양전략을 동맹국 중심으로 펼치고, 중국도 동남아, 아프리카, 남미 국가들과 협력관계를 강화하는 게 그 때문이다. 그 와중에 양 강대국 사이에서 '중립지위neutralist position'를 견지하면서 강대국들의 지원을 더 얻어내는 전략을 구사하는 약소국도 있다. 자신이 가진 '전략적 자산strategic asset'을 활용해 강대국 사이에서 주가를 높이는 약소국도 존재한다. 하지만 북한은 그런 전략보다는 중국 편승 전략으로 미국과의 협상을 장기화하고, 미국에 끌려가지 않으면서, 자신의 국익을 최대화하려는 전략을 구사하고 있는 것이다.

3
살 궁리는 계속

대북제재 뚫기

국제정치의 속성이 누가 누구를 통제할 수 있고, 한 나라가 세계를 통할할 수 있는 것이 아니어서, 미국과 유엔이 나서 대북제재를 계속하고 있지만, 허점은 여전히 존재한다. 제재를 당하고 있는 북한은 그 허점을 이용하고, 제재에 구멍을 뚫기 위해 부단히 애를 쓰고 있다. 또 거기에 협조하는 나라도 존재한다. 그게 국제사회이고 국제관계의 현실이다. 이래라 저래라 할 수 없는 구조이고 국가들은 모두가 자신들의 판단에 따라 움직인다. 물론 대의가 분명한 사안에 대해서는 나라들이 하나로 움직일 수 있겠지만, 그 대의라는 것도 국가들의 관점과 상황에 따라 다르게 판단할 수 있다. 탄소배출을 줄이고 더워지는 지구를 살려야 한다는 명제에는 완전한 합의를 이룰 수 있는 것으로 여겨지지만, 미국의 트럼프 행정부는 자국의 국익에 따라 파리기후변화협약에서 탈퇴했다. 코로나19의 상황에서 세계가 보건협력을 강화해야 하는 상황임에도 트럼프는 WHO(세계보건기구)에 탈퇴를 통보했다. 사람들의 생각이 다른 만큼 국가들의 생각도 다르다.

그래서 북한은 여러 가지 대북제재 상황에서 이를 피하기 위한 방안을 지속적으로 마련하고 있고, 상당한 국가들의 도움도 받고 있다. 우선은 중국과 러시아가 대북제재를 실행하는 데 그다지 협조적이지 않다. 대북제재의 일부 해제도 주장한다. 일부 해제 안을 유엔 안보리 의제로 상정하기도 했다. 특히 중국은 북한과 여러 가지 형태의 교류를 계속하고 있다. 임가공이 대표적이다. 중국의 의류회사들은 세계에 많은 의류제품을 수출하고 있는데, 이 중 상당 부분은 북한에서 만든 것이다. 중국회사가 원단과 부자재를 북한의 봉제공장에 제공하고, 북한의 근로자들이 옷을 만들어 중국으로 내가고 그걸 중국제품으로 세계 내놓는 식이다. 2017년 9월 3일 북한의 6차 핵실험에 따라 마련된 유엔 안보리의 결의 2375호(2017년 9월 11일)는 북한의 섬유 수출을 금지하고 있다. 하지만 실제로는 북한과 중국 사이 이러한 임가공 무역이 여전히 진행되고 있다. 중국만 해도 봉제공들의 인건비가 꽤 상승했다. 하지만 북한 근로자들에 대한 임금은 여전히 낮다. 게다가 북한 근로자들은 봉제기술이 우수하다. 그러니 북한에 맡기면 생산원가를 크게 낮출 수 있는 데다 품질 높은 의류를 만들어낼 수 있다. 중국회사들도 외국의 유명업체의 의뢰를 받고 생산에 착수하는 경우가 많은데, 중국업체가 외국업체로부터 옷 한 벌 당 받는 임가공비가 10달러 정도라면, 북한에는 5달러 정도만 주고 한 벌을 만들어 내고 있는 것이다.[15] 중국업체는 낮은 생산비에 좋은 제품을 얻을 수 있고, 북한은 일자리를 얻을 수 있으니 북한과 중국 사이 협력이 중단될 수 없는 것이다. 그러지 않아도 서로 도와야 한다는 의식이 있고, 돕고 싶어 하는 사이인데, 이렇게 서로에게 이익이 되는 일이라면 발 벗고 나서야 하는 입장이다. 북한은 원산

15 안윤석, "북-중, '대북제재에도 임가공무역 통한 섬유류 우회수출 여전히 호조'", 『서울평양뉴스』, 2019. 3. 15.

지를 숨겨 석탄을 중국, 러시아, 베트남, 말레이시아 등에 수출하기도 했다. 2020년에도 1월부터 3월까지는 북한의 국경봉쇄로 뜸했지만 3월 말부터는 북한이 석탄 수출을 재개했다. 북한에서 중국의 저장성에 있는 닝보宁波-저우산舟山항으로 석탄을 수송하는 경로가 주로 이용되고 있다.[16]

북한과 중국 사이 인력 수출-수입도 계속되고 있다. 중국의 공장에 북한의 근로자를 보내 일을 하도록 하는 것이다. 중국은 값싼 노동력을, 북한은 일자리를 얻을 수 있으니 역시 서로 좋은 것이다. 그런데 이것도 대북제재 내용에 포함되어 있다. 2017년 11월 29일 북한의 ICBM 화성-15호 시험발사에 따라 채택된 유엔 안보리 결의 2397호(2017년 12월 22일)는 각국이 북한의 해외노동자를 북한으로 돌려보내도록 했다. 시한은 2019년 12월 22일까지였다. 종래 북한은 29개국에 10만 명 정도의 노동자를 파견해 연간 5억 달러 정도를 벌어들인 것으로 알려져 있다. 이 자금을 차단하기 위해 제재를 실행한 것이다. 제재 실행에 따라 여러 나라에서 상당한 수의 북한 근로자들이 북한으로 돌아갔다. 그런데 이것도 모든 나라가 철저하게 북한 근로자를 찾아서 돌려보낸 것은 아니다. 특히 중국은 여러 가지 방법으로 북한 근로자를 다시 받아들이고 있는 것으로 전해진다. 취업비자를 주면 드러나기 쉽기 때문에 학생비자 등을 발행해줘 잘 드러나지 않도록 하면서 근로자들을 받아들이고 있는 것이다. 그래서 실제 북한 근로자 3만~5만 명이 중국에서 일을 하고 있는 것으로 알

16 김지은, "북, 정유제품 공해상 환적 방식으로 유엔제재 우회해 100만 배럴 수입", 『한겨레』, 2020. 9. 23.

려져 있다.[17] 대북제재가 촘촘하게 실행되고 있다고 하지만 북-중 사이에는 큰 구멍이 나 있는 것이다. 지리적으로 서로 인접해 있고, 정서적으로 연결고리가 있고, 전략적으로도 서로 필요한 사이이니 제재를 어기고 협력하는 것을 막기 어려운 것이다. 러시아, 베트남에도 정보기술IT분야 등에 북한사람들이 진출해 있는 것으로 알려지고 있다.

중국, 러시아 등 동북아 강국 이외에도 북한의 제재 뚫기를 지원하는 국가는 꽤 많다. 외국 유조선들은 공해상 환적 방식으로 정유제품도 북한에 수출하고 있다. 베네수엘라, 쿠바 등 남미의 좌파정권들은 북한과 협력관계를 오랫동안 지속해오고 있다. 2019년 9월 베네수엘라 마두로 정권의 2인자인 디오스다도 카베요Diosdado Cabello 제헌의회 의장이 평양을 방문했다. 카베요는 방북길에 군사·기술 분야의 협력에 합의한 것으로 전해진다. 이후 유엔 안보리 대북제재위원회 전문가패널이 베네수엘라에 대북제재결의 위반에 대해 경고를 전달하기도 했다. 양국의 협력이 긴밀하게 진행되고 있음을 말해주는 것이다. 쿠바와도 2018년 11월 평양에서 정상회담을 갖는 등 관계를 강화하고 있다.

제재 국면에서 북한이 특히 관심을 갖고 관계를 강화하고 있는 나라들이 아프리카 국가들이다. 북한은 1970~1980년대 아프리카 여러 나라에 농업기술을 전수해주고 식량원조도 실시하며 관계를 강화해 왔다. 그런 인연을 갖고 있는 아프리카 국가들과 제재 상황에서도 교류를 하고 있는 것이다. 2006년 유엔 안보리의 제재가 시작된 이후에도 아프리카 동부의 모잠비크에는 미사일 등 무기를 수출

---

17 박민희·장인환, "안보리 송환 시한 넘긴 북한 노동자들은?", 『한겨레』, 2019. 12. 22.

했다. 나미비아 국적의 저인망어선으로 수출품과 현금 등을 수송하는 방법으로 제재를 피했다. 북한은 군대의 교관을 파견해 모잠비크 엘리트 군대를 훈련시키는 일도 맡았다. 이러한 제재를 피한 거래는 모잠비크 외에도 아프리카 10개국과 계속했다.[18]

이와 함께 북한은 시리아, 미얀마 등과도 제재를 피해 무기 등을 거래하고 있는 것으로 알려져 있다. 북한은 아시아뿐만 아니라 남미, 아프리카, 중동 등 세계 곳곳의 나라들과 다양한 루트를 통해 교류와 거래를 계속하고 있는 것이다. 전방위로 제재를 받고 있는 북한의 나름의 생존전략이 아닐 수 없다. 유엔을 통해 제재를 가하고 있지만, 그것이 세계적 지지를 받고 있는 것이 아님도 이런 현상을 통해 알 수 있다. 유엔 안보리 대북제재위원회의 패널보고서도 "유엔의 대북제재가 일부 국가들의 정치적 의지 결여와 국가 간 협력을 위한 노력 부족 등으로 인해 강력하게 이행되지 못하고 있다."고 인정하고 있을 정도이다.[19] 유엔의 보고서는 의지 결여, 노력 부족을 지적하고 있지만, 실은 국제정치의 속성이 그런 것이다. 국제사회는 철저하게 자발주의에 의해 운영되고 있기 때문에 일사불란하게 제재가 실행되기 어려운 특성을 생래적으로 가지고 있는 것이다.

유엔 안보리 이사국은 상임이사국 5개를 포함해 15개 나라이다. 안보리 결의는 상임이사국 5개 나라를 포함해 9개 나라만 찬성하면 성립된다. 그러니 193개 유엔 회원국 중 9개 나라만 찬성해도 안보

---

18 심재우, "북한, 아프리카 대륙에서 달러벌이 계속", 『중앙일보』, 2018. 2. 4.

19 김성수, "북한, 유엔 제재 우회… 금지품목 수출로 2억달러 벌어", 『뉴스핌』, 2018. 2. 4.

리 결의가 통과될 수 있는 것이다. 그런데도 안보리 결의는 회원국 전체가 의무적으로 지켜야 하는 강행규정이다. 이런 제도, 북한과 미국의 오랜 적대관계, 그에 따른 미국 주도의 유엔 안보리 결의의 잇따른 채택 등으로 북한이 다층의 제재를 당하고 있지만, 북한은 나름의 전략과 방안을 가지고 이를 뚫어내려는 시도를 계속하고 있는 것이다. 그런 과정에서 북한과 미국 사이의 갈등이 고조되기도 한다. 물론 그런 경우 한반도의 위기지수는 올라간다. 대북제재, 그것과 연계된 북한과 미국·국제사회의 알력이 여전히 한반도의 안보상황에 지대한 영향을 미치고 있는 것이다.

첨단무기 개발은 계속

최근 북한의 움직임 가운데 주목되는 부분은 '잠수함발사탄도미사일SLBM' 개발에 유난히 힘을 쏟고 있다는 것이다. 북한말로는 '수중전략탄도탄'이다. 2020년 10월 10일 당 창건 75주년 열병식에서 신형 대륙간탄도미사일ICBM과 함께 새로운 SLBM도 선보였다. 북극성-4형이다. 기존 북극성-3형을 발전시켜 다탄두를 탑재할 수 있도록 한 것으로 추정된다. 북한은 그동안 6차례 핵실험을 통해 핵탄두를 소형화·경량화하는 데에는 성공한 것으로 보인다. 미사일에 실을 수 있을 만큼 작고 가볍게 핵무기를 만드는 데 성공했다고 할 수 있는 것이다. 이제 이 핵무기를 멀리 날릴 수 있는 확실한 수단을 확보하려 하고 있는데, 2017년 11월 화성-15호 시험발사에 성공한 점으로 미루어 보아 ICBM 개발은 마무리단계에 와 있다. 다만 미사일이 대기권을 벗어났다가 다시 들어올 때 균열 없이 안정적으로 들어올 수 있는 것인지(재진입기술 확보 여부)는 아직 분명치 않지만, 웬만큼은 완료된 것으로 보인다.

핵탄두, 발사체 모두 미국이라는 외부위협에 대응하는 수단을 확보하는 게 목표였고, 미국에 이르는 ICBM까지 개발했으니 그만 할 만도 한데 북한은 이제 SLBM에 매진하고 있다. 왜일까? 간단히 말하면, 미국에 대한 더 확실한 방어·압박수단을 확보하기 위한 것이다. ICBM은 지상에서 발사하는 것이다. 이동식발사대에서 발사한다고 해도 지상이다. 발사 전 미국의 정보망에 걸릴 가능성이 있고, 발사 후에는 공격받을 가능성이 높다. 미국에 대한 방어·압박수단으로 완전하다고 할 수 없는 것이다. 그래서 북한은 여기에 더해서 SLBM을 가지려 하고 있는 것이다. SLBM은 말 그대로 잠수함에서 발사하는 탄도미사일이다. 미국이 아무리 첨단장비를 동원한다 해도 바닷속에서 움직이는 잠수함을 모두 추적하고 있을 수는 없다. 그런 잠수함에 핵탄두를 싣고 언제든 쏠 수 있는 능력을 확보한다면 미국에 대한 방어·압박수단으로는 최선이 아닐 수 없다. 북한의 ICBM이 미국의 공격으로 무력화된다 하더라도 미국이 찾지 못하는 SLBM으로 미국을 2차 공격할 수 있는 능력을 확보한다는 것은 북한에게는 매우 큰 전략자산이 아닐 수 없다. 핵전략에서 '2차 공격' 능력은 매우 중요한데, 1차 공격을 받고도 완전히 망하지 않고 2차 공격을 할 수 있다는 것은 상대국에 엄청난 위협이 아닐 수 없다. 그래서 그런 2차 공격능력을 가진 나라는 선불리 건드릴 수 없다. 다시 말해 2차 공격능력을 가지면 억지력이 그만큼 커지는 것이다.

미국이 만약 북한을 공격하려 한다 해도 북한이 2차 공격능력을 갖고 있는 경우 망설일 수밖에 없다. 북한은 그 2차 공력능력을 SLBM으로 확보하려 하고 있는 것이다. 현재 SLBM으로 2차 공격을 할 수 있는 능력을 갖고 있는 나라는 미국과 영국, 프랑스, 러시아, 중국, 인도 등 6개국밖에 없다. 북한은 이 능력을 가지기 위해 2016년 4월 북극성-1형 시험발사를 시작으로 SLBM 개발을 적극화해왔다. 2019년 10월에는 북극성-3형 시험발사에 성공했다. 북극성-3형은 사거리가 2,000km 정도 되는 것이다. 이후에도 SLBM 시험발사를 준비하는 듯한 모습은 지속적으로 관찰되어 왔다. 그러다가 2020년 10월 10일 당 창건 75주년 열병식을 통해 북극성-4형을 선보인 것이다.

SLBM을 안정적으로 운용하기 위해서는 배수량 3,000톤급 잠수함이 필요하다. 그래서 북한은 길이 90m, 배수량 4,000~5,000톤으로 SLBM 6발을 탑재할 수 있는 신형 잠수함 개발에도 박차를 가하고 있다. 함경남도 신포에 있는 신포조선소가 이를 맡고 있는 전략기지인데, 여기에는 대형조립건물과 대규모 잠수함 훈련센터, 잠수함 수리용 엄폐시설 등이 갖추어져 있다. 특히 대형조립건물은 길이 194m, 폭 36m 정도인데, 미국의 위성감시를 피해 신형 잠수함을 건조하기 위해 건설되었고, 실제 여기에서 신형 잠수함이 개발되고 있는 것으로 알려져 있다. 상대국의 감시망에서 멀어지려면 오랜 수중작전을 할 수 있는 핵추진 잠수함도 필요하다. SLBM과 신형 잠수함 개발에 매진하고 있는 북한이 핵잠수함까지 개발하고 있을 가능성은 그래서 매우 높다고 할 수 있다.

북한은 한편으로는 핵협상을 원하고 추진하면서, 다른 한편으로는 이렇게 SLBM과 같은 첨단무기 개발도 지속하고 있다. 협상이 되면 좋겠지만, 최종타결될 때까지는 미국을 믿을 수 없다는 생각 때문에 이런 작업을 계속하고 있는 것이다. 첨단무기, 미국을 위협할 수 있는 무기를 확보하고 있으면 협상에서 유리한 입지를 확보할 수 있다는 생각도 작용하고 있다. 결국 북한이 최종적으로 원하는 것은 안전하게 전체 인민이 잘 먹고 잘사는 것이다. 그런데 그걸 이루기가 쉽지 않고, 그걸 이루기 위해서 우선 필요한 것이라고 생각하기 때문에 무기 첨단화에 많은 자원을 투여하고 있는 것이다. '북한 무기개발 → 미국 위협 강화 → 북한 도발 → 국제제재 강화 → 한반도 위기 고조' 이런 악순환은 이제 정리돼야 한다. 반대로 '북미 협상 → 핵·미사일 단계적 폐기 → 경제제재 단계적 해제 → 종전 선언 → 평화협정' 이런 선순환이 본궤도에 오르는 날은 이르면 이를수록 좋다.

오래된 피포위의식

북한은 위에서 본 것처럼 전략적 판단에 아주 능하다. 군사력도 꽤 강하다. 대외에 발신하는 레토릭은 더 강하다. 미국에 대해 큰소리도 뻥뻥 친다. 핵실험과 미사일 시험발사 등 도발도 종종 한다. 남한에 대한 위협도 때때로 한다. 강하고 무서운 나라 같다. 하지만 실제로는 반대다. 약하고 무서움이 많은 나라다. 주변에 믿을 나라 없고, 스스로 살아가야 한다는 인식을 매우 강렬하게 하고 있다. '주변의 강한 나라들이 온통 우리를 둘러싸고 있어 언제 침략을 당할지 모른다'고 여긴다. 이런 걸 북한의 '피포위 의식siege mentality'이라고 한다. 이것 때문에 북한은 늘 공격적으로 보이려 하고 핵과 미사일을 만들고 대규모 군대도 유지하면서 엄청난 국방비를 쓰고 있다.

북한의 피포위 의식은 오래됐다. 기원은 한국전쟁으로 거슬러 올라간다. 한국전쟁 동안 미국은 북한에 그야말로 융단폭격을 가했다. 평양에만 43만 개의 폭탄을 투하했다. 북한 전역에는 1제곱킬로미터당 18개의 폭탄을 떨어뜨렸다. 태평양전쟁에서 미군이 사용한 것보다 많은 양의 폭탄이 북한에 떨어진 것이다. 핵공격의 위협도 받았다. 미국은 전쟁을 종결하기 위해 북한지역에 핵무기 투하를 고려했고, 유엔군사령관 맥아더Douglas MacArthur는 26개의 핵무기 표적까지 선정해 놓고 있었다. 3차 세계대전을 걱정한 미국 정부의 최종결정으로 핵무기가 실제 사용되지는 않았지만, 핵공격 직전까지 몰렸던 기억을 북한은 쉽게 떨치지 못하고 있다.

1957년에는 남한에 핵무기가 배치되었다. 1951년 미일안보조약 체결에 따라 일본에 핵무기를 배치했는데, 일본 내에서 반핵운동이 일어나면서 일부를 남한으로 이전한 것이다. 한반도의 남쪽에 배치된 미국의 핵무기는 북한에 커다란 위협이 되었다. 한국전쟁 당시 핵위협을 당한 경험이 있기 때문에 그 위협인식은 더 직접적일 수밖에 없었다. 1991년 9월 시니어 부시George H. W. Bush의 전술핵무기 철수 조치에 따라 미국으로 이전될 때까지 그 위협을 계속되었다.

1960년대까지는 북한의 경제가 남한보다 앞서 있었다. 1970년대 중반부터 상황은 달라졌다. 남한이 역전한 것이다. 그에 따라 북한의 피포위 의식은 군사적인 것에 경제적인 것까지 더해지게 되었다. 1976년부터 실시된 한미합동군사훈련 팀스피리트는 북한에게는 전쟁연습으로 다가왔다. 팀스피리트뿐만 아니라 독수리훈련, 포커스렌즈, 을지연습, 그리고 각 군별 한미연합훈련 등 다양한 형태의 합동

군사훈련이 지속적으로 실시되었다. 경제적으로 어려워진 상황에서 실시되는 한미연합훈련은, 북한도 대응훈련을 해야 한다는 점에서, 그러다 보면 농사에 큰 장애를 유발한다는 점에서 북한에게는 큰 부담이 아닐 수 없었다.

사회주의세력이 사라져 가고 소련과 중국이 남한과 수교를 하는 상황은 북한에게 포위망의 수축을 의미하는 것이었다. 1990년 2월 수교방침을 통보하러 평양을 방문한 소련 외무장관 셰바르드나제 Eduard Shevardnadze에게 당시 김영남 외교부장이 한 말은 "쏘련이 남조선과 외교관계를 맺으면 조쏘동맹조약을 스스로 유명무실한 것으로 되게 할 것이다. 그렇게 되면 우리는 이때까지 동맹관계에 의거했던 일부 무기들도 자체로 마련하는 대책을 세우지 않을 수 없게 될 것이다."이었다. 소련이 핵우산을 제공하지 못하게 됐으니 핵무기를 만들어야 할 것이라는 얘기였다. 소련에 대한 배신감, 아울러 갖게 된 위기의식을 여실히 확인할 수 있는 대목이 아닐 수 없다.

사회주의의 붕괴와 그로 인한 지원의 단절은 북한의 경제를 순식간에 무너뜨렸다. 1990년대 중반부터 말까지 북한은 식량난과 에너지난, 외화난으로 온 국민이 고통을 겪는 어려운 상황을 견뎌야 했다. 이른바 '고난의 행군'이다. 1930년대 독립운동을 하던 김일성이 일제에 쫓겨 죽을 고비를 수없이 넘겨야 했던 시절과 다름없는 순간들을 경험한 것이다. 1994년부터 2000년까지 식량난으로 굶어죽은 사람이 적게는 25만~60만 명, 많게는 25만~117만 명 정도 되는 것으로 추정된다.[20]

---

20 이석, "1994~2000년 북한 기근: 초과 사망자 규모와 지역별 인구 변화", 『국가전

2000년대 들어서도 북한에게 압박과 포위가 되는 일들은 계속되었다. 2002년 주니어 부시George W. Bush 행정부는 이란, 이라크와 함께 북한을 '악의 축'으로 규정했다. 2002년의 국가안보전략보고서NSS(National Security Strategy)는 적대국에 대한 선제타격을 가능하게 했고, '핵태세검토보고서NPR(Nuclear Posture Review)'는 핵무기를 공격용으로 쓸 수 있게 했다. 두 보고서 내용을 합치면 북한 등 적대국에 대해서는 핵무기 선제공격도 가능해진 것이다. 이런 상황에서 미국은 2003년 이라크를 침공해 대통령 사담 후세인Saddam Hussein을 체포해 2006년 사형시켰다. 2011년 리비아의 최고지도자 무아마르 카다피Muammar Gaddafi가 반군의 총에 맞아 사망했다. 반군은 미국의 지원을 받고 있었다. 북한의 피포위 의식은 심화될 수밖에 없었다.

2006년 7월 5일 북한이 장거리 미사일을 발사하면서 본격화된 유엔과 미국의 경제제재는 핵실험과 미사일 시험발사가 계속되면서 지속적으로 강화되었다. 이제는 북한경제와 인민생활을 상당 수준 옥죄는 정도가 되었다. 물론 중국과 러시아가 제재에 그다지 협력적이진 않지만 미국의 여전한 국제적 영향력과 달러의 힘을 활용한 제재는 북한의 경제건설에 장애가 되는 것은 분명해 보인다.

이렇게 개략적으로만 훑어보아도 북한이 '포위되어 있다.'는 인식을 갖게 할 만한 조치와 상황들은 많았다. 그런 역사 속에 형성된 북한의 피포위 의식은 오늘 북한의 행동양식을 결정하는 바탕이 되고 있다. 게다가 최근에도 '포위가 풀리고 있다.'는 신호가 될 만한 조치는 단행되지 않고 있다. 그래서 한반도는 늘 불안하다. 피포위 의식

략』 10-1, 2004, p.141.

속의 북한은 포위를 타개하기 위한 상황을 만들어보려 하고, 그것은 대개 도발적인 형태로 나타난다. 그러면 다시 국제사회의 제재는 강화되고, 한반도의 위기지수는 다시 올라간다. 그런 악순환은 고리가 끊기지 않은 채 오늘도 계속되고 있다.

3장

현상유지만 하려는 중국

1
북한 버릴 수 없는 중국

경제 올인 전략

중국은 한반도에서 전쟁이 발생하는 것을 전혀 원하지 않는다. 경제 발전에 매진해 미국을 넘어서겠다는 목표에 차질을 가져올 수 있기 때문이다. 한국전쟁에서 확인했듯 한반도에서 전쟁이 일어나면 중국은 개입하지 않을 수 없다. 당시 중국이 전쟁에 개입한 첫 번째 원인은 '중국의 안보'이다. 북한이 전쟁에 져 미국 세력이 북한지역까지 진출하는 것은 중국의 안보에 치명적인 상황이 될 수 있다. 그래서 중국은 미군이 1950년 9월 15일 인천상륙작전에 성공하고 38선을 넘어 북한으로 진격하자 한반도 전쟁 참여를 결정해 10월 19일 압록강을 넘어 직접 참전한 것이다. 지금도 한반도에서 전쟁이 일어나면 이는 곧 중국의 안보와 직결된 사안이 아닐 수 없고 중국은 참전을 고려하지 않을 수 없다. 그렇게 되면 경제 올인 전략, G2를 넘어 G1이 되려는 전략은 결정적인 장애를 만나게 된다. 그래서 중국은 전쟁을 원치 않는 것이다.

그 연장선상에서 중국은 한반도에서 급격한 변화가 일어나는 것도 원치 않는다. 북한의 급변사태와 같은 변화도 바라지 않는다는 얘기다. 급변사태는 권부 상층에서 발생하는 쿠데타 또는 아래로부터의 민중 봉기를 이르는 것이다. 쿠데타가 발생했다고 하자. 물론 가능성은 거의 없지만 가정해보자. 김정은 정권은 호위사령부라는 강력한 친위부대를 가지고 있는 만큼 쉽사리 무너지지는 않을 것이다. 쿠데타가 쉽게 진압되는 정도라면 중국이 신경 쓸 필요는 없을 것이다. 하지만 쿠데타 세력이 만만치 않아 양측의 교전이 내전으로 발전하는 경우는 얘기가 달라진다. 내전이 장기화되거나 김정은 정권이 힘에 부치게 된다면 김정은 정권은 중국에 지원을 요청할 가능성이 높다. 김정은이 미국에 도움을 요청하겠는가? 아니면 한국에 하겠는가? 아니면 러시아? 미국과 한국은 절대 아닐 것이고, 러시아도 북한과 가깝기만 한 관계는 아니다. 북러동맹조약도 1995년 러시아의 선언에 따라 폐기되었다.

반면 중국은 북한과 1961년 맺은 조중우호합작호조조약朝中友好合作互助條約을 계속 유지하고 있다. 자동군사개입 조항까지 포함하고 있는 강력한 동맹조약이다. 이념적·역사적으로도 중국은 북한과 깊은 관계를 유지해오고 있어 북한의 도움 요청을 거절하기 어려울 것이다. 북한의 내전에 개입하는 것 또한 중국의 경제 올인 전략에는 큰 장애가 아닐 수 없다.

아래로부터의 봉기가 발생하는 경우도 중국에게는 전혀 달가운 게 아니다. 북한에서 민중봉기의 가능성 역시 매우 낮고 큰 세력으로 확대될 가능성도 적지만 만약 그런 상황이 전개된다면 북한은 역시 중국에 도움을 청할 것이다. 그러니 중국으로선 어떤 형태든 급변사태는 원하는 게 아니다. 급변사태에 따른 대량 탈북민의 중국 유입도 걱정하지 않을 수 없다.

이렇게 한반도 상황이 안정된 상태로 유지되는 가운데 중국은 경제발전에 매진하겠다는 국가발전전략을 가지고 있다. 중국공산당 창당 100주년이 되는 2021년까지는 소강小康사회, 즉 국민 80%

가 유족하게 사는 나라를 건설하고, 중화인민공화국 건국 100주년이 되는 2049년까지는 선진국이 되겠다는 목표를 세워놓고 있다. 북한이 핵을 개발해 동북아 국제정세가 변동가능성이 높은 가운데서도 중국은 많은 변화, 갑작스런 변화를 지양하고 있다. 중국도 북한이 핵을 가지고 있는 것을 달가워하지는 않는다. 핵확산금지조약NPT이 인정하는 핵클럽(미국, 영국, 프랑스, 중국, 러시아)에 속하는 중국으로선 핵클럽 이외의 국가가 핵무기를 가지는 것이 반가울 리 없다. 그런 점에서는 중국도 미국과 이해를 같이 하는 측면이 있다. 그렇지만 북한이 이미 핵을 가진 이상 이를 억지로 빼앗으려 하거나 쳐부수려 해서는 안 된다는 것이 중국 입장이다. 살살 달래서 북한이 핵을 내놓게 하는 것은 좋지만 그 이상은 안 된다는 것이다. 북한을 달래기 위해서는 북한이 원하는 것을 들어줘야 한다는 얘기다. 경제제재를 단계적으로 해제하고 북한체제를 보장하는 작업도 진행하면서 북한의 비핵화를 하자는 얘기다.

쉽게 말해 시끄럽게 하려거든 아예 하지 말고 조용조용히 할 수 있으면 북한 비핵화를 진행해 보자는 것이다. 강력한 제재를 유지하면서 한편으로는 북한을 압박하고 한편으로는 북한과 딜을 해서 북한 핵을 없애겠다는 미국의 생각과는 완전히 다르다. 그러니 미국이 원하는 대로 북한에 대해 경제제재를 엄격하게 이행할 생각도 없고, 미국이 바라는 대로 북한한테 핵을 포기하라고 강하게 얘기하고 싶은 생각도 없는 것이다. '위기해결crisis solution'에는 관심이 없고, '위기관리crisis management'에만 주력하고 있는 것이다.

북한핵 문제 안 삼아

최근 한반도 문제의 핵심은 북한핵이다. 그래서 우리의 관심은 온통 북한의 비핵화에 쏠려있다. 비핵화가 되어야 평화협정이 이뤄지고 그래야 북미관계도 개선되고 진정한 한반도 평화도 달성될 수 있다고 믿는다. 하지만 중국은 많이 다르다. 물론 중국도 약소국이 핵무기를 가지는 것에 대해 반기는 입장은 아니다. 미국, 영국, 프랑스, 러시아와 함께 다른 나라들이 핵을 가지지 못하게 하면서 NPT의 완전성을 보전해 나가는 데 대해 이해를 함께 하고 있기도 하다. 하지만 좀 더 깊이 관찰해 보면, 중국은 북한이 핵을 가지고 있는 것에 대해 그다지 부담스럽게 생각하고 있지 않은 것 같다. 북한과 가까운 동맹의 관계를 유지하고 있으니 동맹국 북한이 핵을 가지고 있는 것에 대해 부정적인 인식은 별로 갖고 있지 않은 것이다. 인도와 파키스탄, 러시아도 중국과 국경을 접하고 있으면서 핵을 가지고 있다. 중국은 이런 나라들의 핵보유에 대해서도 심각하게 여기지 않는다. 그런데 그들보다 더 가까운 북한에 대해서는 실제 문제 삼을 이유가 없어 보인다.

이러한 인식을 분명하게 표현하는 중국의 학자들도 있다. 옌쉐퉁閻學通 칭화대 당대국제관계연구원장이 대표적이다. 북한과 좋은 관계를 유지하고 있기 때문에 북한이 핵을 가지는 것이 중국에게 심각한 위협이 되지는 않는다는 것이다. 중국이 그런 태도를 갖고 있기 때문에 중국에게 북한 비핵화에 앞장서라고 하는 미국의 요구는 어불성설이 된다. 외부에서 북한을 압박해 핵포기를 시도해도 중국이 그런 태도를 가지고 있고, 이를 북한이 알고 있는 이상 그런 압박이 통할 리 없다.

이런 상황이니 중국은 북한을 비핵화하는 데 있어서 큰 변수가 안 된다. 북한이 원하는 대로 두고 보면서 필요할 때 북한을 두둔하는 말 몇 마디 하는 중국이니 어떤 영향력을 행사하기 어렵다. 영향력을 행사할 생각도 없다. 오히려 미중경쟁 심화의 상황에서 중국이 전략적으로 북한을 필요로 하는 측면은 더 커지고 있다. 영향력이 있지만 행사하기보다는 북한의 필요를 충족시켜 주면서 계속 친중국가로 남아 있도록 하려는 생각이 강하다. 그러니 중국의 대북 영향력은 있으나 사용될 가능성이 적고, 오히려 북한이 중국에 대해 필요한 것을 요구하면서 일정한 영향력을 행사할 가능성이 높은 것이다.

다만 미국이 원하는 것이니 대북 경제제재는 형식적으로만 지켜주는 모습이다. 2017년 9월 15일 작성된 중국공산당 내부문건은 이런 중국의 속내를 적나라하게 밝히고 있다. "중국은 제재에 형식적으로 동참할 것"이라면서 북한주민의 생활에 필요한 물품은 계속 공급할 것이라고 명기하고 있는 것이다. 북한에 대한 민생·인프라 지원을 계속 늘려나간다는 계획도 밝히고 있고, 중국 내 거래가 금지된 북한 무역회사들이 중국회사에 업무를 위탁할 수 있도록 하고 있다. 중국은행의 대북거래 중단조치와 관련해서는 국영은행에만 이 조치를 적용하도록 하고 있다. 더욱이 이 문건은 최신 중·단거리미사일과 특수 군수품에 필요한 첨단과학기술을 지원하겠다는 내용도 포함하고 있다.[1] 중국공산당의 내부문건이 이러한 내용을 분명히 하

1 김지수·이영종, "중국의 대북 경고… '핵 고집 땐 간부·가족 가혹하게 처벌'", 『중앙

고 있는 것으로 미루어 미국이 주도해서 만들어 낸 유엔 대북제재 결의를 지키겠다는 진정성은 없고, 대신 북한에 대한 지원을 계속 해나가는 중국의 방침은 쉽게 변하지 않을 것으로 보인다.

대북제재 유엔결의를 어기고 북한과 거래하는 경우도 적지 않다. 북한에 석유와 사치품도 수출하고, 석탄을 수입하기도 하고 있는 것이다. 서해상에서 중국과 북한 선박이 만나 물건을 옮겨 싣는 방법이 많이 이용되고 있다. 그래서 가끔 美국무부의 관료들이 직접 언론에 나와 북한이 서해상에서 환적을 통해 계속 불법적으로 북한과 거래하고 있다고 비난한다. 2019년 9월에는 미국의 해안경비대USCG가 경비함을 중국과 한국 사이 서해까지 끌고 와 초계작전을 펼치기도 했다. 이 경비함은 서해에서 원유, 석탄 등을 선박 대 선박의 환적 방식으로 거래하는 현장을 집중 촬영하고 단속하는 작전을 벌였다.[2] 중국이 앞마당으로 여기는 서해까지 미국의 해안경비대가 진출해 제재 이행 작전을 펼쳤다는 것은 추후 미중 간의 군사적 충돌의 가능성까지 내포하는 것이어서 심각하지 않을 수 없다. 어쨌든 미국이 이렇게 제재에 열을 올리는 상황에서도 중국은 자신의 길을 가고 있다. 제재가 비핵화의 길은 아니다, 대화와 협상으로 풀어야 한다는 것이다.

다시 말해 북한의 의사를 십분 존중한 가운데 미국과 주고받기가 돼야 한다는 것이다. 북한과 미국이 직접 만나 해결해야 한다는 얘

일보』, 2020. 1. 10.

2 이철재, "美, 中보란듯 서해서 北단속 훈련…최정예 사진도 공개", 『중앙일보』, 2019. 10. 25.

기도 된다. 그러니 특별히 미국이 요청한다고 해서 중국이 북한에 가서 '빨리 비핵화에 안 나오면 혼난다.' 이런 식으로 압박할 리 만무하다. 언감생심, 그럴 생각도 안 한다. 북한과 중국은 동맹이지만 한쪽이 다른 쪽을 압박하고 무리하게 뭘 요구하고 그런 사이가 아니다. 1950년대에는 그랬다. 1956년 8월 이른바 '8월 종파사건'이 발생했다. 연안파와 소련파가 당 중앙위 전원회의에서 김일성의 우상화, 중공업우선정책에 반대하는 의견을 공식 제기한 사건이다. 지금까지 공식적으로 확인된 북한의 유일한 반정부운동이다. 연안파인 상업상 윤공흠이 단상에 나가 '김일성의 개인숭배가 당에 심각한 문제를 일으키고 있다.', '김일성이 당 운영을 독재적으로 한다.', '인민들은 헐벗고 굶주리고 있는데 정부는 군수공업 중심의 중공업 우선 정책을 펴고 있다.' 등등 아픈 곳을 푹푹 찔렀다. 김일성파가 격분했고, 윤공흠은 단상에서 끌려 내려와야 했다. 윤공흠의 뒤에는 연안파의 최고 실력자 최창익, 조선직업총동맹 위원장 서휘, 황해남도 당 위원장 고봉기 등 연안파가 있었다. 소련파의 박창옥, 박의완, 김승화, 국내파의 오기섭, 이필규, 류축운 등도 가세하고 있었다. 김일성의 대반격이 곧 시작돼 모두들 출당 당하거나 당직을 잃었다. 윤공흠과 서휘, 이필규, 그리고 문화선전부 부상 김강 등은 압록강을 건너 중국으로 도망쳤다.

김일성의 반격으로 일이 정리되지 않았다. 소식을 접한 마오쩌둥毛澤東이 간섭했다. 펑더화이彭德懷 국방부장을 북한에 파견했다. 소련과 협의해 아나스타스 미코얀Anastas Mikoyan 부수상도 함께 북한으로 향했다. 둘 다 개인숭배에 대해서는 부정적인 생각을 가지고 있는 인물이었다. 이들은 김일성을 만나 연안파와 소련파에 대한 처벌의 재고를 요청했다. 결국 최창익과 박창옥은 당 중앙위원으로 복직되었다. 윤공흠, 서휘, 이필규도 복당되었다. 이렇게 1950년대까지만 해도 중국이 북한에 대해 노골적으로 개입했다. 그도 그럴 것이 6·25전쟁에 중국은 대규모 군을 파견했고, 북한을 위기에서 구했다. 마오쩌둥은 자신의 장남 마오안잉毛岸英이 북한에서 전사하는 일까지 겪었다. 전후 복구사업도 중국군이 많이 도왔다. 그러니 중국의 영향력이 크지 않을 수 없었다. '8월 종파사건' 당시에도 결국에는 김일성의 의도대로 연안파와 소련파를 숙청했지만, 일단은 중국과 소련의 처벌 재고 요청을 수용할 정도였다. 하지만 이후 문화대혁명 당시 홍위병들이 김일성 우상화를 반대하고 이에 북한이 항의하면서 관계가 악화되었고, 스탈린 격하 운동을 시발점으로 중국과 소련의 갈등도 계속되면서 북한은 중국·소련과 일정한 거리를 두면서 독자적인 체제운영을 지향해 왔다. 이후 북한과 중국 사이는 필요한 협의는 하고 도울 땐 돕지만, 중국이 북한에 큰 영향력을 행사하거나 북한이 중국에 국가자율성을 양보하는 것과는 거리가 먼 관계를 유지하고 있다.

그런 관계는 핵문제 해결에도 그대로 적용돼 중국이 뭐라 하면 북한이 들어주거나 중국이 생각하는 쪽으로 북한이 미리 움직여 주거나 하는 일은 기대하기 어렵다. 북한이 어떤 생각을 하는지, 북한이 어떤 전략을 보유하고 있는지가 중요하다. 물론 비핵화 협상도 그런 점에 포커스를 맞추고 진행하는 것이 옳다.

북한은 여전히 핵심 전략지대

중국이 생각하기에 북한은 안보적으로 완충지대이면서, 정치적으로 핵심 전략지대이다. 중국 스스로도 그렇게 인정하고 있다. 위에서 언급한 2017년 9월 15일 작성된 중국공산당 내부 문건은 북한이 "서방 적대세력들의 공격을 막아내기 위한 중국의 중요한 군사적 요충지역일 뿐 아니라, 우리 당의 중국식 사회주의의 고수를 위해 그 무엇으로도 대체할 수 없는 정치적 전략지대"라고 밝히고 있다.[3] 만약 북한이 망하거나 미국 영향권으로 편입된다면 미국이 중국의 코앞에 오게 된다. 미군이 신의주 압록강가에 주둔하는 상황이 되는 것이다. 이런 상황을 중국이 좋아할 리 없다. 북한은 친중국가로 생존해서 미국이 접근하는 것을 막아주는 역할을 해주는 것이 좋다. 완충지대 북한이 중국의 안보에 절실하게 필요한 것이다.

그래서 북한과 관련된 사안은 중국에게 다른 어떤 사안보다 우선순위가 주어진다. 이를 보여주는 좋은 사례가 있다. 1999년 3월부터 미군이 이끄는 나토NATO(북대서양조약기구)군은 세르비아의 수도 베오그라드를 공격했다. 알바니아계 코소보의 분리독립 요구 시위를 세르비아군이 유혈진압하고 인종청소에 나서고 있었기 때문이다. 미군은 세르비아 국방부의 정보기구, 경찰총국, 주요 방송국 등을 집중 공습했다. 그 와중에 미군이 베오그라드 주재 중국대사관을 공습했다. '중국대사관 오폭 사건'으로 잘 알려진 사건이다.

---

3 김지수·이영종, "중국의 대북 경고… '핵 고집 땐 간부·가족 가혹하게 처벌'", 『중앙일보』, 2020. 1. 10.

그런데 이 사건은 실제로는 오폭이 아닐 가능성이 높다. 당시 세르비아는 국방부 정보기구의 일부를 베오그라드 주재 중국대사관 지하로 옮겼다. 게다가 중국은 세르비아군의 공격으로 떨어진 미군의 첨단 스텔스전투기 F-117A의 잔해를 재빠르게 세르비아군으로부터 매입해 중국대사관에 보관하고 있었다. 미군은 5월 9일 중국대사관을 벙커버스터 미사일 2발로 공격했다. 한 발은 지하 3층까지 뚫고 내려가 폭발했고, 한 발을 불발이었다. 중국인 3명, 세르비아 정보기구 요원 14명이 폭사했다. 두 발 모두 폭발했다면 인명피해는 훨씬 컸을 것이다. 그런데 미군의 핵심 목표였던 것으로 보이는 F-117A의 잔해는 이미 중국내륙의 항공연구소로 옮겨진 후였다. 잔해를 완전히 박살내 중국이 스텔스 기술을 복제하는 것을 막으려는 것이 미군 공습의 첫 번째 목적이었을 것 같은데, 이를 달성하지 못한 것이다. 어쨌든 미군의 중국대사관 공습은 미국에 대한 큰 공격거리가 되었다. 중국은 물론 국제사회가 미국을 비난했다. 그렇게 되자 미국은 '오폭'이라며 사과했다. 스텔스전투기를 없애기 위해 중국대사관을 공격했다고 말할 수는 없었다. 그렇게 되면 미국은 국제사회의 공적이 될 수밖에 없었다. 그래서 오폭으로 사과하고 사태를 무마하려 했던 것으로 보인다.[4] 사과를 하긴 했지만 중국과 미국의 사이가 좋을 리 없었다. 중국은 한동안 미국과의 거의 모든 대화를 차단했다. 그런 가운데서도 중국이 유일하게 틔어놓은 창구는 북한과

---

4 최용오, "'美 세르비아 中대사관 폭격, 오폭 아니었다'", 『부산일보』, 2011. 2. 15.; 원종진, "1999년 중국 대사관 폭격 사건, 오폭 아니다", *KBS*, 2011. 2. 15. https://mn.kbs.co.kr/news/view.do? ncd=2243118

관련한 협의였다. 당시 美국무부 동아태담당 부차관보였던 수전 셔크Susan Shirk의 회고이다.[5] 중국에 북한관련 사안은 그 만큼 핵심 국가이익의 영역인 것이다.

미중경쟁이 격화되는 상황에서 그 경쟁이 실제 가장 심화된 형태로 나타나는 지역은 동북아가 될 수밖에 없다. 미국은 정치적으로 동북아국가임을 스스로 밝히면서 동북아에서 패권을 행사해 왔다. 중국은 경제성장에 따른 정치외교적 영향력을 찾으려 하고 있고, 우선 동북아의 리더가 되려 하고 있다. 게다가 서구의 냉전해체에도 불구하고 동북아는 여전히 해빙의 조짐을 보이지 않고 있다. 그러니 동북아를 놓고 미중 양국이 벌이는 싸움은 점입가경이 될 수밖에 없다. 이런 환경 아래에서 중국의 동북아 국가를 하나라도 더 확보해야 한다. 북한을 제외한 동북아 국가들은 모두 중국에게 녹녹치 않다. 한국, 일본, 타이완은 미국에 더 가깝다. 러시아는 필요에 따라 협력과 갈등을 반복해온 사이다. 몽골은 중국과 러시아 사이에 끼여 운신의 폭이 적었던 과거 역사를 탈피하기 위해 미국과 협력관계를 강화하고 있다. 유일하게 남은 나라는 북한이다. 중국에게 북한은 핵심 전략지대가 아닐 수 없다.

미국이 타이완 지원을 계속 강화하는 것도 중국 입장에서는 부담이다. 미국은 지난 30년 동안 타이완에 420억 달러 상당의 무기를 판매했다. F-16전투기, 군용수송기, 패트리엇 미사일, 잠수함용 어뢰, 탱크 등 다양한 무기를 제공해왔다. 인도양과 태평양에 2개 이상

---

5 백성원, "[심층취재] '중국, 대북압박 필요 못 느껴… 북한은 변함없는 전략자산'", *Voice of America*, 2017. 3. 15.

의 항공모함 전단을 상시 배치해 두고 있고, 타이완 해협에 대한 구축함 항행도 계속한다. 타이완 정치는 이제 독립을 내세우는 민진당 세력이 대세가 되었다. 이렇게 미-타이완 결속은 강화되고 타이완의 독립성향은 높아지고 있는 상황에서 중국은 유일한 동맹 북한을 계속 곁에 붙들어 두는 전략을 추진하지 않을 수 없다.

미국과 중국의 패권경쟁은 다각적으로 진행되고 있다. 경제, 정치, 군사 등의 영역에서 갈등은 심화하고 있다. 최근 형성되고 있는 대치전선만 해도 여럿이다. 코로나19, 무역전쟁, 남중국해, 북한핵, 홍콩·신장위구르, 이동통신 장비업체 화웨이, 연구인력·유학생 스파이, 상대국 언론에 대한 제재 등의 문제를 놓고 대치전선을 형성하고 있는 것이다. 이러한 실제적인 부문을 넘어서 이념의 영역에서도 미중의 경쟁은 진행되고 있다. 미국은 워싱턴컨센서스를 세계 구석구석에 심으려 하고 있다. 국가의 간섭을 줄이고 기업과 개인, 시장에 경제와 국제거래를 맡겨야 한다는 워싱턴컨센서스가 세계의 많은 지역을 점하고 있지만, 반미정서가 강한 중남미, 탈냉전 이후 미국의 홀대를 받고 있는 아프리카 지역까지 장악하지는 못하고 있다. 중국은 이런 지역을 중심으로 베이징컨센서스를 전파하고 있다. 국가 중심의 발전전략이다. 시장의 기능을 인정하지만, 시장에 모든 것을 맡기는 것이 아니라 국가가 필요에 따라 계획하고 개입도 하면서 경제발전을 추구하는 것이다. 개발도상국의 경우 열악한 국내시장 조건에서 초기 경제발전을 효율적으로 추진하기 위해서는 국가가 개입해야 하는 요소가 많아 베이징컨센서스에 관심을 갖지 않을 수 없다. 이런 점에 주목하면서 중국은 이념의 영역에서도 미국의 영토를 잠식해가고 있는 것이다.

중국과 미국은 심지어 메콩강 물을 놓고도 으르렁 거릴 정도이다. 메콩강은 티베트에서 발원해 미얀마, 라오스, 태국, 캄보디아, 베트남을 거쳐 남중국해까지 가는 4,350km의 동남아 젖줄이다. 이 강줄기에 생계를 의존하고 있는 사람이 7천만 명, 일대 연간 쌀 생산량이 1억 톤에 이른다. 그런데 중국이 메콩강 상류에 먀오웨이댐, 징훙댐 등 11개의 댐을 건설했고, 추가 건설 계획도 가지고 있다. 중국을 제외한 미얀마, 라오스, 태국, 캄보디아, 베트남은 메콩강 하류의 강수량이 부족해지고, 그에 따라 어획량 급감, 농업·생활용수 부족, 생태계 파괴 등의 현상이 발생하고 있다며 이는 중국의 댐 건설 때문이라고 지적한다. 이들 국가들의 주장의 근거는 미국의 수자원연구회사 아이온어스의 보고서인데, 이 보고서 작성에 美국무부가 돈을 댔다. 이를 두고 중국은 이런 주장은 미국의 음모이며, 메콩강 물부족 현상은 고온, 가뭄, 엘니뇨 등 이상기후 때문이라고 맞서고 있다. 중국의 댐은 우기에 물을 가둔 뒤 건기에 방류해 오히려 메콩강의 적정한 물 확보에 도움을 주고 있다는 것이 중국의 주장이다.[6] 미중의 경쟁이 점점 지구 구석구석에서 발현되고 있음을 이 사례는 잘 보여준다.

북한이 아직은 '내 코가 석자'인 입장이지만 난관을 지나 경제적으로 성장하는 단계에 이르게 된다면 중국은 북한과 손잡고 중남미, 아프리카에서 공동전략을 추진하면서 경제도, 정치도, 이념도 그들의 입맛에 맞게 바꿔나갈 가능성도 있다. 중국은 그런 심모원려를 가지고 북한을 꼭 붙들고 있는지도 모른다.

---

6 김기용, "미-중 '메콩강 물부족' 책임 놓고도 으르렁", 『동아일보』, 2020. 8. 4.

북한 지원 계속

2017년 트럼프 행정부가 들어선 이후 미국은 계속적으로 북한에 대한 지원 중단을 요구해왔다. 강력한 제재만이 북한을 손들게 만들 수 있다는 생각이다. 하지만 중국은 이를 거부해왔다. 그러면서 석유와 식량 지원을 계속하고 있다. 이 두 가지 지원은 북한에 결정적인 도움이 되고 있다고 볼 수 있다.

특히 2019년 6월 시진핑 방북 당시에는 중국이 북한에 쌀 80만 톤과 옥수수 20만 톤을 지원하기로 약속하고, 그에 따라 지원을 해왔다. 북한은 우리가 지원하겠다고 한 쌀 5만 톤은 거부하고, 북중정상회담을 통해 100만 톤을 확보한 것이다. 중국으로부터 그 정도를 지원받을 수 있다고 생각했기 때문에 우리의 5만 톤을 거절했는지도 모른다. 쌀 지원과 함께 중국은 북한 관광객을 500만 명까지 늘리는 계획을 세우고 여행사에 관련 지시를 내렸다.[7] 인도적 차원의 식량 지원과 관광은 유엔의 대북제재에 해당되지 않는 만큼 이런 방안을 통해 북한을 적극 지원한 것이다. 중국은 북한을 지원해 대북 영향력 유지를 바라고 있고, 북한은 중국의 후원을 통해 미국과의 협상에서 협상력을 견지하려 하고 있다. 이런 생각이 이와 같은 대규모 지원도 가능하게 하고 있다. 물론 코로나19로 인한 국경봉쇄 때문에 중국인들의 북한 관광은 제대로 이뤄지지 않고 있다. 하지만 이런 북중 사이 합의가 중요하고, 관광은 상황 개선에 따라 언제든 이뤄

---

7 김회경, "중국 쌀 80만톤·관광객 500만명 北 물밑지원 착수", 『한국일보』, 2019. 8. 20.

질 수 있게 되어 있다.

2018년 이후 북중관계는 더욱 긴밀해져 과거 냉전 당시의 사회주의 동지국가 사이를 연상시킨다. 2018년 3월부터 2019년 6월까지 5차례 정상회담이 있었고, 그때마다 '혈맹', '공동운명체', '하나의 운명', '형제' 등의 용어로 양국관계가 규정되었다. '신혈맹 관계'를 형성했다고 해도 과언이 아닐 정도이다. 특히 시진핑 집권 이후 서로 국가이익을 추구하는 정도로만 협력하는 현실주의적 관계로 발전해 가고 있다는 분석을 내놓는 사람들이 있었지만, 최근 북중정상의 움직임은 그렇지 않음을 보여준다.

현실주의 관점의 분석가들은 중국과 북한의 관계를 강대국-약소국의 프레임으로만 분석했다. 강대국 중국이 이제 약소국 북한을 필요할 때 활용하고 필요할 때 적절히 국가 대 국가의 관계로 협상해 나가는 상대로 여기고 있다는 것이었다. 2018년 3월 북중정상회담에서 시진핑은 북중관계를 "피로써 맺어진 친선"이라고 일컬었다. '혈맹'으로 표현한 것이다. 북한의 관영 『로동신문』이 그렇게 보도했다. 중국 외교부 홈페이지도 정상회담 소식을 전했는데, 거기에는 이 용어가 빠졌다. 현실주의자들은 이런 현상도 북중관계가 많이 형식적인 관계로 변화했다고 평가하는 근거로 얘기할 수 있을 것 같다.

하지만 이후의 정상회담에서도 '운명공동체', '동서고금에 유래가 없는 관계' 등 '혈맹' 못지않은 용어가 계속 등장하는 것을 보면 외교부 홈페이지에서 '혈맹'이란 용어를 뺀 것에 크게 의미를 둘 필요는 없을 것 같다. 다만 중국의 젊은이들 사이에 '북한 혈맹론'에서 벗어나야 한다는 주장이 있고, 북한은 이제 도움이 되는 존재가 아니라 하나의 짐이 되었다는 '북한 부담론'을 지지하는 사람들이 존재하는 만큼, 이런 것을 염두에 두고 '혈맹'이라는 말은 쓰지 않은 것으로 여겨진다.

어쨌든 중국-북한 관계를 현실주의적 관계로 보는 입장만으로는 놓치는 것이 많을 수밖에 없다. 북중관계에는 여전히 사회주의-자본주의 프레임이 적용되고 있다. 중국이 보기에 북한은 약소국이면서도 사회주의 동지국가이다. 2018년 6월 12일 싱가포르에서 트럼프와 회담한 김정은은 일주일 후 베이징을 방문했다. 시진핑-김정은 사이 3차 북중정상회담을 열기 위해서였다. 이 자리에서 시진핑은 '변치 않는 3가지三個不變' 약속을 공언했다. 첫째, 지역 및 국제 정세가 어떻게 변하든 중국의 당과 정부는 북중관계를 공고히 발전시키는데 주력한다. 둘째, 중국인민의 북한인민에 대한 우호감정은 변하지 않을 것이다. 셋째, 사회주의 북한에 대한 중국의 지지는 변하지 않을 것이다. 이 3가지를 북중관계의 변하지 않는 약속으로 제시한 것인데, 사회주의라는 이념을 중심으로 한 북중관계의 깊이를 새삼 실감할 수 있는 대목이 아닐 수 없다.

중국이 한국을 보는 프레임은 강대국-약소국 관계이다. 시진핑이 한국의 특사를 홀대해 논란을 빚곤 했는데, 중국은 강대국, 한국은 약소국으로 인식하면서 더 이상의 깊은 고려를 하지 않고 있기 때문일 것이다. 하지만 북한을 보는 눈은 다르다. 약소국이기 이전에 사회주의를 함께 추구하는 이념적 동질성을 가진 국가로 보고 있는 것이다. 이러한 기초 위에서 중국은 북한에 경제적·정치적 지원을 계속해왔고, 앞으로도 계속할 것이 틀림없다.

더욱이 최근 세계는 중국 때리기에 여념이 없다. 미국은 코로나19의 진원지로 중국을 지목하면서 비난을 거듭하고 있다. 남중국해 분쟁을 유발하고 있다고 지적하기도 하고, 사이버공격의 주체로도 지목하고, 일대일로 전략을 통해 주변국에 대한 경제패권을 추구한다고 비난하기도 한다. 서구제국들도 황화론을 새삼 되새기는 듯 중국 비난에 가세하고 있다. 코로나19에 대한 책임뿐만 아니라 부상하는 중국에 대한 경계 차원의 비난도 많다. 프랑크발터 슈타인마이어 Frank-Walter Steinmeier 독일대통령은 2020년 2월 뮌헨에서 열린 제56차 뮌헨안보회의에서 중국을 향해 심한 비판을 가했다. 뮌헨안보회의는 1963년 북미와 유럽의 비공식 군사대화체로 시작해 주요국 지도자들이 국제안보의 주요의제를 심도있게 논의하는 자리로 자리 잡았다. 그런 자리에서 슈타인마이어는 중국이 "국제기구 내 중요한 행위자가 된 만큼, 글로벌 공공재 보호에 불가결한 국가가 됐음에도 이에 대한 책임보다는 선택적으로만 국제법을 수용하고 있다."고 말한 것이다. 소수민족 정책이 국제규범에 위배되고, 남중국해 이웃국가들을 불안하게 하는 것도 잘못이라는 지적이었다.

이렇게 중국이 십자포화를 맞고 있는 상황은 북중 전략적 유대 강화의 비옥한 농토가 되고 있다. 세계여론은 분위기 싸움인데, 하나라도 내 의견을 지지해주는 쪽이 많을 때 여론전에서 이길 수 있다. 미국과 서구가 함께 중국을 공격하는 상황에서 중국은 중남미와 아프리카에서 지지의 목소리를 구할 수밖에 없다. 여기에 동아시아국가 북한이 힘을 보태는 것은 중국에 절대 필요한 것이 아닐 수 없다. 국제안보회의, 국제인권회의, 유엔총회 등에서 적극 지지발언은 특히 국제여론 형성에 상당한 영향을 미치는데, 북한은 중국을 위해 그런 일을 충분히 해줄 수 있는 나라이다. 그러니 중국과 북한은 더 가까워지기 십상인 것이다.

2
한반도 문제는 내 문제

한반도 영향력도 확대하려

강대국 중 남북한 양측과 긴밀한 관계를 유지하며 영향력을 행사할 수 있는 국가는 중국이 유일하다. 미국은 한국에 대한 영향력은 지대하지만 북한과는 적대적이다. 일대일로 맞서려는 북한을 어쩌지 못하고 속을 끓이는 상황이라 하겠다. 일본은 한국과도 북한과도 갈등관계이다. 우리보다는 북한과 관계가 더 안 좋다. 물론 그 원인은 일본이 제공하고 있다. 과거 침략의 역사를 통째로 부정하고 사과할 줄 모르니 관계 발전이 이뤄지지 않고 있다. 제국주의에 대한 적대감, 친일청산에 대한 철저성에서 원칙적인 입장을 가진 북한과의 관계가 발전하려면 앞으로도 많은 시간이 필요할 것이다. 러시아는 북한과 일정한 정도의 관계를 유지해 오고 있지만 그 농도가 북중관계보다는 묽다. 우리와도 1990년 수교 이후 관계를 유지해오고 있지만 경제적 교류를 뛰어넘는 관계로 발전하지는 않고 있다.

중국은 많이 다르다. 특히 북한과는 역사적, 이념적, 전략적으로 깊은 관계를 형성하고 있다. 김일성이 항일무장투쟁을 할 당시 중국공산당 조직인 동북항일연군 속에서 활동해 중국공산당 지도부와 친밀한 관계를 유지해왔고, 중국의 한국전쟁 참전, 참전 이후 복구지원 등으로 혈맹의 관계를 형성해왔다. 시진핑의 부친 시중쉰習仲勳 국무원 부총리는 1983년 후계자 신분으로 처음 중국을 비공식 방문하는 김정일을 베이징역에서 맞았다. 그런 깊은 역사적 관계 속의 북중은 '대를 이어' 긴밀한 관계를 유지해 나가려 하고 있다.

프란시스 후쿠야마Francis Fukuyama가 이념경쟁의 역사는 종언은 고했고, 인류는 이제 자유민주주의의 시대에 계속 살 것이라고 주장했지만, 중국은 기본적으로 사회주의를 견지하고 있고, 그런 점에서 북한과 이념적 동질감을 공유하고 있다. 미국을 견제해야 한다는 전략적 측면에서도 중국은 북한이 필요하고, 북한도 중국이 필요한 상황이다. 중국은 한국과도 유교문화권의 틀 속에서 문화적 유대를 유지하면서 경제적 상호의존관계를 확대해왔다. 중국은 이제 한국의 제1수출시장, 한국은 중국에게 제4의 수출시장(미국, 홍콩, 일본에 이어 4위) 역할을 하고 있다. 북한과는 정치적·전략적 동맹관계를, 한국과는 경제적으로 동맹 못지않은 관계를 형성하고 있는 것이다.

이러한 관계 속에서 중국은 한반도 전체에 영향력을 계속 유지하고 싶어 한다. 북한에 대해서는 경제적 지원을 통해 영향력을 유지, 강화하려 하고 있다. 국제사회의 견제 속에서도 북한에 대한 지원을 계속하는 것은 그동안 형성된 혈맹의식도 작용하고 있지만, 이러한 레버리지 확보 욕구가 작용하고 있다고 보아야 할 것이다. '북한에 대해 실제적 영향력을 발휘할 수 있는 나라는 우리밖에 없다'는 인식을 세계에 주고 싶어 하는 것이다. 그래야 미국에 큰 소리를 칠 수 있기 때문이다. '북핵문제를 풀고 싶으면 우리한테 잘 보여' 이렇게 미국에 말할 수 있는 것이다. 미중 간 무역분쟁은 일거에 해결될 수 있는 성질이 아니다. 앞으로도 제2, 제3의 무역분쟁 가능성은 얼마든지 있다. 분쟁의 와중에 중국은 '무역문제 가지고 우리를 너무 압박하지 마. 북핵문제 해결하려는 우리한테 기대야 되잖아' 이렇게 말할 수 있다. 그래서 중국은 북한과의 관계를 더욱 강화하려 한다.

한국에 대해서는 '한반도 평화의 핵심은 북핵문제 아니냐. 그걸 해결해야 평화협정도 가능할 것 아니냐. 그러려면 우리하고 잘 지내야지' 하는 메시지를 계속 보내면서 자신의 영향력을 강화하려 하고 있다. 정전협정의 당사자로서 평화협정 협상 단계에서는 자신들의 목소리를 높이겠다는 얘기도 하고 있다. 결국 한반도의 평화와 통일로 가는 길에 자신들이 핵심당사자임을 강조하면서 한국에 대한 영향력을 유지하려 한다. 14억 시장도 그들의 대한국 영향력의 큰 원천이다. 특히 소비재 시장으로서의 중국시장의 역할은 한국경제에도 상당한 영향을 미친다. 2017년 사드배치 이후 중국이 가한 보복조치로 롯데마트가 입은 피해는 이를 잘 보여준다. 2017년 3월부터 1년 동안 롯데가 입은 피해만 해도 2조 원에 달했다.[8] 이러한 경제적 힘을 바탕으로 중국은 한반도에 대한 영향력을 확대하려 할 것이다. 한반도를 둘러싼 미국과의 경쟁과 이해충돌은 점점 심화될 것이다. 우리가 좀 더 전략적이고 좀 더 영리한 외교를 펴야 함은 새삼 강조할 필요가 없을 것이다.

종종 합리적 제안도

중국의 생각은 기본적으로 중국의 국익을 위한 것이고, 중국 중심이

---

8 정열, "[사드보복 1년] 끝나지 않은 시련…롯데그룹 손실액만 2조원", 『연합뉴스』, 2018. 3. 4.

지만, 북한과는 긴밀한 관계를 오랫동안 유지해왔기 때문에 북한의 속내를 읽어서 합리적 제안을 하는 경우도 많다. '쌍중단雙中斷'이라 이름 붙인 제안도 그중 하나다. 2017년 북한과 미국 사이 긴장이 한창 고조될 때 시진핑 중국 주석이 제안한 것이다. 북한은 핵·미사일 도발을 중단하고 대신 한국과 미국은 한미연합군사훈련을 중단하라는 것이었다. 북한과 미국이 곧 전쟁이라도 할 것처럼 서로를 위협하는 상황에서 북한은 도발을 중지하고, 그에 상응해서 미국과 한국은 북한이 싫어하는 연합군사훈련을 하지말라는 주문이었다. 그렇게 되면 우선 위기를 넘길 수 있고 이후 북미가 조율하기에 따라서는 핵협상도 가능하다는 생각에서 그런 제안을 내놓았으며, 북미양측에 계속 수용을 주문했다. 북한은 2017년 11월 ICBM 시험발사에 성공한 후 핵·미사일 시험발사를 중지했고, 2017년 12월 문재인 대통령이 한미연합군사훈련 중단을 미국에 요청했다. 미국이 그 요청을 수용하면서 한미군사훈련도 연기되었다. 이런 과정을 거쳐 남북정상회담, 북미정상회담이 열리게 되었다. 중국의 제안이 결정적인 역할을 했다고 보긴 어렵지만, 쌍중단이라는 제안이 결국 북미 양측에 의해 받아들여지면서 남북·북미 사이의 보다 큰 논의로 연결될 수 있었던 것이다. 결과적으로 중국의 쌍중단 아이디어가 좋은 생각이었음이 증명된 셈이었다.

쌍중단과 함께 시진핑이 제안한 것이 '쌍궤병행雙軌竝行'이다. 비핵화 프로세스와 북미평화협정 협상을 병행해서 하자는 것이다. 비핵화는 북한을 무장해제하는 것이니 북한의 안보불안을 해소해주는 차원에서 북미평화협정 협상을 동시에 하라는 것이다. 이것도 냉정하게 관찰하면 합리성 높은 것이다. 북한이 비핵화에 나서면서 얻고

자 하는 것이 두 가지이다. 하나는 경제제재 해제, 다른 하나는 체제안전보장이다. 비핵화 프로세스 속에서 경제제재는 단계적으로 해제될 것이다. 물론 그 속에서 체제안전보장책도 강구되어야 할 것이다. 그런데 중국의 제안은 체제안전을 보다 분명하게 하기 위해서는 북미 평화협정 협상을 비핵화 협상과 동시에 진행할 필요가 있다는 것이다. 얼마든지 생각해볼 수 있는 안이다.

다만, 평화협정 협상에는 반드시 우리가 들어가야 한다. 비핵화 협상은, 북한이 미국 때문에 핵을 만들었다 하고, 미국도 핵문제는 자신이 당사자임을 인정하기 때문에 양자 간 해결되는 것이 옳다. 하지만 평화협정 협상은 다른 차원의 얘기다. 현재의 한반도 정전체제를 평화체제로 전환하는 데 필수적인 평화협정을 체결하는 데 남측이 빠지는 것은 있을 수 없는 일이다. 평화체제의 핵심당사국은 남북한이다. 그러니 남북한은 당연히 들어가고 거기에 미국이 참여하는 3국협상의 방식으로, 또는 남북한과 미국, 중국이 참여하는 4국협상으로 평화협정은 체결되어야 한다. 그러니 중국이 말하는 것처럼 비핵화 협상과 평화협정 협상이 동시에 진행되는 것은 좋지만, 평화협정 협상은 북미가 아니가 남북미 또는 남북미중이 참여해야 하는 것이다.

"주한미군 철수"

중국이 한반도와 관련해 가장 관심 있게 지켜보는 것 중 하나가 주한미군 문제이다. 중국이 원하는 것은 물론 한반도에서 미군이 완전히 나가주는 것이다. 그래서 중국이 늘 주장하는 것이 "한미동맹은 냉전의 산물"이라는 것이다. 동서 간 대결이 한창이던 냉전 당시에는 중국은 중국대로 공산진영 속에서 결속을 추구하고, 미국은 미국대로 자본주의 진영에서 결속을 추진하면서 양 진영 사이에는 경쟁과 갈등이 심화되어 있었다. 한미동맹, 미일동맹, 나토NATO 등은 미국 중심의 자본주의 진영이 스스로의 힘을 더 강화하기 위해 만들어낸 것이다. 그러니 이런 동맹들은 냉전의 산물이다.

하지만 냉전은 1989년 11월 9일 베를린 장벽이 무너지면서 해체되었다. 동아시아의 냉전은 남북한 사이 군사분계선을 상징으로 여전히 남아 있지만, 큰 틀의 세계적 냉전은 이미 30여 년 전 없어진 것이다. 그럼에도 한미동맹이 존재하면서 한미 간의 군사적 협력과 결속을 강화하려 하는 것은 냉전적 사고에서 기원한 것이라는 게 중국의 생각이다. 그 얘기 속에는 '구시대적 사고에서 벗어나 새로운 시대에 적응하라', '시대정신에 맞는 전략을 구사하라'는 말이 포함되어 있다. 동북아에서 남북한과 미, 일, 중, 러가 탈냉전의 문법에 맞게 경제협력을 바탕으로 차근차근 협력의 범위를 넓혀나가야 하는 데 미국이 한미동맹을 강화하면서 분열과 긴장을 조성하고 있다는 불만도 섞여 있다.

그렇다면 중국의 진정한 속내는 무엇인가? 우선은 미군 없는 한반도를 만들어야 한다는 것이다. 중국이 경제력에 걸맞은 정치적 영향력을 확보하기 위해서는 한반도에 미군이 존재하면서 미국이 한반도의 핵심변수로 남아 있으면 곤란하다는 것이다. 당장 철수하면 좋겠지만, 이는 미국도 한국도 절대 찬성하지 않을테니 한반도가 안정되고 정전체제가 평화체제로 전환되는 시점에서는 미군이 한반도에서 철수해야 한다는 것이 중국의 생각이다. 그렇게 해서 중국이 동아시아의 패권국으로 우뚝 서는 데 결정적 장애를 제거한다는 게 중국의 전략이다.

2017년 한국에 대한 사드 배치를 반대한 것도, 단기적으로는 중국을 감시하는 데 이용될 자원을 한국에 들여오면 안 된다는 것이었지만, 장기적으로는 주한미군이 약화되는 것이 아니라 강화되는 데 도움이 될 만한 조치를 취하면 안 된다는 것이었다. 미국과 러시아 사이 중거리핵전력조약INF이 폐기되면서 미국이 한국에 중거리미사일을 배치할 수도 있음을 시사했을 때 중국이 강력반발한 것도 같은 맥락이라 할 수 있다. 주한미군이 계속 자신의 역할을 확대, 강화하는 것은 절대 안 된다는 것이 중국의 입장이다.

3
미국에는 맞서자

군비는 계속 강화

경제성장과 함께 중국은 군비강화도 계속하고 있다. 중국 군비강화의 핵심은 첨단무기의 개발, 보유에 맞추어져 있다. 첨단무기의 개발은 군사력을 강화함과 동시에 수출을 통한 경제적 이익 확보에도 기여할 수 있기 때문에 여기에 포커스를 맞추고 있는 것이다.

중국은 특히 남중국해 분쟁에 대응하고, 태평양으로 진출하기 위해 대양해군 건설에 박차를 가하고 있다. 최근에는 핵추진 항공모함 개발에 나선 것으로 전해진다. 중국공산당 중앙군사위원회 장비발전부가 '군함 핵동력 시스템 분석 모형 개발 프로그램'을 추진하고 있는데 이것이 핵추진 항모 건설계획의 일환일 가능성이 높은 것이다.[9] 중국은 핵추진 잠수함은 가지고 있지만 핵추진 항모는 아직 없다. 중국이 가지고 있는 2개의 항모, 랴오닝함과 산둥함 모두 디젤 엔진을 장착하고 있다. 현재 건조 중인 세 번째 항모도 디젤 엔진을 사용하는 것으로 전해지고 있다. 이들 디젤 항모에 이어 핵추진 항모 건조에 나설 가능성이 높다고 하겠다. 실제로 상하이에 있는 장난 조선소에서 4번째 항모의 용골(선체의 중심선을 따라 배밑을 선수에서

9 박수찬, "돈·기술 없어 보류했다더니… 중국, 핵추진 항공모함 개발 정황", 『조선일보』, 2020. 6. 26.

선미까지 꿰뚫는 부재)을 설치하는 작업이 진행되고 있다는 홍콩 『사우스차이나모닝포스트SCMP』의 보도도 있었는데,[10] 이것이 핵추진 항모일 가능성이 있다.

중국은 2040년까지 항모 6척을 확보한다는 계획도 가지고 있다. 항모 숫자도 늘리고 핵추진 항모까지 갖추면서 본격 대양해군체제를 갖추어 가는 모습이다. 2019년 9월과 2020년 4월에는 헬기 30대를 탑재할 수 있는 초대형 강습상륙함을 진수시키기도 했다. 중국의 이런 모습에 일본도 대형함정을 개조해 항모로 만드는 작업을 진행하고 있다. 갑판 내열성 강화, 항공유도등 설치 등 작업을 통해 대형함정을 경항모로 개조하고 있는 것이다. 경항모는 수직이착륙기, 헬기 등을 실을 수 있는데, 일본은 이미 수직이착륙기인 F-35B 42대를 미국에서 도입하기로 했다. 이에 비해 우리는 이제 경항모(대형수송함-II) 도입을 추진하고 있다. 2020년 10월 경항모 건조를 위한 개념연구에 착수하고, 2021년 타당성 조사를 실시한 뒤, 2022년 탐색개발의 단계를 거쳐 2026년 건조에 들어갈 계획을 가지고 있다. 중국, 일본의 발 빠른 움직임에 많이 뒤져 있는 것이다.

중국은 2019년 10월 1일 건국 70주년 열병식에서는 둥펑DF-17 극초음속 탄도미사일을 공개하기도 했다. 폭격기나 로켓에 실려 발사된 뒤 높은 고도에서 분리되어 마하 10~20의 속도로 항공모함 등의 목표를 타격하는 미사일이다. 미사일방어체계로도 요격이 어려워 군사강국들이 적극 개발에 나서고 있는 것이기도 하다. 러시아는

---

10 박용한, "[박용한 배틀그라운드] 中 앞서가고 日 추격… '항공모함이 G7 진입 열쇠다'", 『중앙일보』, 2020. 7. 25.

이미 개발해 실전배치했고, 미국은 2022년 실전배치를 목표로 개발 중이다. 일본은 2026년까지 고정 목표를 타격할 수 있는 극초음속 미사일을, 2028년쯤에는 항공모함 같은 이동 목표물을 공격할 수 있는 극초음속 미사일을 만들겠다는 목표로 개발에 박차를 가하고 있다.

중국은 개발한 첨단무기를 수출하는 데에도 주력하고 있다. 2020년 7월에는 세르비아에 군용무인기 CH-92A 차이훙彩虹(무지개) 6대를 수출했다. 파키스탄, 카자흐스탄, 아랍에미리트연합(UAE) 등에 군용무인기를 수출한 데 이어 유럽에 진출한 것이다. 중국산 군용 항공장비가 유럽에 수출된 것은 처음이고, 러시아제 중심의 무기체제를 갖고 있는 세르비아가 중국산을 수입했다는 것도 매우 주목할 부분이 아닐 수 없다. 길이 4.1m, 무게 75kg의 이 무인기는 정찰, 공격 겸용으로 작전 반경은 250km, 최장 운용시간은 10시간이다. 미사일 2발 장착이 가능하다. 중국은 보다 많은 무기를 실을 수 있고, 보다 멀리까지 갈 수 있는 무인기를 계속 개발하고 있다.

스웨덴의 스톡홀름 국제평화연구소SIPRI가 매년 국제 무기교역 추세 보고서를 내고 있는데, 이 자료를 보면 중국은 이제 세계 제5위의 무기수출국으로 어엿하게 자리하고 있다. 2015~2019년 사이 세계 무기수출 총액에서 중국은 5.5%를 차지해 미국(36%), 러시아(21%), 프랑스(7.9%), 독일(5.8%)에 이어 5위가 되었다. 액수로 보면, 미국 530억 3300만 달러, 러시아 300억 6900만 달러, 프랑스 115억 4400만 달러, 독일 85억 1800만 달러, 중국은 80억 80만 달러였다. 중국무기의 수출 대상국은 주로 파키스탄(35%)과 방글라데시(20%), 알제리(9.9%)였다. 특히 파키스탄은 인도와 갈등관계 속에서 중국제 무기를 많이 수입했는데, 전투기와 무인전투기, 미사일, 탱크, 미사일 발사기, 각종 포 등을 포함하고 있다. 2008~2018년 사이 중국 무기 총수입액이 64억 2600만 달러에 달했다.

중국 무기는 성능이 점점 좋아지고 있는데다 서방의 것에 비해 가격이 저렴해 개도국 무기시장에서 인기가 높다. 서방이나 유엔의 제재를 받고 있는 나라들은 감시망을 피해 중국 무기를 사고 있는 것으로 알려지고 있다. 최근에는 미국의 우방인 사우디아라비아, 아랍에미리트공화국 등도 중국과의 관계개선과 무기 수입선 다변화 차원에서 중국 무기 구매에 나서고 있다.

동북아와 한반도 질서의 변동은 원치 않으면서 경제는 성장시키고 군비도 강화하면서 국력의 전체적인 강화와 국가적 실익 확보에 주력하고 있는 모습이다. 되도록 이런저런 잡음이 나지 않는 상태로 주변상황을 관리해 나가면서 힘을 계속 강화해 동북아와 세계에서 영향력을 점점 확대해 나가겠다는 전략이다.

미국에 대한 역포위 전략

미국 동아시아 전략의 핵심은 중국에 대한 포위 전략이다. 동맹국을 이용해 중국을 경제·군사·정치적으로 봉쇄함으로써 중국의 성장을 막아 동아시아에서 미국의 패권을 지속시키겠다는 것이다. 그렇다면 이런 공세를 당하고 있는 중국은 가만있겠는가? 그럴 리가 없다. 수입관세를 올려 중국제품의 접근을 줄이려는 미국의 경제정책에 맞서 중국은 내수확대 정책을 강화하고 있다. 첨단기술에 대한 자립도를 높이면서 질 높은 상품으로 국내시장을 점점 확대하겠다는 전략이다. 소비세 등 세금을 낮춰 소비를 진작시키는 정책도 구사하고 있다. 물류센터와 시장의 주차장 대폭 확대 등 소비를 위한 인프라 확대도 내수시장을 확대 차원에서 진행하고 있다. 농산물 유통을 원활하게 하기 위해 농산물 유통정보를 투명하게 하는 작업도 계속하고 있고, 농산물의 인터넷 거래를 활성화하기 위한 방안도 추진하고 있다. 인구가 14억 명이 넘는 중국으로선 내수진작을 통한 경제성장 정책 자체가 매우 합리적인 정책방향이 아닐 수 없다.

시진핑이 자주 하는 말 가운데 하나가 '쌍순환雙循環'인데, 국제대순환과 국내대순환을 합한 것을 이른다. 국제대순환은 국제시장으로의 수출, 국내대순환은 국내시장에서의 내수를 말하는 것이다. 이를 모두 잘해야 한다는 의미로 '쌍순환'을 무시로 강조하고 있다. 중국은 1978년 덩샤오핑이 개혁개방정책을 시작한 이래 수출진흥정책을 펼쳐왔다. 그러다가 최근 시진핑이 '쌍순환'을 강조하는 것은 수출만큼, 아니 오히려 수출보다 더 내수시장 개발에 힘쓰겠다는 의미가 아닐 수 없다. 실제로 시진핑은 2020년 5월 경제계 인사들과의 면담에서 "국내 수요를 만족시키는 것을 발전의 발판으로 삼아 완전한 내수 체계를 구축해야 한다. 과학기술 등의 혁신을 전력 추진하고 더 많은 성장 지점을 만들어 내야 한다. 국내 시장의 우위를 이용해 국제 시장의 위험을 없애야 한다."고 강조했다.[11] 방점은 내수에 있는 것이다. 국내시장을 크게 진작시켜 해외시장이 어떻게 변화하든 어려움 없이 성장할 수 있는 중국을 만들어내려 하고 있는 것이다. 인

11 윤완준·이정은, "양손에 '환율·내수 강화' 든 시진핑…美中격화땐 희토류 카드도 꺼낼 듯", 『동아일보』, 2020. 5. 26.

구대국 중국이 꿈꾸고 있는 자국 중심 발전전략이라 할 수 있다.

중국의 내적 성장 전략은 시진핑의 경제 과외교사들의 면면을 보면 보다 분명하게 드러난다. 2020년 8월 말 시진핑이 경제학자 9명을 초청해 조언을 들었는데, 그들이 시진핑의 과외교사라 할 수 있다. 이들을 하나하나 살펴보자. 먼저 린이푸林毅夫 베이징대 교수. 세계은행 부행장을 지낸 인물이다. 2030년쯤에는 중국이 미국의 경제를 앞지를 것이라는 주장을 펴고 있다. 앞으로 10년 동안 중국이 5~6% 성장을 계속하게 되면 충분히 미국을 넘어선다는 것이다. 이를 위해서는 중국 정부가 보다 적극적으로 성장정책을 이끌어야 한다고 주장한다. 두 번째는 루밍陸銘 상하이 교통대학 교수. 중국의 대형 도시들을 메가도시로 확대해야 한다는 주장을 가지고 있다. 집중적 발전전략을 통해 중국의 성장을 촉진해야 한다는 얘기다.

세 번째는 차이팡蔡昉 중국사회과학원 부원장. 해외에 의존하기보다는 국내 중심의 성장을 특히 강조하는 학자이다. 노동경제학자인 그는 국내 중심 성장을 위해서는 노동자들의 이주를 쉽게 하는 것이 중요하다는 주장을 하고 있다. 네 번째는 왕창린王昌林 국가발전개혁위원회 거시경제연구원장이다. 정부가 중심이 돼 사회적 자원을 총동원해 미국의 기술봉쇄에 맞서고 산업과 기술의 발전을 추진해야 한다고 주장한다. 다섯 번째는 장위옌張宇燕 중국사회과학원 세계정치경제연구소장. 중국이 WTO(세계무역기구)의 규정들을 지키면서 개방적·다자적 무역체제를 추구하고 미국의 일방주의에도 맞서야 한다는 주장을 가지고 있다.

여섯째는 주민朱民 칭화대 국가금융연구원장이다. IMF(국제통화기금)의 부총재를 지낸 인물이다. 일대일로 참여국들에 대한 위안화 국제화를 우선 추진하면서 차츰 위안화 국제화의 영역을 확대해야 한다고 주장한다. 경제적인 영역확대와 함께 중국의 국제적인 역할 확대도 역설한다. 일곱 번째 과외교사는 정융넨鄭永年 홍콩중문대 글로벌·당대 중국고등연구원장이다. 중국 스스로의 이론과 생각을 발전시켜 이를 바탕으로 중국의 국내정치와 외교 모두를 펼쳐나가야 한다는 주장을 가지고 있다. 여덟 번째는 판강樊刚 개혁연구기금 이사장이다. 지속적인 경제개혁을 통한 발전을 주장하는 인물로, 대표적인 시진핑의 경제책사 가운데 하나인 류허劉鶴 부총리와 개혁 추진 학자 모임을 만들어 활동하고 있다. 마지막 아홉 번째는 장샤오쥐안江小涓 칭화대 공공관리학원장이다. 중국의 거버넌스 현대화를 통한 지속적 발전을 역설한다.[12] 이들 가운데 특히 루밍, 차이팡, 왕창린, 정융넨 등은 대외 의존보다는 국내 중심의 성장을 중시한다. 이런 학자들의 의견을 청취하면서 시진핑은 내수시장을 중심으로 중국의 지속 성장을 추진할 수 있는 방안들을 강구, 실행하고 있다고 보아야 할 것이다.

특히 중국은 경제성장, 내수진작, 미국 포위망 타개 등을 위한 다양한 포석으로 첨단기술을 획기적으로 발전시키는 국가발전전략을 다른 어떤 과제보다 우선적으로 추진하고 있다. 이것이 '중국제조 2025'라는 이름의 중국 기술발전 정책이고, 그중 핵심이 화웨이의 5세대 이동통신(5G)이다. 중국이 5G를 대표적 미래 먹거리 사업으로 추진하고 있는 것이다. 미국도 이러한 중국의 발전전략을 잘 파

---

12 유상철, "시진핑 경제 과외교사 9인의 '미국과 경제전쟁 이기는 법'", 『중앙일보』, 2020. 9. 1.

악하고 있기 때문에 무역전쟁에서 집중적으로 문제 삼은 것이 '중국 제조 2025'와 관련된 것이다. 중국도 이 부분과 관련해서는 양보를 최소화하면서 당초의 계획을 지켜가려 하고 있다. 중국 입장에서는 미래 생존, 미국과의 경쟁 등이 복합적으로 관련된 부문인 만큼 이와 관련해서는 미국에 강력히 맞서는 모습을 보일 것으로 예상된다.

미국의 포위망에 맞서 우군을 확대하려는 정책도 추진하고 있다. 우선 과거 이념적 동지국가이면서 미국과는 여전히 많은 거리를 두고 있는 러시아와 연대를 강화하려 하고 있다. 경제적 관계뿐만 아니라 군사적 협력도 지속 확대하고 있다. 일대일로 참여국들과의 유대도 강화하고 있다. 해상 실크로드 참여국인 말레이시아, 인도, 케냐, 그리스, 이탈리아, 그리고 육상 실크로드 참여국인 파키스탄, 카자흐스탄, 키르기스스탄, 우즈베키스탄, 터키 등과의 연대를 강화하고 있는 것이다. 미국도 인도태평양전략을 고리로 인도와 전략적 협력을 강화하려 하고 있는데, 인도를 두고 중국과 미국이 줄다리기를 하고 있는 양상이다. 그런데 최근에는 중국과 인도의 국경분쟁이 다시 심해지면서 인도가 미국 쪽으로 기울어 가는 모습이 되고 있다. 하지만 중국은 이를 방관하지 않고 인도의 경제발전 전략에 부응하는 경제협력 방안을 제시하며 관계 강화에 힘을 쏟고 있다. 이란, 베네수엘라, 쿠바 등 반미국가들과의 협력 강화도 중국이 추구하는 역포위 전략의 주요부분이다. 이들 반미국가들도 경제강국과의 협력은 필요로 하고 있고, 미국은 이들의 협력국가가 될 수 없기 때문에 중국은 이들과 연대를 보다 심화해 미국의 봉쇄에 맞서려 하고 있는 것이다.

여기에 트럼프가 추진했던 미국 우선주의, 나토 경시 태도에 대해 불만을 가진 유럽국가들과의 연대도 추진하고 있다. 2020년 7월 28일 중국의 경제담당 부총리 류허劉鶴가 EU(유럽연합)대표들과 화상회의를 진행했는데, 양측 사이 투자협약이 주요의제였다. 상호투자협약을 맺기 위해 협상을 벌인 것이다. 이런 과정을 통해 중국은 위안-유로 연합을 지향하고 있다고 할 수 있다. 위안-유로 합세를 통해 미국의 달러에 맞서면서 달러 위주의 세계경제질서에 대한 수정을 추구하고 있다고 할 수 있는 것이다.

특히 러시아와는 군사적 협력뿐만 아니라 탈脫달러화 협력도 강화하고 있다. 군사적 협력은 연합훈련을 비롯한 다양한 측면에서 진행되고 있는데, 2020년 여름에는 잠수함을 공동으로 설계하는 작업에도 돌입했다. 차세대 비핵 잠수함 설계를 공동으로 하기 시작한 것인데, 해군의 첨단무기를 공동개발한다는 측면에서 양국의 전략적 협력의 단계를 한 차원 높이는 것이라 할 수 있다. 러시아는 영국, 프랑스, 독일과 함께 전통적인 잠수함 선진국인데, 중국과 협력관계를 강화한다는 것은 중국의 잠수함 기술도 크게 향상한 것을 보여주는 것이기도 하다. 잠수함 기술은 크게 세 부문으로 나뉘는데, 동력과 탐지, 타격이 그것이다. 이 가운데 러시아는 탐지와 타격 기술에서 높은 수준을 유지하고 있다. 중국은 동력 부문에서 높은 기술을 갖고 있는 것으로 전해지는데, 특히 공기불요추진체계AIP(외부 공기 주입 없이 함 내에 저장된 산소와 연료를 이용해 전기를 만들어내서 충전과 추진에 사용하는 체계) 기술이 높다고 한다. 또 최신 리튬이온 배터리 잠수함 개발 분야에서도 러시아를 앞서는 것으로 전해진다. 양국이 협력하면 동력과 탐지, 타격 능력에 모두 우수한 잠수함을 만들어낼 수 있는 것이다. 그런 작업을 양국이 실제하고 있는 것이다.

중국과 러시아의 탈脫달러화 협력도 심화되고 있는데, 우선 중러 간 무역거래의 달러 결제 비율을 줄여가고 있다. 실제 2020년 1분기에는 처음으로 달러화 비중이 50% 아래로 떨어져 46%를 기록했다. 2015년까지만 해도 양국 무역거래의 90%가 달러로 이뤄졌는데, 꾸준히 줄어 2019년에는 51%로 떨어졌고, 2020년에는 50% 밑으로 내려간 것이다. 중국으로서는 미국의 포위에 맞설 필요가 있고, 러시아는 2014년 크림반도 점령 이후 서방의 제재를 받고 있는 상황에서 중국과의 협력을 계속 강화할 필요가 있기 때문에 양국의 협력은 지속될 수밖에 없어 보인다.

트럼프 행정부가 중국제품에 대한 관세를 대폭 인상하면서 무역전쟁을 일으키자 중국은 그동안 워낙 많은 무역흑자를 보고 있었기 때문에 미국에 양보할 생각을 가지고 준비를 해왔다. 미국제품의 수입을 확대해 흑자를 줄이려 한 것이다. 대신 중국은 미국으로부터 전략적 이익을 양보 받으려 했다. 남중국해와 동중국해에서 중국의 영향력과 역할을 인정받으려 한 것이다. 그런데 트럼프 행정부는 무역불균형도 해소하면서 전략적 부문에서도 양보하려 하지 않았다.[13] 그러면서 중국은 미국의 포위 전략에 보다 적극적으로 대응하는 전략을 취하고 있다. 그러니 이러한 양측의 대응은 화해와 협력의 방향으로 진전되기 매우 어려운 환경이라 할 수 있다. 바이든 행정부라고 해서 중국을 견제하고 봉쇄하는 전략에서 크게 벗어날 것 같지는 않다. 그런 점에서 중국이 미국에 맞서면서 추진하는 다양한 전

13 이경민, "[미중 패권경쟁] 김한권① '당황한 중국, 대미전략 원점 재검토해야'", 『조선일보』, 2019. 1. 23.

략도 계속 새로워질 것으로 보인다.

북극 적극 진출…동해는 긴장 고조

중국은 미국의 전략에 대한 당장의 대응도 대응이지만, 먼 장래를 내다보는 심모원려도 동시에 하고 있다. 그중 하나가 북극에 적극 진출하는 것이다. 북극해가 녹으면서 점차 분명해져가는 북극항로 진출, 많은 자원을 목표로 하는 북극 개발, 안보 차원의 북극기지 확보 등에 어느 나라보다 활력 있게 대응하고 있는 것이다.

이제까지 북극에 대한 군사적 진출에 가장 적극적인 나라는 러시아였다. 노보시비르스크 제도와 코넬리 섬, 알렉산드라 섬 등에 군사기지를 건설해 놓고 있다. 이런 기지들에 대공방어시스템과 지대공미사일을 배치해놓고 있다.

최근에는 미국이 북극에 대한 군사적 지배를 강화하려는 움직임을 보이고 있다. 미국은 1951년부터 그린란드에 툴레 공군기지를 운영하고 있는데, 여기에 북극해와 러시아 북부를 감시할 수 있는 ICBM(대륙간탄도미사일) 조기경보시스템까지 갖추고 있다. 그런데 2019년 8월에는 트럼프가 그린란드를 사겠다는 생각을 표출했다. 농담처럼 한 말이었지만, 농담이 아니었다. 백악관 법률고문에게 매입의 구체적인 방안을 검토하라고 지시하기까지 했다. 그린란드 자치정부의 외교부가 성명을 통해 "그린란드는 비즈니스의 기회는 열려있는 곳이지만 파는 곳은 아니다."라고 밝히면서 더 이상 진전되지는 않았지만, 미국의 그린란드에 대한 욕심을 엿볼 수 있는 기회였다. 미국은 이후 그린란드에 영사관을 설치할 계획을 추진 중이다. 미국이 장기 플랜을 가지고 그린란드에 접근하고 있음을 보여주는 모습이 아닐 수 없었다.

그런데 미국의 그린란드 매입 시도는 트럼프가 처음이 아니다. 1867년 앤드루 존슨Andrew Johnson 대통령이 매입하려 한 적 있고, 1946년 해리 트루먼Harry Truman 대통령도 매입을 제안했었다. 트럼프가 그냥 해본 얘기가 아님은 이런 역사적 사실로도 짐작이 가능하다. 이미 1803년 루이지애나를 1,500만 달러에, 1867년에는 알래스카를 720만 달러에 사들인 미국이 아닌가?

그린란드에 대한 미국의 소유욕은 두 가지 때문이다. 하나는 자원, 다른 하나는 전략자산이다. 200만km^{2}가 넘는 국토의 85%가 얼음으로 덮여있는 그린란드이지만, 그 얼음 아래 천만 톤 이상의 광물(희토류, 철광석, 아연, 납, 우라늄, 다이아몬드, 루비, 핑크사파이어 등)과 원유, 천연가스 등이 묻혀 있다. 북극권 전체 천연자원의 절반 정도로 추정된다. 북극항로와 북극 자원개발이 현실화되어가고 있는 상황에서 북극권 전체를 아우를 수 있는 지리적 위치는 그린란드의 지정학적·지경학적 가치를 더욱 높여주고 있다. 모스크바까지의 거리도 3,600km밖에 안 된다. 미국은 군사기지 하나로 만족하지 못하고 그린란드 전체를 소유해 군사적으로도 활용하려는 생각을 가지고 있는 것이다.

미국의 이러한 생각에 촉매역할을 하는 것이 중국의 '북극 실크로드 전략'이다. 중국은 북극권국가가 아니다. 북극권국가는 북극에 연해있는 국가, 즉 미국, 캐나다, 러시아, 덴마크, 노르웨이, 스웨덴, 핀란드, 아이슬란드 등 8개국이다. 이들은 북극이사회를 구성해 북극권에 대한 정책협의를 하고 있다. 그런데도 중국은 스스로를 '근近 북극국가'로 부르며, '북극 실크로드', '빙상 실크로드' 등의 이름 아래 북극권 진출을 적극 추진하고 있다. 북극이사회 옵서버 자격도 얻었다. 중국, 한국, 인도, 일본, 싱가포르 등이 옵서버로 참여하고 있다. 뿐만 아니라 그린란드에 대한 군사 진출, 연구소·위성기지국 설치도 추진하고 있다. 2016년에는 옛 미군기지를 매입하려 하다가 덴마크 정부의 반대로 실패했고, 2018년에는 공항건설 프로젝트에 참여하려다 역시 덴마크의 반대로 무산되었다. 덴마크의 반대 뒤에는 물론 미국이 있었다.

중국도 미국과 마찬가지로 경제·안보적 목적으로 북극에 접근하고 있다. 상하이-함부르크(독일) 사이 뱃길이 수에즈 운하를 이용하면 2만km인데, 북극항로를 이용하면 1만 4,000km로 6천km 줄어든다. 운항일로 따지면 14일을 단축할 수 있는 것이다. 자원개발에 적극 참여하겠다는 생각도 하고 있다. 북극항로의 안전을 보장하고 자원개발에 효과적으로 참여하기 위해서는 북극권에서 군사적 입지를 강화해야 한다는 계획도 갖고 있을 것이다. 그런 차원에서 그린란드에 공격적으로 진출하려 하고 있는 것이다.

이처럼 중국의 북극 진출이 적극화하면서 미국과의 경쟁영역은 북극권으로까지 확대되었다. 북극권을 놓고 미중이 경제뿐만 아니라 군사적 경쟁을 가속화하는 모습을 세계는 더욱 분명하게, 더욱 불안한 마음으로 보아야 할 것 같다. 더욱이 이러한 환경은 우리의 안보적 이익에도 직접 영향을 줄 것 같다. 중국의 북극항로는 상하이-동해-베링해-북극해-유럽 이런 경로가 될 것이다. 중국이 동해를 안방처럼 드나들어야 하는 상황이 되는 것이다. 그러자면 중국의 해군도 안전한 항로확보를 위해 동해에 진출하려 할 것이다. 동해는 우리도, 미국도 중요시하는 해역이다. 여기서 미중의 군사적 긴장은 높아질 것이고, 이는 우리의 안보에도 결정적 영향을 미칠 수밖에 없다. 중국의 북극 진출, 우리하고 무관한 먼 나라 얘기 같지만, 따져 보면 바로 우리 얘기인 것이다.

4
내 코가 석 자

홍콩 어쩌려고?

중국이 2020년 7월 1일부터 시행한 홍콩 국가보안법(홍콩보안법)은 그동안 중국이 홍콩에 시행하던 일국양제, 즉 한 국가 내 두 가지 제도를 크게 수정할 것이란 전망을 낳고 있다. 홍콩보안법은 정권전복, 테러활동, 국가분열 등을 금지하고 이를 위반했을 때에는 처벌하는 것을 주요 내용으로 한다. 중국은 이런 내용의 법률을 시행해 홍콩을 중국의 권위주의체제에 차츰 편입시킬 것으로 전망된다. 2019년 3월 개헌을 통해 주석의 3연임 제한을 철폐한 시진핑이 자신의 권력을 계속 강화하면서 홍콩에 대한 통제도 점점 강화할 가능성이 높은 것이다.

중국은 도대체 왜 홍콩에 대한 압박을 그렇게 강화하고 있는 것일까? 이걸 자세히 파악하려면 2019년 송환법(범죄인 인도법) 사태로 거슬러 가야 한다. 2019년 홍콩은 송환법을 개정해 홍콩과 범죄인 인도조약이 체결되지 않은 나라에도 범죄용의자를 넘겨줄 수 있도록 하려 했다. 그러자 홍콩시민들이 대대적으로 반대 시위에 나섰다. 홍콩에서 활동하는 중국 민주화운동 인사들을 중국으로 쉽게 데려가려는 의도가 있는 법으로 보았기 때문이다. 3월에 시작된 시위는 6월에는 100만 명이 운집하는 시위로 확대됐다. 물론 홍콩 정부의 뒤엔 중국이 있기 때문에 중국 정부의 정책에 대한 강력한 반대 의사를 표시하는 시위이기도 했다. 결국 홍콩은 9월 송환법 개정을 포기했다.

하지만 송환법 파동은 이것으로 끝나지 않았다. 홍콩민주진영이 100만 명이 모이는 대규모 시위를 오랫동안 진행할 수 있었던 것에 대해 중국은 외세가 도와줬기 때문에 가능했다고 생각했다. 특히 미국이 홍콩 민주 시위를 적극 지원했다고 본 것이다. 미국은 2019년 11월 '홍콩인권법'을 제정해 매년 홍콩의 자치수준을 평가해 홍콩의 특별지위(중국과 달리 낮은 관세, 자본 이동의 자유, 낮은 투자 장벽 등의 혜택을 받는 지위) 유지 여부를 결정하도록 했다. 이 법률에는 홍콩의 자유를 억압하는 당사자에게는 미국 비자 발급을 금지하고 미국 내 자산을 동결할 수 있다는 내용도 들어 있다. 중국 입장에서는 이러한 미국의 행위가 송환법 당시 미국의 개입을 방증하는 것으로 생각되지 않을 수 없는 상황이 되었다.

홍콩문제가 단순히 홍콩의 문제가 아니라 미국과 관련된 문제가 된 것이다. 이렇게 되자 중국은 더 강경하게 나간다. 홍콩보안법 제정에 나선 것이다. 송환법과 맥은 같다. 홍콩에서 '나쁜 피'를 뽑아내겠다는 것이다. 미국이나 서구와 네트워크를 형성해 자유와 인권 신장을 외치고 중국의 통제 밖에 존재하려는 민주인사들을 반역자로 규정하고 이들을 솎아내겠다는 생각이다. 역시 대대적인 반대에 부딪혔다. 하지만 중국 정부는 이번엔 물러서지 않았다. 강력 탄압에 나섰다. 2003년에도 보안법 제정을 추진했다가 홍콩시민들의 반대 시위로 철회한 바 있는데, 송환법 사태도 겪은 마당이어서 중국 정부는 시위대를 진압하고 2020년 7월 1일 법률의 시행에 들어갔다.

지난 1997년 홍콩이 영국으로부터 반환될 때 중국은 50년 동안

(2047년 7월 1일까지) 세 가지를 보장하겠다고 약속했다. 첫째, 홍콩인에 의한 통치, 둘째, 영국이 만든 사회시스템을 유지하는 일국양제 지속, 셋째, 중국의 간섭을 받지 않는 고도자치 등이 그것이다. 하지만 미중경쟁의 격화라는 지구적 사조에 따라 상황은 완전히 바뀌게 되었다. 중국은 이제 홍콩을 그대로 두면 미국에 의해 조종받는 사회로 남게 될 것이라는 염려를 하고 있고, 그에 따라 강경조치를 계속하고 있는 것이다.

2020년 9월에는 홍콩 정부가 입법회(국회) 의원 선거를 코로나19를 이유로 1년 연기했는데, 이에 반대하는 시민들의 시위가 또 발생했다. 홍콩 정부가 연기 이유로 코로나19를 들었지만, 실제로는 친중파가 민주진영에 패할 것을 염려해 선거를 연기했을 가능성이 높다. 2019년 11월 구의회 선거에서 범민주 진영이 압승해 18개 구의회 중 17개 구의회를 장악하고 있는 상황이다. 그런 분위기가 계속 이어지고 있기 때문에 중국과 홍콩 정부는 친중파의 선거 패배를 걱정하지 않을 수 없는 상황이었다. 선거 연기 반대 시위에 역시 중국은 강력 대응했다. 12세 소녀를 포함해 수백 명을 체포했다.

2020년 가을 새학기부터는 홍콩 고등학교용 '통식'(인문교양) 과목의 내용 가운데에서 삼권분립 개념을 빼버렸다. 시민사회가 반발하자 중국 정부가 나서 일도양단 식으로 정리를 했다. 중국 국무원 홍콩·마카오 사무판공실이 홍콩의 체제와 관련해 "애초부터 삼권분립은 존재하지 않았다."면서 "홍콩은 중국 정부가 직할하는 지방행정구역으로, 정치체제의 속성과 지위도 일종의 지방정치체제"라고 밝힌 것이다. 또, "홍콩이 누리고 있는 고도의 자치권도 행정권은 물론 입법권과 사법권 모두 중앙정부가 부여한 것"이라고 강조했다.[14]

미국은 노골적으로 중국의 홍콩 정책에 반대하며 상응조치에 나서고 있다. 2020년 7월 홍콩의 특별지위를 박탈했다. 이후 홍콩에 대해 첨단기술제품과 군사장비 수출을 제한하는 조치도 잇따라 내놓았다. 그럼에도 중국의 강경입장은 누그러질 기미가 없다. 중국이 이렇게 강경 일변도로 나오는 데에는 나름의 분석과 자신감이 있다. 홍콩에 미국기업 1,300여 개가 둥지를 틀고 있고, 미국인 8만 5천 명이 일하고 있다. 그런 상황이니 미국이 보복조치를 계속 강화할 수만은 없을 것이라는 계산을 중국은 하고 있는 것이다. 게다가 제2의 홍콩으로 키워온 선전深圳이 홍콩의 경제력을 넘어섰기 때문에 대외거래의 창구역할을 선전에 맡겨도 되는 상황이 되었다.

1840년 아편전쟁 이후 중국은 백 년 동안 서구와 일본의 침략이라는 시련을 겪었다. 영국을 비롯해 프랑스, 독일, 러시아, 일본까지 중국의 일부를 차지했다. 특히 일본은 1932년 만주국을 세운 이래 중국 전역을 점령하려 했다. 그런 와중에 중국공산당은 외세를 배격하고 중국 내에서 모두가 잘 사는 사회를 만들겠다는 기치를 내걸고 일본과 싸웠다. 국내적으로는 부패한 국민당과 싸우며 민중들의 지지세를 넓혀나갔다. 일제가 패망한 뒤 국민당을 타이완으로 몰아내고 새로운 국가를 건설한 것이 1949년이다. 백년의 신고辛苦를 극복한 중국은 국가체제정비, 개혁개방의 과정을 거치면서 새로운 융성기를 맞고 있다. 그동안 짓밟혀온 민족적 자존심을 새로이 드러내면서 세계 제1의 국가로 도약하려 하고 있다. 그래서 미국과의 경쟁은

14 정인환, "중 '홍콩은 애초부터 삼권분립 없었다' 시민 반발에 쐐기", 『한겨레』, 2020. 9. 9.

심화되고 있고, 잇따라 발생하는 홍콩의 민주화시위를 중국은 미국과 연계된 것으로 이해하고 있다. 그래서 중국은 홍콩 민주화에 더욱 강경대처하고 있는 것이다. 중국의 자신감, 외세 거부감, 미국과의 패권경쟁의식 등이 복합적으로 작용하고 있는 것이다. 중국이 앞으로도 계속 홍콩에 대한 통제력을 강화하는 방향으로 갈 수밖에 없는 것은 이런 이유 때문이다.

타이완 점령?

홍콩에 대한 장악력을 높이고 있는 중국은 여기에 그치지 않고 타이완에 대한 지배력을 확보하는 방향으로 움직일 가능성도 있다. 미국에서 그런 설이 나돈다. 2020년 8월에는 예비역 장군과 전前 중앙정보국CIA 부국장이 아주 구체적으로 중국의 타이완 점령 가능성을 제기해 세계인들의 관심을 모았다. 예비역 제독 제임스 윈네펠드James Winnefeld와 전 CIA 부국장 마이클 모렐Michael Morell이 그들인데, 이들이 美해군연구소U.S. Naval Institute 논문집 2020년 8월호에 쓴 내용을 쉬운 설명을 덧붙여 요약하면 이렇다.

투키디데스가 말한 전쟁의 원인은 세 가지이다. 공포fear, 명예honor, 그리고 이익interest이 그것이다. 최근 중국지도부가 공포스럽게 생각하는 것은 중국공산당의 통제력이 떨어지는 것이다. 코로나19로 홍역을 겪었고, 홍콩시민들의 자유에 대한 요구는 계속되고 있다. 홍콩통제를 강화하는 홍콩보안법 제정 이후 미국의 경제제재도 강화되고 있다. 이런 상황들이 중국인민들에 대한 중국공산당의 통제력을 약화시키지 않을까 시진핑을 비롯한 중국지도부는 걱정하고 있는 것이다. 명예와 관련해서 중국지도부는 타이완을 하나의 변절자로 보고 중국으로 통합하는 것을 영광과 명예로 여긴다. 타이완의 차이잉원蔡英文 총통은 타이완의 독립을 추구하고 있다. 이런 상황에서 중국지도부가 명예를 드높이는 길은 타이완을 점령해 독립 욕구를 좌절시키고 통일을 이뤄내는 것이다. 이익과 관련해서 우선 중국은 타이완을 점령해 얻을 수 있는 경제적 이익을 계산하고 있다. 중국이 기술대국으로 계속 발전하기 위해 꼭 필요한 것 중 하나가 마이크로칩인데, 주로 미국과 타이완으로부터 수입해왔다. 미국과의 경쟁이 심해지면서 미국으로부터의 수입은 점점 어려워질 전망이다. 타이완으로부터 더욱 안전한 공급망을 확보해야 하는 상황이다. 이처럼 타이완 점령으로 인한 경제적 이익은 중국이 곧바로 확보할 수 있는 것이다.

공포, 명예, 이익의 요인으로 보면, 중국이 타이완에 전쟁을 일으켜 점령에 나설 가능성이 높은데, 실제 언제 어떻게 할 것인가? 시기는 미국 대통령 취임일인 2021년 1월 20일(한국시간으로는 21일) 직전이다. 취임일 전후로는 의사결정의 공백상태가 발생하기 마련이기 때문이다. 시진핑 중국 국가주석의 두 번째 임기는 2022년 11월에 끝난다. 그런데 두 번으로 제한되어 있던 주석의 임기를 폐지하는 개헌을 했기 때문에 2022년에 다시 국가주석에 선출되려 할 것이다. 하지만 아무리 중국이 강력한 권위주의 국가라고 하더라도 헌법까지 고쳐 3번 연임에 나서려면 큰 업적이 필요하다. 그래서 타이완을 점령하려 할 것이다.

방법은 손자병법을 따르는 것이다. 특히 '싸우지 않고 이기는 게

최선이다', '모든 전쟁은 속임수다'라는 손자의 격언을 따라 점령은 진행된다. 2020년 12월부터 타이완과 긴장을 고조시킨다. 2021년 1월이 되면 타이완해협에서 대규모 군사훈련을 시작한다. 본격 점령 작전은 1월 18일(한국시간 19일) 시작한다. 대규모 병력으로 진먼金門도와 마주馬祖도, 펑후澎湖제도 등을 점령하고 타이완 목조르기에 들어간다. 해군 잠수함부대는 타이완 해협의 남북 입구를 막고, 타이완 동부에도 배치돼 미군의 진입을 막는다.

민간복장의 특공대원과 정보요원들은 타이완의 주요시설을 점령하고 주요 군 시설도 장악한다. 언론기관과 전력시설에 대한 사이버 공격도 대대적으로 가한다. 그러면서 타이완 지도부에는 항복을 요구한다. 그냥 항복하면 처벌이 없겠지만, 항복에 응하지 않으면 군사적 공격이 본격화할 것이라 통보한다. 중국의 관영언론은 타이완을 향해 발사준비를 하고 있는 수천 발의 미사일을 대대적으로 보도한다. 타이완 서쪽 바다에 어선으로 가장해 있던 대규모 상륙부대도 공개한다.

한편으로는 세계 주요국을 상대로 중국을 지지하도록, 최소한 중국의 점령에 반대하지 않도록 하는 외교전도 전개한다. 어떤 나라에는 당근을 제시하고 어떤 나라에는 채찍을 보여준다. 특히 일본에 대해서는, 미국의 타이완 지원 작전에 도움을 준다면 중국에 대한 적대행위로 간주하겠다고 강력 경고한다. 인터넷과 SNS를 통한 여론전도 대대적으로 실시한다. 서구에는 '중국-타이완 관계는 미국과 상관없는 일이니 미국은 간섭하면 안 된다'라는 메시지를, 동남아에는 '동남아 국가들에게는 전혀 영향을 미치지 않는다'라는 메시지를 전한다. 또 다른 지역에는 '중국에 대한 보복에 참여하지 마라, 참여하면 중국의 투자가 줄어들 것이다'라는 메시지를 전파한다.

1월 19일(한국시간 1월 20일)에는 주미중국대사가 美국무부 동아태 차관보를 만나 '미국은 간섭하지 마라, 중국은 미국의 간섭을 막기 위해 모든 수단을 다 강구할 것이다'라는 경고를 직접 전달한다. 호주, 일본, 한국 등 미국의 동맹국에도 같은 경고를 전한다. 그날 오후에는 갑작스럽게 인디애나의 주도 인디애나폴리스에 정전사태가 발생한다. 미국에 대한 고강도 공격은 아니면서 '우리는 더 심한 것도 할 수 있다'는 신호를 날리는 것이다. 미국은 유엔 안보리를 소집한다. 미국 의회 타이완 코커스Congressional Taiwan Caucus(미국 의회 내 친타이완 단체)는 중국을 비난하고 미국의 즉각적 대응을 요구한다. 다른 나라들도 중국의 행동에 강력한 경고를 발신한다. 하지만 직접 행동은 하지 못하고 미국의 반응만 기다린다. 백악관에서는 국가안보회의가 열려 7함대와 태평양공군사령부에 24시간 대비태세를 명령한다. 미국의 구체적 행동방향에 대해서는 국가안보회의 참석자들도 의견이 갈린다. 어떤 이는 상황을 지켜보자 하고, 어떤 사람은 군사적 대응에 나서야 한다고 한다. 2시간이나 논쟁을 했지만, 타이완 수호 의지와 중국 비난 성명을 채택하는 것 외에는 특별한 결론을 내지 못한다.

1월 19일 저녁(한국시간 20일 아침) 타이완 정부는 항복을 결정한다. 타이완 군대로 일정 시간 저항할 수는 있겠지만 결국은 대량살상으로 이어질 수밖에 없음을 깨닫고 항복하는 것이다. 대신 타이완인들이 일정 부분 자유를 누릴 수 있도록 해달라고 요청한다. 1월 20일 오전 (한국시간 20일 저녁) 시진핑은 2013년부터 외쳐왔던 중국몽의 가장 중요한 단계가 실현되었음을 선언한다. 타이완인들을 환영하면서 타이완에서의 선거를 보장한다는 약속도 한다. 미국 대통령 취임

3시간 전이다. 다음날 차이잉원 정부는 중국과의 통일을 주장하던 세력으로 대체된다.

이들이 가상으로 상정한 거사일에 아무런 일도 일어나지 않았고, 미국의 전략가들이 상상력을 발휘해 쓴 글이지만, 미국에 존재하는 타이완 상실 공포를 반영한 글이라 할 수 있다. 실제 중국은 1950년 3월 5일 남중국해 하이난섬을 두고 타이완과 전투를 벌였다. 5월 1일 하이난섬을 차지했다. 다음 차례는 타이완이었다는 얘기도 있다. 실제 타이완 공력을 중국지도부가 계획하고 있었는데, 한국전쟁이 발발하는 바람에 실행에 옮기지 못했다는 것이다.[15] 이러한 역사적인 배경도 중국의 타이완 공격에 대한 우려를 높이고 있는 것으로 보인다. '진시황에 비견되는 시진핑이기 때문에 못할 것이 없다'는 인식도 반영되어 있다. 실제 이런 식으로 시진핑이 무력으로 타이완을 점령할 가능성은 많지 않고, 미국이 이렇게 속수무책으로 당할 공산도 크지 않지만, 시진핑을 비롯한 중국지도부가 생각하는 중국의 미래가 무엇인지, 중국의 안보군사전략이 어떤 점을 지향하고 있는 것인지 등에 대해서는 상당한 시사점을 주는 글이라 할 수 있다. 지금 단계에서는 실현가능성이 낮다 하더라고 중국의 힘이 지금보다 훨씬 더 강해지고 미국의 패권이 더 떨어지면 가능성이 없지도 않은 상황이다. 중국군은 네이멍구 주르허朱日和 기지에 타이완 타이베이에 있는 총통부와 외교부 건물의 모형을 만들어놓고 점령 훈련을 하고 있다고 한다.[16] 중국은 타이완의 독립을 막는데 모든 수단을

15 정인환, "대만해협 중간선 침범에 담긴 뜻", 『한겨레』, 2020. 10. 9.

16 박수찬, "당나라 군대 맞네…'중국군, 가상의 대만군과 싸워 6승 48패 6무'", 『조선

다 동원할 것이며 무력사용도 배제하지 않는다는 입장을 공공연하게 밝히고 있는 상황이다. 중국은 실제 무력대결도 불사하면서 점차 그런 상황을 만들어가려 하고 있는지도 모른다.

2020년 8월 미국의 알렉스 에이자Alex Azar 보건후생부 장관이 타이완을 방문했을 당시 자오리젠趙立堅 중국 외교부 대변인은 "불장난하는 사람들은 타버릴 것"이라는 무시무시한 경고를 날렸는데, 이런 모습에서 중국의 대만 집착, 대만문제에 대한 민감성을 확인할 수 있다. 에이자의 타이완 방문 이후 얼마 되지 않아 체코의 상원의장 밀로스 비스트르칠Miloš Vystrčil이 타이완을 찾았는데, 이에 대해서도 중국의 왕이王毅 외교부장이 나서 "중국 정부와 중국 인민은 절대 좌시하지 않겠다."면서 "반드시 비스트르칠 의장은 자신의 근시안적 행동과 정치적 투기에 무거운 대가를 치러야 할 것"이라고 경고했다. 9월에는 美국무부 경제차관 키스 크라크Keith Krach가 타이완을 방문했다. 왕원빈汪文斌 중국 외교부 대변인은 "중국은 상황전개에 따라 필요한 대응조치를 취할 것"이라고 강력 경고했다. 중국군은 폭격기 2대와 전투기 16대 등 18대의 군용기를 타이완의 방공식별구역으로 들여보내 무력시위를 벌였다. 자칫하면 군사적 충돌로 이어질 수 있는 위험한 작전을 서슴없이 실행한 것이다.

이러한 중국의 심한 반발에도 불구하고 계속 타이완에 고위급 관료를 보내면서 미국은 중국이 금과옥조로 여기는 '하나의 중국' 원칙에 흠집을 내려 하고 있다. 세계를 향해 "중국이 말하는 '하나의 중국' 원칙을 우리는 전혀 중시하지 않는다. 중국이 마음대로 할 수

일보』, 2020. 9. 15.

있는 것은 없다." 이런 얘기를 하고 있는 것이다. 중국의 외교부 대변인, 외교장관이 나서 외교적 언사라고는 믿기 어려운 말로 반발하는 것은 이러한 미국의 태도를 비난하는 것이다. 다른 어떤 이슈보다도 타이완 문제에 대해서는 어떤 양보나 관용도 있을 수 없음을 명백히 보여주는 모습이기도 하다. 중국과 미국이 타이완을 두고 벌이는 신경전도 동북아 안보에 대한 중대 위협요소가 되어 가고 있다.

중국의 뇌관 소수민족

홍콩, 타이완은 세계적으로 알려진 중국의 갈등 포인트이지만, 세계적 이슈가 되어있지 않으면서 중국의 지속적인 고민거리가 되어 있는 것이 소수민족 문제이다. 중국이 경제대국, 안보대국으로 성장해 나가는 데 결정적 장애가 될 수 있는 뇌관으로 소수민족 문제가 자리하고 있는 것이다. 그 가운데 가끔 언론에 등장하는 것이 위구르족 문제이다. 중국 북서부 신장위구르 자치구에 사는 사람들이다. 투르크계로 투르크어를 쓰고 이슬람교를 믿는다. 신장의 오아시스 도시들에서 농사와 교역을 하면서 오랫동안 살아온 역사 깊은 민족이다. 그런 그들은 고유의 언어, 문화, 역사, 종교에 대한 애착이 강하다. 그들 대부분은 중국체제 내에서 진정한 자치를 원하고 있다. 하지만 아예 독립해야 한다는 생각을 가진 사람들도 상당히 있는 것으로 전해진다. 위구르인 1,100만 명 가운데 강제수용소(중국당국은 '재교육 캠프'라고 한다)에 갇혀 있거나 갇힌 경험이 있는 사람이 100만 명에 이르고 있다고 하는데,[17] 정확한 숫자는 파악되지 않고 있지만 이들 중 상당수는 독립주의자일 것이다. 실제 2009년에는 위구르인들이 분리, 독립을 요구하며 시위를 벌이다 한족들과 유혈충돌이 발생해 수백 명이 사망하기도 했다. 이후에도 위구르인들은 크고 작은 시위와 공격들을 계속하고 있다.

법률로는 소수민족 자치가 보장되어 있다. 하지만 실제는 많이 다르다. 한족중심주의가 작동하면서 신장新疆의 이권과 일자리가 한족들에게 돌아가고 있는 것이다. 유전개발의 이익 중 위구르인에게 돌아가는 액수는 5%도 안 되고, 국경무역의 이권도 한족들이 차지하고 있다. 위구르인들은 이런 것이 시정되고, 위구르어를 공식언어로 쓸 수 있으며, 고유문화와 전통을 자유롭게 즐길 수 있기를 바란다.

하지만 중국의 대응은 강경하다. 위구르족의 이슬람 정체성을 약화시켜 한족화하려는 정책을 계속하고 있다. 위구르족 문화나 이슬람교 관련 서적을 소지한 사람들, 외국과 연락할 수 있는 휴대전화 앱을 설치한 사람들, 해외 웹사이트를 접속한 사람들을 수용소로 데려갔다. 여기서 위구르 독립이나 공산당 비판 등에 관심을 두지 말라고 교육했다. 중국공산당을 찬양하는 노래를 부르도록 하기도 했다. 규정을 어겼다는 이유로 물고문을 하는 경우도 있었다. 물론 중국은 인정하지 않는다. 교육훈련을 실시하는 것뿐이라고 한다. 하지만 간신히 외국으로 도망쳐 나온 수감자들이 증언을 해왔고, 드론으로 촬영된 수감자들의 모습도 공개된 적이 있다.

네이멍구에 대한 정책도 별반 다르지 않다. 2020년 9월 시작된 새 학기부터 중국어 교육을 강화했다. 초등학교 1학년과 중학교 1학년

---

17 박민희, "사라진 위구르인들…중국판 테러와의 전쟁", 『한겨레』, 2020. 9. 2.

에게 그동안 '중국어' 과목을 몽골어로 가르쳐왔는데, 이 과목의 이름을 '어문'으로 바꾸고 중국어로 가르치도록 했다. 2021년부터는 차츰 '도덕', '법치'(정치), '역사' 등의 과목도 몽골어에서 중국어 수업으로 바꾸기로 했다. 신장위구르자치구에서는 2017년에, 시짱(티베트)자치구에서는 2018년부터 이런 제도를 이미 시행했다. 새로운 교육정책 시행에 반대하며 몽골족 학생 30만 명 정도가 등교·수업 거부를 한동안 계속했다. 항의시위도 했다.[18]

역시 중국당국은 반대하는 사람을 탄압하는 강경대응에 나섰다. 항의시위에 참가한 129명의 얼굴을 위챗에 올려 '이 사람들을 발견하면 공안당국에 신고하라'고 독려했다. 신고한 사람에게는 1,000위안(약 17만원)의 보상금을 주겠다는 내용도 있었다. 소수민족의 항의시위를 일체 숨기는 중국당국이 시위를 스스로 인정하는 꼴이 됐다. 그래서 해당 글은 곧 삭제되었지만, 중국의 새로운 몽골문화 약화정책과 그에 대한 항의 발생은 숨길 수 없는 사실이 되어버렸다. 조선족에 대해서도 비슷한 정책이 실시되고 있는데, 2020년 9월 새 학기부터 한글 설명이 빠진 새로운 한어(중국어) 교재를 사용하도록 했다. 그전까지는 한글 설명이 포함된 옌볜교육출판사 출간 한어 교재를 사용했었는데, 중국인민출판사가 펴낸 중국 통일 교재를 사용하게 한 것이다. 일부 조선족학교는 수학 등 다른 과목교재도 한글 교재 대신 중국어 교재로 바꿔 사용하고 있다. 소수민족에 대한 한화漢化(한족화) 교육이 전반적으로 강화되고 있는 모습이다.

티베트족도 여전히 중국에 복속하지 않고 있다. 1950년 10월 중

---

18 정인환, "'중국어로 수업해라' 중 이번엔 몽골족 문화말살?", 『한겨레』, 2020. 9. 7.

국이 티베트를 점령한 이후 티베트는 지속적으로 봉기했다. 1959년에는 수도 라싸에서 대규모 시위를 일으켜 4만여 명이 사망하는 사태가 발생했고, 이후 1989년, 1993년, 2008년에도 대규모 시위와 유혈사태가 일어났다. 2009년부터 2017년까지만 해도 150여 명이 독립과 종교의 자유를 외치며 분신자살한 것으로 알려져 있다.[19] 티베트인들은 여전히 인도에서 망명정부를 운영하고 있는 달라이 라마 14세Dalai Lama XIV를 정신적 지주로 받들고 있다. 소수민족 문제는 어제오늘의 얘기가 아니면서 또, 오늘내일 종결될 성질의 문제가 아닌 것이다. 민족문제, 종교문제, 차별의 문제가 복합적으로 얽혀 있어 해결도 어렵고 폭발성도 높다.

1949년 중화인민공화국 창설 이후 중국은 꾸준히 소수민족 동화정책을 추진해왔다. 하지만 그들은 그들 고유의 것을 지키며 살 수 있게 해달라고 요구한다. 중국 정부는 그들을 의심한다. 미국과의 경쟁으로 중국의 의심은 깊어진다. '미국이 이들을 자극해 분리독립운동을 격화하려 한다'는 의심이다. 미국과의 경쟁은 더 심해질 것이고, 그럴수록 소수민족에 대한 탄압은 강화될 것이다. 동서고금에 탄압이 오래돼 피압박민족의 분노가 폭발한 사례는 무수히 많다. 중국이 경제에 올인하려면, G2를 넘어서 G1을 지향한다면, 소수민족 문제에 대한 강경일변도 대처는 옳은 방향이 아니다. 그들에 대한 이해의 폭을 확대하고 더 큰 관용으로 소수민족을 대해야 할 것이다. 로마가 융성할 때는 전쟁에서 점령한 나라의 국민들도 받아들여 로마 시민으로 만들었다. 그런 관용과 포용이 로마제국을 가능하게 했

---

19 김정은, "'우리는 자유를 원한다' 티베트 승려 또 분신", 『연합뉴스』, 2017. 12. 1.

다. 중국은 거꾸로 가고 있다. 탄압하고 배척한다. 멀리 보는 정책이 결코 될 수 없다.

위험한 과잉민족주의

방탄소년단의 리더 김남준RM은 2020년 10월 초 뜻밖의 봉변을 당했다. 미국의 코리아소사이어티가 주는 밴플리트상을 받고 시상식에서 한마디 했는데, 중국 누리꾼들이 들고 있어난 것이다. 별 얘기도 아니었다. 한국전쟁에 대해 말하면서 "양국(한국과 미국)이 함께 나눈 고통의 역사, 수많은 희생을 기억하겠다."고 말했을 뿐이다. 한국전쟁 당시 함께 싸운 한국과 미국의 국민으로선 누구나 할 수 있는 얘기다. '함께 힘든 시간 보냈고 희생도 치렀다, 그런 것을 잊지 않겠다.'는 정도의 내용이다. 이를 두고 중국의 누리꾼들이 대거 비난에 나선 것이다.

비틀어 보면 중국인들에게 기분이 좀 나쁠 수는 있었을 것이다. 북한과 함께 한미의 반대편에서 전쟁을 치른 중국 입장에서는 한미가 함께 나눈 고통의 역사, 희생을 기억하겠다는 얘기가 중국·북한이 한미에 고통을 주었다는 얘기로 들릴 수도 있을 것이고, 크게 확대하자면 북중에 맞서 한미가 결속하자라는 의미로 읽힐 수도 있었을 것이다. 하지만 대중문화인이 수상소감으로 말한 것을 그렇게 비틀어서 볼 일인가? 더욱이 관영언론까지 관련기사를 써서 비이성적인 분위기를 부추길 일인가? 이만한 일로 방탄소년단이 모델로 등장하는 한국 기업들에 대한 불매운동까지 거론됐고, 실제 삼성, 현대차, 휠라 등이 방탄소년단 관련 상품에 대한 게시물을 홈페이지와 중국 온라인 쇼핑몰에서 내리기까지 했다.

중국의 이러한 편협한 민족주의 행태는 어제오늘의 일이 아니다. 오죽하면 '애국주의 리스크'라는 말까지 생겼을까. 중국에서 활동하는 외국 기업들은 모두 언제 이 애국주의가 발동돼 불매운동이 일어날지 노심초사하고 있는 것이다. 사드 배치 후 발생한 한한령은 우리에게 중국의 애국주의 리스크가 뭔지 제대로 알 수 있게 해줬다. 나이키도 2020년 6월 일본 디자이너 다카하시 준이 제작한 브랜드 판매를 중단해야 했다. 홍콩 송환법과 관련해 그가 반대 의견을 피력한 뒤 중국 누리꾼들이 불매운동에 나서겠다고 했기 때문이다. 2020년 10월에는 중국 CCTV가 매년 해오는 미국프로농구 개막경기를 취소했다. 대릴 모리Daryl Morey 휴스턴 로키츠 단장이 홍콩 시위를 지지했기 때문이다. 이런 일은 잊을 만하면 한 번씩 계속 일어나고 있다.

왜 이럴까? 과잉민족주의Hyper-nationalism 때문이라고 할 수 있다. 시카고 대학에서 국제정치학을 가르치는 존 미어샤이머John Mearsheimer 교수는 2차 세계대전의 원인을 이 과잉민족주의로 본다. 1차 세계대전에서 독일이 패한 뒤 프랑스는 독일에 엄청난 부담을 안겼다. 물론 파리평화회의를 통한 것이었지만, 프랑스의 주장이 많이 작용했다. 독일은 라인란트Rheinland(라인강 좌안 지역)를 연합국 지배에 맡겨야 했고, 징병제도를 폐지해야 했으며, 군대도 10만 명 이상 가질 수가 없게 되었다. 게다가 310억 달러에 이르는 배상금도 물어야 했다. 독일인들은 프랑스에 이를 갈았다. 철저한 독일민족주의자 아돌프 히틀러Adolf Hitler가 등장하자 독일인들은 그에게 열광했고, 히틀러는 독일의 최고지도자가 되었다. 결국 그는 독일민족주의자들의 지지를 받아 2차 세계대전을 일으켰다. 이 과정에서 작용한 것이 지나친 민족주의, 즉 과잉민족주의라는 것이 미어샤이머의 분석이다. 프랑스가 독일에 지나친 부담을 안긴 것도, 그에 대한 반작용으로 독일에서 민족주의가 심하게 고조된 것도 모두 한마디로 정리하면 과잉민족주의라는 것이다.

중국은 1840년 영국으로부터 아편전쟁에 의한 침략을 당한 이후 오랫동안 국가의 기틀을 제대로 세우지 못하다가 1949년 중화인민공화국을 건설해 민족이 융성하는 계기를 맞았다. 1978년 개혁개방을 통해 실제 경제성장의 길로 들어섰다. 그러면서 민족적 자존심을 회복할 수 있게 되었다. 일본, 한국과 경쟁하면서 민족의식은 더 고조되었고, 지금은 좀 과한 상태가 되었다고 할 수 있다. 문제는 중국의 민족주의가 다른 민족과 공존공영을 추구하는 포용적 민족주의가 아니라 타자를 인정하지 않는 협량한 민족주의라는 것이다. 이런 형태의 민족주의가 자리 잡게 된 데에는 1989년 천안문 사건이 원인으로 작용했다고 할 수 있다. 중국 정부는 당시 1989년 천안문 광장의 민주화 시위를 유혈진압했고, 이후 애국주의 교육을 강화했다. 중국식 사회주의와 함께 자국 중심주의를 가르친 것이다. 세계의 보편적 현상과 인식을 자유롭게 수용하지 못하면서 편협한 교육을 받아온 중국의 젊은이들이 협애한 민족주의 성향을 가지게 된 것이다. 게다가 중국의 인터넷 환경이 외국의 주요 사이트에는 접근할 수 없도록 되어 있고, 정부에 불리한 내용은 방화벽이 쳐져 있기 때문에 주로 중국인들끼리 말하고 중국인들끼리 정보를 주고받도록 되어 있다. 그런 과정에서 좁은 민족주의는 더욱 힘을 얻고 있는 것이다.

이런 모습은 일본과는 대조적이다. 일본은 20년 이상 축소되는 과정을 겪으면서 스스로 위축되어 있고, 그런 분위기 속에서 자신들의 과오를 되도록 감추고 덮으면서 왜곡된 형태로 결속하는 모습이다. 자부심과 자신감이 회복되면서 자기중심성이 심화된 중국과는 완전히 다른 형태인 것이다. 어느 쪽도 동아시아의 공동체 형성과 장기적 평화에 도움이 되지 않는다. 장막을 걷고 밖으로 나와 세상과 소통하면서 보편적 가치를 중시하는 형태로 발전해 가야 할 것이다. 중국도 일본도 그런 개방적인 자세를 가질 때 우리도 운신의 폭이 넓어진다. 좁은 민족주의의 틀 속에 갇힌 양대국 사이의 한국은 움쭉달싹하기 어렵다. 중국, 일본을 덮고 있는 껍데기를 깨기 위해 큰 해머라도 들어야 할 판이다.

4장

한반도 평화의 훼방꾼 일본

1
협량한 일본

남북한 잘 되는 꼴 못 본다

일본의 퇴행적 행보가 어제오늘의 얘기는 아니지만, 우리에 대한 수출규제는 그들의 속내를 너무 적나라하게 보여준 것이었다. 2019년 7월 4일 반도체·디스플레이 등의 생산에 필수적인 품목을 우리나라에 수출하는 것을 규제하기 시작하고, 8월 2일에는 한국을 화이트리스트(수출절차 간소화 국가 리스트)에서 제외시켰다. 그 이유로 우리가 전략물자를 밀반출했다는 의혹을 얘기하기도 했지만, 명백하게 이유를 밝히지도 못했다. 일본의 불만은 우리 대법원이 일제의 강제징용에 대한 배상판결을 내렸다는 것이다. 1965년 한일청구권 협정으로 종결된 문제를 왜 끄집어내 일본기업의 배상을 판결했느냐 하는 것이다. 물론 일본의 억지다. 당시 국가 간 협정이 있었다고 하더라도, 개인의 배상청구권은 국가가 대신 결정할 수 있는 것이 아니기 때문에 개인의 청구권은 여전히 살아 있다는 판결이었고, 이는 국제법에서 통상적으로 인정되는 내용이다. 그런데 일본은 1965년 협정 당시 모든 걸 정리하는 것으로 했으니 지금 다시 얘기하는 것은 잘못이라는 얘기만 계속하고 있다.

일본이 우선 불만을 갖는 부분은 대법원의 판결이지만, 실제 수출규제의 더 깊숙한 원인은 동북아의 역학관계와 관련된 것이다. 2017년이 거의 다 가도록 북한과 미국은 내일이라도 전쟁을 할 것처럼 강한 비난과 험난한 경고를 주고받았다. 그러다 문재인 대통령이 한미연합군사훈련 중단을 제안하고 미국이 수용함으로써 남북한이 대화할 수 있는 기회가 생겼다. 2018년 신년사에서 김정은 위원장이 평창 동계올림픽에 북한 대표단을 파견할 용의가 있음을 표명하고, 남북이 협의 끝에 2월 9일 동계올림픽 개막식에 김영남 최고인민회의 상임위원장, 김정은의 여동생 김여정 등이 참석함으로써 남북한 사이 대화는 본격화되었다. 4월 25일 판문점에서 남북정상회담이 열렸고, 6월 12일에는 싱가포르에서 첫 북미정상회담이 이루어졌다. 9월에는 평양에서 남북정상회담이 열렸고, 2019년 2월에는 하노이에서 북미정상회담이 진행됐으며, 6월에는 판문점에서 역사적인 남북미 정상의 만남이 이루어졌다. 하노이 정상회담에서 결실을 내지는 못했지만 이런 일련의 흐름은 동북아 냉전의 해체에 대한 기대를 불러일으키기에 충분했다.

이러한 동북아 해빙의 조짐을 일본은 어떻게 보고 있었을까? 불안, 초조, 우려의 분위기였을 것이다. 북핵문제가 해결되고 북미관계가 정상화된다면 남북관계도 개선될 것이고, 그렇게 되면 한반도 평화협정과 평화체제가 머지않은 미래가 되고, 남북한은 협력 속에서 공동의 번영을 추구하게 되지 않을까 심히 염려했을 것으로 여겨진다. 과거의 식민지 한반도가 하나가 되면서 커져가는 모습이 일본에게는 반가울 리 없다. 일본은 곧 한국에 대해 수출규제를 실시했고, 화이트리스트에서도 제외했다. 한국을 곤경에 처하게 하고 한반도가 융성하는 것을 방해하는 조치를 취한 것이다.

일본의 이와 같은 행태는 '역내균형전략intra-regional balancing strategy'이라고 이름 붙일 수 있을 것 같다. 공격적 현실주의자 존 미어샤이머가 강조하는 강대국의 전략이 '역외균형전략off-shore balancing strategy'이다. 강대국들은 다른 지역에서 강자가 출연하는 것을 막아 세계적인 영향력을 유지하려 한다는 것이다. 미국은 그래서 태평양 건너 아시아대륙에서 중국이 아시아 패권국으로 부상하는 것을 막으려 한다는 것이다. 일본은 아시아 지역 내부에서 균형전략을 구사하고 있다. 한반도의 통합과 성장을 저지해 아시아지역의 강자로 떠오르는 것을 막고, 일본의 영향력을 유지, 확대하려 하고 있는 것이다. 우리에게 갑작스럽게 수출규제를 가하고 화이트리스트에서 우리를 제외한 것은 그런 인식과 전략에서 온 것이라 할 수 있는 것이다.

그러면서 당시 일본 총리 아베 신조安倍晋三는 북한에게는 조건 없는 정상회담을 제안했다. 남북 사이에 쐐기를 깊게 집어넣으려는 반간의 계책이 아닐 수 없다. 일본은 평창 동계올림픽 당시 한미연합훈련 연기를 반대했다. 문재인 대통령이 중단을 제안하고 트럼프 대통령이 수용하는 과정에서 일본은 나 홀로 반대하고 있었다. 2018년 2월 9일 한일정상회담 자리에서 아베는 "한미군사훈련은 예정대로 진행되어야 한다."고 말했다. 그러자 문재인 대통령이 "이는 우리의 주권의 문제이고 내정에 관한 문제"라고 반박했다.[1] 재한 일본인의 전시대비 훈련도 주장했다. 북핵문제를 해결하는 길은 제재와 압박이 유일하다는 주장도 계속했다.

이런 것들로 미루어 일본의 의도는 너무 분명하다. 한반도의 평화보다는 갈등, 한반도 문제의 해결보다는 남북의 분단을 더 원하고 있는 것이다. 한반도의 해빙뿐만 아니라 한국이 잘되는 것도 못 보

1 길윤형, "평창의 충돌… 일본 깊은 의구심을 품다", 『한겨레』, 2020. 8. 12.

는 게 일본이다. 2020년 7월 유명희 산업통상자원부 통상교섭본부장이 WTO(세계무역기구) 사무총장에 출마했을 때 일본관가에서는 반대분위기가 역력했다. 그런 모습을 일본언론이 전해줬다. 『닛케이신문』은 "유본부장이 당선하면 일본에는 골칫거리厄介가 될 수 있다."고 분석했다.[2] 관가의 분위기를 그렇게 전한 것이다. 일본은 총장 후보 8명중 나이지리아 출신 응고지 오콘조-이웰라Ngozi Okonjo-Iweala 세계백신면역연합GAVI 이사회 의장을 밀었다. 『산케이』가 인용한 일본의 한 외교소식통은 "각료 경험이 없으며 8명 후보 중 수수한 존재"라고 유명희 본부장을 평가절하했다.[3] 한국이 잘 되면 자신에게 불리해진다는 전형적인 제로섬게임 사고방식이다. 이런 인식과 정책 정향을 가진 일본과 안보적으로 중대한 사안을 협력하는 것은 실로 어려운 일이다.

미국의 대북전략도 좌지우지

북한이 이미 핵무기를 만들어 가지고 있지만, 이걸 삶아서 인민들을 먹여 살릴 수는 없는 노릇이다. 인민생활 향상을 수시로 강조해온 김정은으로서는 핵을 활용해 경제를 성장시키는 방안을 강구하지 않을 수 없다. 북한을 설명하는 부분에서 강조했듯 북한은 그래

---

2 정우성, "日언론 '유명희 WTO총장 되면 골치… 나이지리아 민다", 『시사저널』, 2020. 7. 10.

3 김회경, "'각료 경험 없는 수수한 존재' 日, 유명희 본부장 견제 노골화", 『한국일보』, 2020. 7. 10.

서 미국과 협상하려 한다. 무조건 핵을 버리겠다는 것은 물론 아니다. 조건이 맞으면 핵을 버리고 경제성장을 촉진하는 길을 가겠다는 생각이다. 그렇지 않으면 미국과 밀고 당기기를 할 이유가 없다. 핵을 베고 그냥 눌러 살겠다는 생각이라면 핵무기를 조금씩 늘려가면서 미국이 공격 못하게 하고 자력갱생의 삶을 살아가면 된다. 워낙 오랫동안 고난의 행군을 해온 북한 입장에서는 그리 어려운 일도 아니다. 적게 먹고 적게 쓰면서 사는 삶이 '혁명의식 투철한 모범적 삶'이라는 선전도 오랫동안 해온 터이다. 하지만 김정은의 생각은 다르다. 경제를 성장시켜 인민생활을 향상시키겠다는 마인드를 분명하게 가지고 있다. 그게 자신의 정권을 안정적으로 유지할 수 있는 길이기도 하다.

그런데 이런 측면은 보려하지 않고, 스스로의 생각, 스스로의 눈으로만 북한을 보려하는 세력들이 있다. 한국의 보수가 그렇고, 미국의 강경파가 그렇고, 일본의 조야가 그렇다. 물론 일본에도 객관적으로 북한을 보려하는 사람들이 존재하지만 극소수에 불과하다. 정부의 지도자, 언론, 대부분의 시민들이 북한을 부정적으로만 본다. 이들은 '북한 비핵화의 가능성은 없다.'고 믿는다.

존 볼턴 전 백악관 국가안보보좌관의 회고록 『그것이 일어난 방』에도 그런 내용이 여럿 있다. 2018년 6월 북미정상회담 전 미국은 일본과 수시로 협의했다. 볼턴과 야치 쇼타로谷内正太郎 일본 국가안전보장국장이 양측의 협의창구였다. 당시 야치는 북한의 핵무기 보유 의지는 변하지 않는다는 의견을 계속 전했다. 핵협상은 북한의 구체적인 비핵화 조치가 우선 이뤄지는 방식이어야 한다고 강조했다. 2018년 4월 12일 볼턴과 야치가 백악관에서 만났다. 정의용 청와대

안보실장이 볼턴을 만나 남북정상회담과 관련해 논의한 날이다. 야치는 "핵을 갖겠다는 북한의 결심은 확정된 것이어서 이 문제를 평화적으로 해결할 수 있는 마지막 기회가 가까워지고 있다."고 말했다. 북미정상회담에서 북한에 강력하게 요구해 핵을 포기시켜야 한다는 얘기였다. 야치는 부시George W. Bush 행정부 때 시도했던 '행동 대 행동' 원칙도 반대한다고 밝혔다. 북한이 의미 있는 조치를 하기 전에 경제적 이득을 갖도록 해 비핵화를 영원히 지연시킨다는 이유였다. 볼턴은 자신의 생각과 비슷하다는 생각을 했다.

4월 17~18일에는 플로리다 마라라고 리조트에서 아베가 트럼프를 만났다. 북한의 ICBM과 일본에 직접 위협이 되는 중·단거리미사일을 모두 폐기해야 한다고, 또 생화학무기까지도 폐기해야 한다고 역설했다. 아베는 또 북한이 무서워하는 것은 미국의 무력행사와 중국의 원유 차단이라면서 미국이 군사적 압박을 강화해야 한다고 강조했다.

야치는 5월 4일 다시 볼턴을 만났다. 판문점 남북정상회담 직후 다시 만나 한반도 문제를 논의한 것이다. 그 자리에서 야치와 볼턴은 북한의 모든 핵과 탄도미사일, 생물학·화학 무기, 이와 관련한 모든 프로그램을 완전하고 영구적으로 폐기한다는 목표를 공유하는 것으로 합의했다.[4]

싱가포르 북미정상회담을 2주 앞둔 5월 말에도 아베는 트럼프와 통화했는데, 거기서도 "김정은을 믿지 않는다."면서 비핵화와 함께 일본인 납치문제를 언급했고, 오바마보다 훨씬 강하게 나가야 한다

---

4 길윤형, "볼턴-야치의 합의, 핵협상을 파국으로 내몰다", 『한겨레』, 2020. 9. 9.

고 강조했다.

2019년 2월 28일 하노이에서 열린 2차 북미정상회담은 미국의 지나친 요구로 결렬됐다. 미국의 요구는 당시 트럼프가 김정은에게 준 '비핵화 정의의 문서'에 들어 있다. 그 내용이 핵과 미사일, 생화학무기 및 관련 프로그램의 폐기였다. 그런데 그게 야치, 아베가 볼턴, 트럼프에게 전한 내용과 같다. 일본의 생각이 미국의 대북전략을 리드했다고 할 수 있는 것이다. 미국은 한반도의 운명을 결정하는 중대 사안을 한국의 뜻이 아니라 일본의 뜻에 따라 다룬 것이다. 우리가 아무리 '중재자', '운전자'를 외쳐도 미국은 콧방귀도 안 뀐 것이다. '그건 니 생각이고 나는 일본하고 논의할거야.' 식이다.

하노이 북미정상회담 당일인 2019년 2월 28일에도 아베의 신경은 온통 납치자 문제에 가 있었다. 그날 저녁 아베는 전직 외무성 사무차관들과 만찬을 하고 있었다. 식사도 제대로 못하고 북미정상회담 관련 소식을 기다렸다. 그러다 트럼프로부터 전화를 받았다. 트럼프는 "김정은에게 두 번이나 납치 문제를 얘기했다."고 전해줬다. 아베는 그 이후에야 긴장을 풀었다.[5] 아베에게는 노딜이든 스몰딜이든 빅딜이든 관심이 아니었다. 북핵문제를 풀러 간 트럼프에게 엉뚱하게 납치자 문제를 얘기해달라고 요청해두었는데, 그것이 실행되었는지가 중요할 뿐이었다.

두 달 후인 2019년 4월 워싱턴을 방문한 아베는 트럼프의 노딜을 잘한 것으로 평가가면서 트럼프를 회담장을 박차고 나올 수 있는 유일한 대통령이라고 칭송했다. 그러면서 북한에 대한 제재를 유지하

---

5 송창섭, "[하노이 후폭풍]③ 다시 웃는 일본, 울상인 중국", 『시사저널』, 2019. 3. 8.

는 게 중요하고, 시간은 미국편이니 양보하지 말 것을 주문했다. 초지일관 북핵문제는 제재와 압박을 통해서 풀어야 하고, 북한에 대해서는 양보하지 말하야 한다는 입장을 아베는 가지고 있었던 것이다. 이러한 사정에 비추어 보면 북핵문제 해결에서 일본이 할 수 있는 역할이 있는 것인지 의구심이 들지 않을 수 없다. 훼방꾼 그 이상도 이하도 아닌 것이다. 이러한 상황에서 미국이 요구한다고 해서 일본과 군사정보 협력을 위한 한일군사정보호협정GSOMIA을 원래처럼 복원해서 유지해 나가는 것이 의미 있는 것인지, 우리 정서에 맞는 일인지 의심스러울 뿐이다.

북한 선제공격 지향

일본의 우익정권이 북한을 싫어하고, 북한에 대한 적대정책을 지지율 상승에 이용하고 있는 것은 익히 알려진 일이다. 그런데 일본은 여기서 그치지 않고 필요할 때 북한을 선제공격할 수 있는 능력을 확보하는 데에도 주력하고 있다. '적 기지 공격능력'이라는 이름이 붙어 있다. 내용은 북한에 대한 선제공격 능력을 확보한다는 것이다. 관련 흐름을 살펴보자.

일본은 최근 2년 이상 지상 미사일 방어체제 '이지스 어쇼어Aegis Ashore'를 추진해왔었다. 하지만 2020년 6월 24일 국가안전보장회의NSC를 열고 도입계획을 철회하기로 결정했다. 5조원 이상의 천문학적인 비용이 들어가는데다 군비경쟁을 가속화시킨다는 비판을 받아왔다. 게다가 이지스 어쇼어 배치 후보지로 얘기돼오던 아키타현과

야마구치현 주민들이 격렬하게 반대해 왔다. 전쟁이 발발하면 가장 먼저 공격대상이 된다면서 반대한 것이다. 이런 여러 가지 이유 때문에 결국 포기하기로 한 것이다.

이지스 어쇼어를 포기하면서 일본이 바로 도입을 추진하기 시작한 것이 '적 기지 공격능력 보유'이다. 6월 24일 NSC에서 탄도미사일 발사 기지를 직접 공격하는 능력을 보유할 것인지에 대한 검토작업을 결정했다. 이후 자민당과 정부의 움직임은 '적 기지 공격능력 보유'를 기정사실화해 나가는 것이었다. 6월 30일에는 자민당이 '미사일 방위에 관한 검토팀'을 출범시켰다. 핵무기 도입까지 거론한 적 있는 前 방위상 오노데리 이쓰노리小野寺五典가 팀장 역할을 맡았다. 이 팀의 검토를 바탕으로 자민당 정책조정심의회는 8월 4일 "상대국 영역 안에서도 탄도미사일 등을 저지하는 능력을 포함해 억지력을 향상시키기 위해 새로운 대응이 필요하다."는 내용을 정부에 제시했다. 이에 대해 아베 총리는 "국가안전보장회의에서 철저히 논의하겠다. 조언을 받아들여 새로운 방향성을 제시하고 신속히 실행해 갈 생각"이라고 응답했다. 같은 날 고노 다로河野太郎 방위상은 적 기지 공격능력 보유와 관련해 주변국의 이해가 중요하지 않으냐는 기자의 질문에 "중국이 미사일을 증강하는 상황에서 왜 그런 양해가 필요하나?", "우리나라 영토를 방위하는 것인데 왜 한국의 양해가 필요하나?"라고 답했다. 한국과 협의도 없이 북한을 선제공격할 수 있는 방안을 마련하겠다는 얘기였다.

아베는 총리 퇴임을 발표한 뒤 실제 퇴임을 일주일 앞둔 2020년 9월 11일 담화를 발표하고 "안보 환경이 엄혹해지는 가운데 탄도 미사일 등 위협으로부터 일본을 방어하기 위해 새로운 대책을 검토할 필요가 있다."면서 "올해 연말까지는 마땅히 있어야 할 방책을 제시해 일본을 둘러싼 엄중한 안보 환경에 대응해 가기로 한다."고 강조했다. 적기지 공격 능력 확보를 위한 대책을 연말까지는 마련해야 한다고 퇴임 전 재차 강조한 것이다. 9월 16일 아베가 퇴임하고 같은 날 취임한 스가는 당일 새로운 내각을 구성했는데, 신임 방위상에 아베의 친동생 기시 노부오岸信夫를 임명했다. 아베의 친동생이지만 외할아버지 기시 노부스케岸信介 집안에 양자로 들어가 성이 기시가 됐다. 아베는 자신의 친동생이 방위상을 맡도록 해 자신의 뜻을 실현하게 한 것이다. 일본의 외교안보정책을 관장하는 국가안보국장은 기타무라 시게루北村滋가 유임됐는데, 철저한 아베맨이다. 아베의 패밀리로 불리는 사람이다. 친동생과 자신의 심복을 통해 스가 정권에서도 아베의 생각은 실현되고 있다고 할 수 있는 것이다. 이제 일본이 안보전략의 큰 틀인 '국가안보전략'과 그 아래 구체적 계획인 '방위계획대강'을 개정해 '적 기지 공격능력 보유'를 포함하는 것은 단지 시간문제인 것으로 보인다.

일본은 자신들이 추구하고 있는 것의 위험성을 낮추기 위해 '적 기지 공격능력'이라는 용어를 쓰고 있지만, 실제로는 도발적인 내용이다. 적이 미사일을 쏠 위험이 있을 때에는 쏘기 전에 적의 미사일을 공격할 수 있게 하자는 것이다. 쉽게 말하면 적 미사일에 대한 선제타격 가능성을 활짝 열어놓자는 것이다. 물론 일본이 상정하는 적은 북한이다. 중국, 러시아도 될 수 있겠지만, 중국, 러시아를 일본이 선제타격한다는 것은 상상하기 어려운 일이다.

결국은 북한이 미사일을 가지고 일본을 공격할 움직임을 보일 때는 한국과 상의 없이 바로 선제공격할 수 있도록 하겠다는 것이 지금 논의하고 있는 '적 기지 공격능력 보유'의 핵심이다. 북한이 일본을 공격할 움직임을 보일 때를 언제로 볼 것인지 등에 대한 논의도 하고 있는데, 미사일에 연료를 주입할 때 등 다양한 논의가 진행되고 있는 것으로 보인다.

집단적 자위권을 확보한 이후 '이지스 어쇼어'에 이어 '적 기지 공격능력' 등 강경한 안보이슈를 지속적으로 제기하는 일본 정부의 의도는 뻔하다. 우선은 강경정책으로 보수의 결속을 지속시키려는 생각이다. 동북아 국제질서와 관련해서는 미국의 지원 하에 군국주의의 길을 계속 가고, 한국이나 중국이 반발할 만한 이슈도 지속적으로 제기함으로써 이런 문제들에 한국, 중국의 반발을 무뎌지게 만들면서, 자신들의 군사적 영역과 역할을 확대해 나가겠다는 것이다. 종국에는 평화헌법도 바꿔서 군대도 자유롭게 보유하고, 필요할 때 전쟁도 할 수 있는 보통국가가 되겠다는 것이다. 이런 것을 바탕으로 동북아의 강국으로 중국 못지않은 영향력을 확보해보려는 것이라 할 수 있다.

GSOMIA 계속해야 하나?

GSOMIA 얘기는 좀 깊이 다뤄봐야 할 것 같다. GSOMIA는 일본과 군사정보, 주로 북한에 대한 군사정보를 교류하기 위한 협정이다. 특히 북한의 미사일 시험발사가 계속되고 있는 상황에서 양국이 보다 정확한 정보 확보를 위해 맺은 것이다. 우리는 탈북자 정보와 북중접경지역의 인적정보 등에서 앞서고, 일본은 인공위성을 통한 과학정보, 조총련을 통한 정보 등에서 앞선다. 이 둘을 합치면 보다 정확한 정보를 확보할 수 있기 때문에 현실적으로 필요한 협정이다. 게다가 이를 통해 한미일 3국의 정보교류도 가능해 대북정보 파악 능력은 더욱 높아질 수 있다. 이런 목적에서 박근혜 정부 당시인 2016년 11월 체결되었다.

문제는 상대가 일본이라는 것이다. 일본이라는 존재 자체가 우리에게는 매우 미묘하다. 경제적으로 기술적으로 앞서 있는 나라임은 너무 분명하다. 첨단장비를 갖추고 있어 군사적인 능력도 뛰어나다. 문제는 인식이다. 우리와 같은 인식이 아닌 것이다. 국제정치이론 가운데 구성주의constructivism가 주목하는 것도 관념, 즉 생각이다. '국가가 어떤 능력을 갖추고 있느냐.'보다는 '국가가 어떤 생각을 하고 있느냐.'가 중요하다는 것이다. 북한은 지금 핵무기 20~30개 정도를 가지고 있는 것으로 추정된다. 미국은 6천 개가 넘는다. 그런데 우리는 북한을 무서워하고, 미국은 무서워하지 않는다. 왜 그런가? 북한을 적으로, 미국을 친구로 인식하고 있기 때문이다. 국제정치에서 가장 중요한 요소는 힘이라고 여기는 현실주의의 주장을 따른다면 우리는 북한보다 미국을 무서워해야 한다. 핵무기 30개보다는 6천 개가 훨씬 무서우니까. 그런데 그렇지 않다. 힘 자체보다는 우리의 인식이 더 중요한 것이다.

일본은 힘이 있는 나라다. 경제적으로, 군사적으로 힘이 있다. 우리가 중요하게 여기고 협력의 대상으로 삼아야 한다. 그런데 우리는 일본의 생각을 믿지 못한다. 일본이 안보적으로 우리와 협력할 수 있는 나라인가? 첨단장비로 북한 미사일 관련 정보를 더 빨리 더 정확히 파악할 수 있을지 모른다. 그런데 그걸 우리에게 온전히 줄 생각이 있는지는 의문이다. 수출규제를 가하고, 북한에 대해 강경한 입장만을 내세우며, 위안부는 일본 정부나 일본군과 무관한 것이라 주장하고, 동아시아 침략 자체를 부정하는 일본이 북한에 대한 정보를 우리에게 있는 그대로 줄 것이라고 믿는 건 좀 합리성이 떨어진다. 반대로 그들이 가진 정보를 한국에는 되도록 불리하게, 북한은 되도록 악마적으로 보일 수 있도록 활용할 가능성이 더 높다고 보는 게 맞을 것이다. 이런 인식 때문에 2011년 이명박 정부 당시 청와대가 국민들에게 알리지도 않은 채 일본과 GSOMIA를 체결하려 했지만, 막판에 알려지면서 여론이 들고 일어나 체결이 무산된 것이다. 그런 걸 박근혜 정부가 충분한 여론 수렴 없이 무리하게 체결했다.

앞에서도 잠깐 언급했듯이 2019년 7월 4일 일본이 고순도 불화수소 등 전략물자를 한국에 수출하는 것을 규제하기 시작했고, 8월 2일에는 일본이 한국을 화이트리스트에서 제외했다. 전략물자를 수출할 때 수출허가절차를 간소하게 해주는 국가의 리스트가 화이트리스트(안보우호국가 리스트)인데, 여기서 한국을 제외했으니 전략물자 수출을 까다롭게 하겠다는 것이었다. 결정적인 이유는 한국이 일본에서 수입한 불화수소를 북한으로 반출했다고 의심한 것이다. 이에 따라 한국은 8월 22일 GSOMIA 종료 결정을 내리고 일본에 통보했다. 전략물자와 관련해서 한국을 믿지 못하니 우리도 일본과 안보적 협력을 더 이상 할 수 없다는 의사의 표시였다. 실제로 우리가 북한에 불화수소를 반출한 사례는 아직까지 확인되지 않고 있다. 우리 정부도 단호하게 없다고 했다. 그런데도 일본은 북한 반출 의혹을 제기하며 한국을 화이트리스트에서 제외한 것이다. 이후 미국이 다각도로 한국에 압력을 가해 한국은 11월 22일 종료 결정의 효력을 정지시켰다. GSOMIA를 다시 살려낸 것이다. 물론 우리 정부가 결정하면 언제든 효력을 종료시킬 수 있는 것이지만, 일단은 다시 살려 GSOMIA를 유지하기로 한 것이다.

그간의 과정이 이러한데도 GSOMIA를 빨리 완전히 복원시켜야 한다고 생각하고 주장하는 사람들이 있다. 대표적인 사람이 신범철 한국전략연구원 외교안보센터장이다. 2020년 4월 총선에서 미래통합당 후보로 충남 천안갑 선거구에 출마했다 낙선한 인물이다. 그가 아산정책연구원에서 선임연구위원으로 있을 당시 써놓은 글이 있다. 일본의 정보자산이 뛰어나고 한미일 안보협력이 중요하니 GSOMIA 빨리 복원시켜야 한다는 내용이다. 특히 2017년 북한이 ICBM을 시험발사했을 때 탄두가 대기권 재진입 과정에서 해체된 것을 일본이 탐지해낸 것을 예로 들면서 일본의 앞선 능력을 강조한다.[6] 그러니 조속히 GSOMIA 복구시켜서 일본과 정보협력을 해야 한다는 얘기다. 전형적인 현실주의적 사고가 아닐 수 없다. 일본이 능력이 있음을 모르는 사람은 없을 것이다. 한미일 정보협력이 필요함을 느끼지 못하는 사람도 없을 것이다. 그런데 문제는 '일본이 믿을 만한가' 하는 것이다. GSOMIA를 빨리 복원해야 한다고 주장하려면, '일본이 북한을 싫어하고 한국에 대해 규제를 시행하고 역사를 왜곡하고 있지만, 그럼에도 일본은 안보협력의 파트너로 인정할 만큼 믿을 만하다.'라고 말해야 된다. 그리고 그 논거를 분명하게 대야 한다. 그런데 GSOMIA 복원론자들의 주장에는 그런 것이 빠져 있다. 일본은 우리를 의심해도 우리는 일본을 의심하지 말고 안보협력

---

6 신범철, "한일 지소미아 회복이 시급한 이유", 아산정책연구원, 2019. 11. 8.

을 계속하자는 얘기가 된다. 궁색하기 이를 데 없다.

한미일의 정보협력이라는 것도 생각해볼 문제가 많다. 북한의 도발에 대응하는 협력은 얼마든 해야 한다. 기본적으로는 북한과 대화를 통해 문제를 해결해 나가야 하지만 그 과정이 시간이 많이 드는 것이어서 북한의 도발적 행위에 대응하는 자세는 필요할 것이다. 어떤 식이든 국민이 안보에 대해 걱정하는 상황은 막아야 하는 것이 국가의 책임이다. 그런데 미국이 추진하는 한미일 정보협력·안보협력이라는 것이 진정 한국의 안보를 위한 것인지, 장기적으로 한국의 입지를 곤란하게 하는 점은 없는지 따져봐야 할 일이다. 트럼프 행정부는 인도태평양전략으로 중국을 포위하려 하고 있다. 오바마 행정부도 크게 다르지 않았다. 아시아재균형전략을 제시해 동맹국들과의 협력을 강화해 중국을 견제하는 정책을 구사했다. 오바마 대통령까지 나서서 GSOMIA를 체결하도록 한국을 독려한 것은 이 때문이다. 중국의 성장이 계속되고 있는 상황에서, 또 미국이 패권을 잃지 않으려 노력해야 하는 상황에서 나오는 정책이다. 한미일 안보협력은 그런 미국의 아시아전략에 따른 것이다. 결국은 그것이 중국 봉쇄의 하부구조가 되는 것이다. 우리는 미국과도 협력해야 하지만 중국과의 관계도 원만하게 꾸려가야 하는 상황이다. 그런 만큼 중국과 척지는 일은 피해가야 한다. 미국, 일본과 적극적인 협력만이 살길이라는 것은 흘러간 레코드판이 될 수 있다. 이제 미중경쟁의 시대이고, 중국의 패권에도 대비해야 하는 시대이다.

해방 이후 한국과 일본이 화해하지 못하고 갈등을 계속하고 있을 때에도 미국은 한국과 일본을 수교하도록 하기 위해 애를 썼다. 아이젠하워Dwight Eisenhower도 케네디John F. Kennedy도 한국을 독려했다. 직접 한국에 의사표시를 하기도 하고 특사를 보내기도 했다. 1961년 11월 박정희 국가재건최고회의 의장을 워싱턴으로 초대한 케네디는 박정희가 워싱턴을 방문하기 전 일본에 들러 이케다 하야토池田勇人 총리와 회담을 하도록 했다. 한일관계 정상화를 위한 정상회담을 하도록 한 것이다. 실제로 이 회담에서 양국은 한일 청구권 협정의 윤곽을 그리게 되었다. 2차대전 이후 일본을 아시아 자본주의 성장의 중심으로, 한국과 동남아를 그 하부체제로 상정한 미국은 이러한 구조의 원활한 구축을 위해 한일관계 정상화가 필요했다. 그런 구조의 구축을 통해 소련에 대항하는 아시아 자본주의체제를 순조롭게 운영할 수 있었기 때문이다. 지금은 견제의 대상이 소련에서 중국으로 바뀌었다. 중국에 대한 균형balancing을 효과적으로 실행해 아시아에서 미국의 패권을 유지하고, 세계 운영의 주도권을 지속적으로 보유하겠다는 전략이다. GSOMIA 하나만 보면 작은 사안으로 여길 수 있지만, 전체적인 국제정세의 흐름으로 보면 그 속에 미중경쟁과 미국의 아시아전략이 녹아 있는 것이다. 그러니 우리도 일방통행보다는 때로는 가다 멈추기도 하고 필요할 땐 좌회전, 우회전도 하고 그러면서 주변을 긴장시킬 수 있어야 한다. 택시운전수는 되도록 한 차선만 쭉 가면서 안정적으로 운전을 하는 게 좋겠지만, 나라는 그렇지가 않다. 그러면 오히려 '봉'이 되기 십상이다. 주장할 건 주장하고 얘기할 건 얘기해야 한다. '우리가 너희와 무조건 같은 길을 가는 것은 아니다. 우리의 국익을 최대화하는 것이 우리외교의 길이다.'하는 모습을 보여야 하는 것이다. 그게 실제 국익을 확보하는 길이다.

2 동북아 평화 관심 없다

일본의 본심은 '보통국가'

얼마 전까지 일본 총리이던 아베의 원래 생각은 일본이 전후 체제를 완전히 탈피해 보통국가로 나아가야 한다는 것이다. 자신의 저서 『아름다운 나라로美しい国へ』에서 아베는 2차대전 후 평화헌법 체제 속의 일본을 불완전한 국가로 규정하고 평화헌법을 개정해 완전한 국가, 즉 보통국가로 가야 한다고 주장했다. 군대를 못가지고 전쟁을 못하게 해 놓은 평화헌법을 고쳐서 군대도 가지고 전쟁도 할 수 있는 나라가 되어야 한다는 주장이다. 아베는 이런 생각을 바탕으로 2012년 재집권 이후 개헌을 추진했다. 우선 해석개헌을 진행했다. 2014년 7월 임시각의를 열어 헌법에 대한 해석을 수정해 일본이 집단적 자위권(동맹국이 전쟁에 돌입할 때 함께 전쟁을 할 수 있는 권리)을 가지고 있는 것으로 결정한 것이다. 그동안 일본은 평화헌법을 해석함에 있어서 집단적 자위권을 갖지 않는 것으로 해석해왔는데, 이를 수정한 것이다. 이후 실제 평화헌법을 개정하는 작업을 추진했지만, 국내외의 반발이 심화되고, 2019년 7월 참의원 선거에서 여권이 의석의 3분의 2를 확보하는데 실패하면서(245석 중 160석 확보) 개헌의 동력은 좀 떨어져 있는 상태이다.

하지만 여건이 조금이라도 성숙되면 바로 개헌을 추진할 기세다. 아베의 뒤를 이어 총리가 된 스가는 총리로 선출되기 직전부터 개헌

추진 의사를 분명히 했다. "헌법 개정은 자민당의 당시黨是"라고 밝히면서 기회만 되면 개헌을 다시 추진할 생각임을 얘기한 것이다. 다른 총리 후보들과의 TV토론에서는 "헌법에 자위대의 위치를 확실히 넣어야 한다."라고 분명히 말하기도 했다. 자위대를 정식군대로 만들기 위한 헌법개정에 착수할 수 있음을 말한 것이다. 아베 총리 당시 자민당은 전쟁포기를 규정한 헌법 9조 1항과 군대 보유 금지를 명시한 9조 2항을 그대로 둔 채 3항에 자위대 근거 조항을 넣는 방식의 개헌을 추진했었다. 스가는 다시 그런 개헌을 추진할 생각임을 얘기한 것이다. 아베의 아바타라 할 수 있는 스가는 아베가 퇴임하면서 애통하게 생각한 개헌 실패를 한시도 잊기 어려울 것이다. 실제로 스가는 9월 16일 총리로 선출되자마자 "아베 정권이 추진해온 것을 확실히 계승해 앞으로 전진해 가겠다. 그것이 나에게 부여된 사명이다."라고 분명히 말했다. 개헌문제는 언제든 다시 수면위로 올라올 수 있는 상태로 물 바로 아래에서 정세를 예의 주시하고 있는 것이다.

스가가 개헌을 언제든 추진할 수 있다는 인식을 갖고 있는 데에는 미국의 태도가 중요하게 작용하고 있다. 미국은 1951년 9월 샌프란시스코 조약을 통해 동아시아질서를 정리했다. 일본, 한국, 타이완 등의 영토를 정하고 미일동맹을 통해 미국의 동아시아 헤게모니를 계속 유지할 수 있도록 했다. 이를 샌프란시스코 체제라고 부른다. 이 체제에 근본적인 변동을 추진하는 것이 중국이다. 중국이 부상하면서 미일동맹을 통한 미국의 동아시아 헤게모니 유지가 쉽지 않은 상황이 된 것이다. 그래서 미국은 일본과 손잡고 중국 포위에 나서고 있다. 오바마 행정부의 '아시아 재균형 정책', 트럼프 행정부의 인도태평양전략이 모두 그런 목적을 가진 것이다. 미국은 이를 위해 일본의 재무장을 부추기고 있다. 샌프란시스코 체제와 강한 미일동맹의 유지, 일본의 보통국가화는 같은 맥락 속에서 미국과 일본의 협력 하에 진행되고 있는 것이다.

이런 흐름 속에 일본의 대북정책도 결정될 수밖에 없다. 그리고 그것은 북한에 대한 포용정책일 수 없다. 북한을 포용하고 북한과 대화를 하는 것보다는 북한을 동북아의 현상변경세력으로 놓아두는 것이 일본의 군국주의화에는 훨씬 도움이 된다. 북한이 도발하고 문제를 계속 일으키는 가운데 일본은 미일동맹을 강화하고 재무장을 더 활력 있게 진행할 수 있는 것이다. 위험한 나라 북한에 대한 '강력 대응'을 외치면서.

그래서 일본정부는 북한의 도발에 엄청 민감하다. 우리보다 훨씬 민첩하게 대응한다. 단거리미사일 시험발사만 해도 총리가 성명을 내기도 한다. 언론도 우리언론보다 훨씬 열심히 취재한다. 과거 베이징에서 6자회담이 열릴 때에도 북한의 수석대표 김계관 외무성 부상을 밀착 취재하는 건 일본언론이었다. 퀵서비스를 고용해 김계관의 차량을 뒤쫓게 하는 경우도 많았고, 김정일 방중 때는 그가 탄 열차의 행방을 쫓는 것도 일본 언론이었다. '매우 요상한 나라' 북한을 부각시키기 위한 노력이 아닐 수 없다. 북한을 기이한 나라로 만들어 그런 나라에 대응하는 '강력한 일본'에 대한 정당성을 확보하려는 것이라 할 수 있는 것이다. 그렇게 북한은, 그리고 한반도는 일본의 정치와 대외정책에 이용되고 있는 것이다.

국내정치에 매몰된 정치권

스가 정권은 아베 정권의 아들과 같다. 스가 정권을 보려면 아베 정권을 세밀히 보아야 한다. 아베의 정치적 성장과정을 보면, 그가 왜 북한에 강경한 입장인지, 북한과 협상하기보다는 북한 압박에 앞장서는지 쉽게 알 수 있다. 잘 알려져 있는 것처럼 그는 일본 보수정치의 핵심 역할을 해온 명망가 집안 출신이다. 외할아버지가 기시 노부스케岸信介이다. 기시는 일제의 군수차관과 상공대신 등을 지낸 태평양전쟁 A급 전범이었지만 사형을 면하고, 외무상을 거쳐 1957년에는 총리가 되었다. 외할아버지의 동생은 사토 에이사쿠佐藤榮作(기시 노부스케는 사토家 사람이지만 기시家의 양자로 들어가 두 사람의 성이 다르다)이다. 사토는 우정상, 건설상, 재무상을 거쳐 1964년 총리가 되었고, 비핵3원칙(핵무기의 불생산·불반입·불보유)을 천명해 1974년 노벨평화상을 받았다. 친할아버지는 아베 간安倍寬으로 중의원을 지낸 인물이고, 아버지 아베 신타로安倍晋太郎는 외상이었다.

아베는 이러한 일본의 정통 보수 집안에서 성장해 자연스럽게 보수적 이념을 갖게 되었다. 게다가 성격은 고집스럽고 독선적인 면이 있다. 아베의 어머니 기시 요코岸洋子(기시 노부스케의 딸)는 1년의 절반 정도를 남편 아베 신타로의 지역구인 야마구치山口에 내려가 생활했다. 아베는 유모에게 맡겨졌다. 어머니의 애정 결핍 속에서 성장한 것이다. 아버지의 사랑도 받지 못했다. 도쿄대학 법학부 출신의 아버지는 아들도 도쿄대 법학부에 진학할 것을 바랐지만, 아들은 공부를 싫어했다. 그러니 부자 사이가 원만할 리 없었다. 아베는 시험 안 보고 들어가는 세이케이成蹊 대학에 진학했고, 학력 콤플렉스를 갖지 않을 수 없게 되었다. 이런 과정이 고집스럽고 독선적인 성격 형성에 영향을 준 것으로 보인다.

보수적인데다가 독선적인 성격이 대북정책으로 발현된 형태가 완고한 강경정책이다. 2002년 고이즈미 준이치로小泉純一郎 정권 당시 아베는 관방 부장관이었다. 9월 북일정상회담이 평양에서 열렸다. 김정일이 일본인 납치를 인정하면서 평양공동선언까지 나오게 되었다. 납치자 가운데 5명에 대한 일본방문도 합의되었다. 5명의 납치 피해자들이 일본을 방문하자 일본은 이들을 북한에 돌려보내지 않기로 결정한다. 이 결정에 아베가 결정적인 역할을 했다. 그러면서 그의 인기는 급격히 상승했다. 그 덕에 2006년 총리가 되었다. 총리가 되기 직전인 2006년 7월 북한이 미사일 시험발사를 하자 북한에 대한 선제공격 가능성을 얘기하기도 했다.

아베는 우선 역사의식이 국수주의적이다. "2차대전 당시 일본의 전쟁 책임은 아직 학문적으로 정의되지 않고 있으며, 이에 대한 평가는 후세의 역사가에게 맡겨야 한다."는 입장이다. 일본의 침략을 인정하지 않는 것이다. '역사가의 평가' 운운하지만 진심은 침략 부인인 것이고, 따라서 난징대학살이나 종군위안부 등의 문제에 대해서도 일본의 책임을 인정할 수 없다는 입장이다. 실제로 아베는 2005년 일본군위안부 문제를 다룬 프로그램을 방송하지 못하도록 하기 위해 NHK에 압력을 행사한 적이 있다.

2012년 두 번째로 총리가 된 아베는 2013년 야스쿠니 신사를 참배해 한국과 중국, 미국의 반발을 샀다. 첫 번째 총리 재임 중(2006. 9.~2007. 9.)에는 참배하지 않았다. 하버드대의 조셉 나이Joseph Nye교수의 조언에 따른 것이다. 당시 나이는 "일본에서 총리는 야스쿠니를 참배할 권리가 있다. 하지만 그 권리를 행사하지 않는 게 좋다. 야스쿠니에 '간다.', '안 간다' 말을 하지 말라."고 조언을 했다. 그에 따라 아베가 참배를 하지 않은 것이다. 하지만 두 번째 총리가 된지 1주년 되면서 야스쿠니를 참배했고, 주변국의 반발을 산 것이다. 그런 반발 때문에 2014년부터는 매년 직접 참배는 하지 않고 공물을 봉납했다.

경제살리기 차원에서 실시한 양적완화, 재정지출 확대, 과감한 규제완화 등은 일정한 효과를 보기도 했다. 하지만 지나치게 뿌린 돈이 재정에 부담으로 작용하고, 코로나19에 부실하게 대처하면서 일본경제의 분기 성장률은 계속 마이너스를 기록하고 있다. 2019년 3분기 이후 계속 마이너스 성장률을 기록해 2020년 2분기에는 −7.8% 성장률을 나타냈다.

정치적으로는 구시대정치 행태인 파벌정치를 심화했고, 2014년에 신설한 내각 인사국은 관료들에 대한 인사권을 장악해 손타쿠忖度(윗사람 눈치보기)가 관료사회에 만연하게 만들었다. 안보문제에 대한 보수적인 접근은 일본사회 전반을 우경화 분위기로 몰고 갔고, 개혁적이고 역동적인 움직임은 찾아보기 어렵게 만들었다. 아베를 잇는 후임 총리 선출 과정은 다시 살아난 파벌정치의 모습을 적나라하게 보여줬다. 자민당 총재로 선출되면 총리가 되는 것인데, 자민당은 2020년 9월 1일 아베 후임 총재 선출 방안을 논의했다. 결론은 긴급상황에서 하는 방식으로 한다는 것이었다. 자민당 규정은 중·참의원 394명과 당원 394명이 총재를 선출하도록 되어 있다. 다만 긴급상황에서는 국회의원(중·참의원) 총회에 47개 도도부현都道府県의 지부대표(1곳당 3명, 모두 141명)가 추가로 참여해 총재를 선출할 수 있도록 되어 있다. 코로나19에 적극 대응해야 한다는 명분으로 긴급상황에서 하는 간단한 방식을 선택한 것이다. 이 방식으로 하면 국회의원 표가 전체 535표의 74%에 이르러 의원들의 모임인 파벌이 총재선거의 향배를 정할 수 있다.

실제로 자민당 내 7개 파벌은 기민하게 움직였다. 최대파벌 호소다파(98명), 그 다음 파벌인 아소파(54명)가 스가 요시히데菅義偉 관방장관 지지를 선언했다. 다케시타파(54명), 니카이파(47명), 이시하라파(11명)도 곧 스가 지지 대열에 합류했다. 9월 2일 이미 국회의원 70%를 확보해버렸다. 그 바람에 스가 총재, 총리 결정은 하루아침에, 제대로 된 경선도 없이 이루어져 버렸다. 당원들의 의사는 반영될 여지가 없었고, 파벌의 수장들이 총리를 결정한 셈이다. 일본의 언론들도 '막이 오르기도 전에 극이 끝나버렸다.'고 논평할 정도였다. 9월 14일 실시된 실제 선거에서 파벌들의 짬짜미대로 스가는 535표 중 377표를 얻어 자민당 총재에 선출됐고, 이틀 후 국회에서 총리로 선출됐다. 구태정치의 완전한 복원이 아닐 수 없다.

특히 보수적인 인식과 독선적인 사고에 따라 대북강경정책은 아베의 두 번째 집권 이후부터 두드러졌다. 유엔총회연설이나 미국과의 정상회담 등 중요한 자리에서 아베는 북한에 대한 강경입장을 지속적으로 피력했다. 2017년 유엔총회연설에서는 북한과의 "대화를 통한 문제해결 시도는 헛수고였다."면서 "필요한 것은 대화가 아니라 압박"이라고 강조했다. 트럼프 대통령과 만날 기회가 있을 때마다 북한에 대한 강경정책을 주문했고, 납치자문제 해결을 강조했다. 아베의 관심은 북한핵문제를 원만하게 풀어 동북아에 해빙무드가 형성되는 것보다는 납치자문제를 부각시켜 북한을 악마화하고 일본 내 우익을 결속시키는 데 있었다. 그럼으로써 자신의 국내적 기반을 강화할 수 있었기 때문이다. 그런 점에서 보면 북한도, 북한핵도 아베는 국내정치 시각에서 보고 있었던 것이다. 북한의 위협을 강조하고 북한핵의 위험을 부각시켜 자민당과 자신의 지지를 보다 공고하게 하려 한 것이다. 외교정책이 국내정치의 종속변수의 성격을 갖고 있음은 어느 나라에서나 비슷한 사정이지만, 일본의 경우, 특히 아베 정권의 경우 그 정도가 다른 어떤 나라보다 심했던 것이다.

아베는 2020년 8월 28일 총리 퇴임을 발표하는 자리에서도 일본인 납치문제와 러시아와의 평화조약, 평화헌법 개정을 이루지 못해 '창자가 끊어질 듯 괴로운 마음'이라고 말했다. 납치자 문제는 일본이 의혹을 제기하는 모든 이들에 대해 북한이 납치를 인정하고 사과하고 생존자는 돌려달라는 것이다. 북한의 잔인성·비도덕성을 만천하에 드러내고, 일본인들이 원하는 방향으로 인도적 문제를 해결해 인기를 얻겠다는 생각으로 납치자 문제 적극 해결을 추진했던 것이다. 러시아와의 평화조약 체결은 2차대전 이후 러시아의 소유로 넘어간 북방4개섬을 찾아오는 것을 의미하는 것이다. 영토문제를 해결해 역시 일본 우익세력을 만족시키려 했던 것이다. 평화헌법 개정은 잘 알려진 대로 아베가 가장 열성적으로 추진했던 것으로 일본을 공식적으로 군대를 가지고 전쟁을 할 수 있는 국가로 만들려는 것이다. 모두 우익을 철저히 강화하려는 정책들이다. 아베 입장에서는 그토록 '중헌 것'을 해결하지 못하고 나가니 창자가 끊어지는 괴로움을 느낄 만도 했을 것 같다.

이런 흐름은 아베의 후임 스가 총리에게로 그대로 인계되었다. 스가는 2020년 9월 2일 총리 출마선언을 하면서부터 일본인 납치자 문제를 거론했다. 며칠 후에는 한일관계에 대해서도 언급했는데, "한

일청구권협정이 한일관계의 기본이다. 그것에 꼼꼼하게 구속받는 것이 당연하다."라고 밝혔다. 징용 피해자들의 개인 위자료 청구권은 한일청구권협정으로 완전히 없어졌다는 인식을 분명하게 밝힌 것이다. 아베의 인식과 한 치도 차이가 없다. 납치자 문제와 관련해서 스가는 김정은 국무위원장을 조건 없이 만나 문제를 해결해보겠다는 얘기도 했고, 2020년 9월 16일 총리에 취임하면서 연 기자회견에서는 "납치문제는 아베 정권뿐 아니라 이 정권의 가장 중요한 과제"라고 강조했다. 9월 20일 트럼프와 첫 전화정상회담에서도 스가는 인도태평양전략에 대해 트럼프와 인식을 공유하면서 일본인 납치문제의 조기 해결을 위해 강력히 대응하겠다는 입장을 피력하고 트럼프의 지원을 요청했다.

아베 밑에서 오랫동안 관방장관을 지낸 스가는 납치자 문제의 폭발력을 잘 알고 있다. 북한과 관련해 한미일이 공조해서 핵문제를 해결하고 한반도평화를 이뤄내는 문제에 대해서는 관심이 없고, 다만 일본인들이 관심 갖는 납치자 문제만 해결되면 된다는 인식이다. 하긴 스가가 아베와 인연을 맺기 시작한 것이 북한에 대한 제재를 함께 논의하면서부터이니 아베로부터 한발짝 더 나아가기를 기대하는 것 자체가 무리인지도 모른다. 2002년 일본인 납치자 문제가 부각되면서 일본사회에 반북 분위기가 심화됐다. 자민당 총무이던 스가는 이런 분위기에 편승해 북한 선박 만경봉호의 일본 입항을 금지하는 법률 제정을 추진했다. 이를 보고 당시 관방 부장관이던 아베가 연락해 둘은 긴밀한 협력관계를 형성했다. 이를 인연으로 가까워져 2012년 아베가 총리가 됐을 때 스가를 관방장관으로 기용해 임기가 끝날 때까지 함께 갔다. 아베-스가-북한은 그렇게 떼려야 뗄 수 없는 관계 속에 있다. 그러니 스가 총리 체제에서도 북핵문제 해결에서 일본의 진정성 있는 협력을 얻어내기란 요원한 문제가 아닐 수 없다.

왜 납치자 문제에 매달리나

일본이 그토록 매달리는 납치자 문제이니 좀 자세히 살펴볼 필요가 있겠다. 1970~1980년대 북한은 일본인을 납치해 북한으로 데려갔다. 일본에서 납치한 경우도 있고 유럽에서 한 경우도 있다. 상식으론 이해하기 힘든 일이지만 북한은 이런 행동을 가끔 했다. 납치 목적은 간첩 교육이었다. 간첩요원을 일본인에게 맡겨 일본인화한 뒤 일본인을 가장해 남한으로 파견하려 한 것이다. 세계적 냉전상황에서 남북한이 체제경쟁을 심하게 할 때였고, 북한은 이런 문제에 모든 것을 걸다시피 했다. 그러다보니 합리적 사고로는 이해하기 힘든 일을 저지른 것이다. 1983년 아웅산 테러, 1987년 대한항공 여객기 폭파 등도 비슷한 맥락에서 저질러진 비이성적 행위라고 할 수밖에 없을 것이다.

어쨌든 그런 목적으로 일본인을 납치했는데, 이 문제가 아직 해결점을 찾지 못하고 북한과 일본 사이 핵심적 충돌지점이 되고 있는 것이다. 문제가 해결되려면 기본적인 출발점이 비슷해야 하는데, 그것부터 완전히 다르다. 몇 명을 납치했는지, 살아 있는 사람은 몇 명인지 등 기초적인 자료가 다른 것이다. 2002년 9월 고이즈미 준이치로小泉純一郎 일본총리가 평양을 방문해 김정일 국방위원장과 북일정상회담을 열면서 해결에 대한 기대를 높였다. 그 전까지 북한은 납치 자체를 인정하지 않았다. 하지만 양국 간 첫 정상회담 과정에서 김정일이 이를 인정했다. "특수기관 일부의 망동주의자가 영웅주의로 달려 이런 일을 했다."는 것이 김정일의 말이었다. 그러면서 두 정상은 북일평양선언을 발표할 수 있었다. 식민지배에 대한 사죄, 국교정상화를 위한 노력, 북핵문제 해결 노력, 납치자 문제 해결을 위한 노력 등을 포함한 전향적인 내용이었다. 하지만 곧 이어진 구체적 논의에서 문제는 바로 발생했다. 북한이 기초적인 사실관계를 밝혔는데, '13명을 납치했고 그 중 8명은 사망했으며 5명이 살아 있다.'는 것이었다. 일본이 파악하고 있는 내용과는 완전히 다른 것이었다. 일본은 납치자가 17명이며, 생존자도 북한이 밝힌 사람 외에 더 있다고 보고 있었다. 더욱이 북한이 사망자 2명의 유골을 일본으로 보냈는데, 그 가운데 하나가 DNA 감정결과 본인의 것이 아닌 것으로 드러났다. 나머지 1명의 유골 가운데 일부도 본인 것이 아닌 것으로 나타났다. 그러면서 일본은 북한의 얘기를 더욱 믿지 않게 됐다.

그 와중에 북한과 일본은 북한에 생존하고 있는 납치자 5명의 일본 방문에 합의해 2002년 10월 일본방문이 이뤄졌다. 잠시 방문하고 다시 북한으로 돌아가기로 했다. 하지만 일본은 이들을 돌려보내지 않았다. 당시 이 일을 주도한 사람이 아베 신조 관방 부장관이다. 김정일이 납치를 인정하면서 일본 내 반북감정은 매우 고조되어 있는 상태에서 북한과 약속을 깨고 일본인 납치자를 일본에서 보호하겠다라고 하면 인기가 높아지겠다는 생각을 아베는 한 것이다. 그의 전략대로 이 조치는 아베를 단번에 최고인기 정치인으로 만들어줬다. 이후에도 아베는 대북강경 입장과 위안부, 역사왜곡, 신사참배

등의 문제에 극우적 태도를 견지하면서 지지도를 올려 2006년 9월 총리가 되었다. 건강문제로 총리직에서 물러났다가 2012년 12월 다시 총리가 되었고, 2020년 9월 물러났다. 납치자 문제로 총리가 되고 극우적 태도로 8년 이상 총리직을 유지한 것이다. 아베의 정치역정에 납치자 문제는 매우 중요한 위치를 차지하고 있는 것이다.

아무튼 2002년 아베 정치에서 납치자 문제는 떼려야 뗄 수 없는 주요이슈가 되었는데, 아베는 2006년 9월 총리가 돼 납치문제담당상이라는 장관자리를 새로 만들어 이 문제를 다루도록 했다. 아베가 두 번째 총리가 된 직후인 2013년 1월에는 납치문제를 정부 전체가 나서서 해결해 나가기 위해 납치문제대책본부를 만들어 총리가 직접 본본장을 맡았다. 납치문제담당상, 관방장관, 외무상이 부본부장을 맡고, 나머지 모든 장관들이 본부에 포함되도록 했다. 모든 장관이 납치문제 해결에 매진한다는 의미였다. 아베를 이은 스가 정권도 이 체제를 그대로 유지하면서 납치자 문제 해결을 위해서는 김정은과도 조건 없이 직접 마주 앉겠다는 입장을 밝힐 만큼 납치자 문제를 주요현안으로 삼고 있다.

그렇다면 일본은 왜 이렇게 납치자 문제에 목을 맬까? 첫째는 정치인의 인기몰이에 도움이 되기 때문이다. 북한에 의해 납치된 인권피해자를 부각시키고 이를 해결하겠다고 나서면 스포트라이트를 받을 수밖에 없다. 중학생 때 납치된 사람도 있어서 이런 부분을 강조하면서 이 문제를 꼭 해결하겠다고 외치면 국민의 관심을 사는 데 도움이 되니 정치인들은 이 문제를 계속 부각시키는 것이다. 둘째, 북한을 악마화하는데 크게 기여한다는 것이다. 일본은 되도록 북한을 '나쁜 존재' '비정상적인 나라'로 인식시키려 한다. 그래서 일본

언론이 세계에서 북한문제를 제일 열심히 취재하고 있는 것이다. 특히 북한의 특이 동향, 잔인한 면, 비정상적인 면을 부각시키는 보도에 열을 올린다. 납치자 문제는 북한을 잔인하고 요상한 나라로 세계에 인식시키는 데 더 없이 좋은 소재이다. 그러니 일본은 G7정상회담, 유엔총회, 개별정상회담 등에서 수시로 이 문제를 꺼낸다. 얘기하면 할수록 북한을 악마로 만드는데 도움이 되니 일본으로서는 신나게 얘기하는 것이다.

셋째는 일본의 피해자 코스프레이다. 일본은 20세기 초 동아시아 전체를 집어삼키려 했던 게걸스런 침략자였다. 2차대전의 전범국이기도 하다. 그러면서도 독일과 같은 진정성 있는 사과는 하지 않고 있다. 그래서 국제사회가 보는 일본은 독일과는 완전히 다르다. 일본은 유엔 안전보장이사회 상임이사국이 되려는 욕심을 가지고 있지만, 이를 말리고 반대하는 나라도 아주 많은 게 현실이다. 성찰이 없는 침략국, 전범국이기 때문이다. 그런데 납치자 문제는 이 상황을 완전히 뒤집어 일본은 피해자로 인식시키기 좋은 이슈이다. '북한이 반인권적 만행을 저질렀고, 그 피해를 우리가 고스란히 당했다.'고 말할 수 있는 것이다. 가해자를 피해자로 둔갑시킬 수 있는 소재로 보고 있는 것이다. 그래서 일본은 이 문제를 유엔인권이사회 등 인권을 다루는 기구에 지속적으로 제기하고 있다.

이러한 여러 가지 이유로 납치자 문제는 스가 정권에서도 지속적으로 이슈가 될 것이다. 스가뿐만 아니라 고위관료들이 돌아가면서 기회가 되는 대로 문제를 제기할 것이다. 납치자 문제에 이런 큰 정치적 무게를 집어넣어 놓은 만큼 일본이 진정 이 문제 해결을 원하는 것인지도 잘 모르겠다. 일본은 이 문제가 해결되는 것을 원치 않고, 계속 문제 제기를 하면서 북한을 압박하고 국제사회에 북한을 부정적으로 인식시키는데 더 힘을 쓸 수도 있다. 그래서 북일관계는 여전히 긴 터널 속이다. 북미·남북관계가 경색인 상황에서 북일관계가 진전이 된다면 동북아질서 변화에 일정한 동력이 될 수 있을 것 같은데, 그런 기대를 하기가 어려운 상황이다. 오히려 남북관계, 북미관계가 진전이 되는 상황에서도 북일관계는 마지막까지 빙하지대에 남아있을 공산이 더 크다. 임진왜란, 구한말, 현대를 거쳐 오면서 일본이 우리에게 부담, 장애, 벽이 아닌 적이 없다. 산을 깎아 만든 좁은 도로에 산사태로 내려와 있는 엄청난 바위덩이 같다. 언제나 우리는 이 큰 바위덩이를 천 길 낭떠러지 아래로 밀어내 버릴 수 있을까?

반성은 뒷전 거짓말까지

일본을 비판하는 것은 이제 공허한 일이라고 할 만큼 일본은 비판에 무감각하다. 침략의 역사를 아예 인정하지 않고, 역사를 왜곡하는 것을 일삼아오다 보니 일본인들은 집단최면에라도 걸린 것 같다. 동아시아 침략 없었다, 난징대학살도 없었다, 강제징용·위안부도 강제성이 없었다, 이런 식으로 모든 것을 부정한다. 불리한 역사는 보지 않기로 하고 역사를 자신들이 유리한 쪽으로 편집해서 머릿속에 집어넣고 이를 세계에 주장까지 하고 있다. 그렇게 왜곡하면서 반성과는 담쌓고 지내온 것이 2차대전 이후의 일본의 역정이다.

그런데 여기서 더 나아가 약속을 어기고 거짓말까지 서슴지 않고 있다. 2013년 일본은 하시마端島(일명 군함도)를 포함한 메이지 시대 산업혁명 유산에 대해 유네스코 세계문화유산 등재 신청을 했다. 군함도는 한국인을 강제동원해 석탄 채취 강제노역에 종사하게 한 곳으로, 이곳에서 수많은 한국인들이 심한 차별대우를 받으며 힘든 노동에 시달렸고 사망한 한국인만 해도 100명이 넘는다. 그래서 2013년 당시 한국은 군함도를 포함한 메이지 시대의 산업혁명 유산에 대한 유네스코 세계문화유산 등재 신청을 강력 반대했다. 그러자 일본은 한국인 강제 노역을 인정하면서 그런 내용을 포함한 인포메이션센터를 설립하겠다고 약속했다. 그 바람에 유네스코 세계문화유산에 등재할 수 있게 됐다.

2017년 일본은 유네스코 세계유산위원회에 관련 보고서를 제출했는데, '강제노역'관련 내용은 없었다. 약속을 어긴 것이다. 2019년 제2차 보고서도 다를 바 없었다. 한국인에 대한 강제노역 인정이나 희생자 위로 등과 관련한 조치는 포함되지 않은 것이다. 보고서 작성을 '산업유산국민회의'라는 단체에 맡겼는데, 이 단체는 역사를 왜곡하기 위한 조사를 해온 일본정부 대변인과 같은 기관이다. 그런 곳에 보고서를 맡겼으니 제대로 해보겠다는 의지는 당초 없었던 것이다. 이에 대해 유네스코는 일본의 약속을 거론하면서 등재된 시설의 전체 역사를 알 수 있도록 하라고 권고했다.

하지만 일본은 움직이지 않았다. 2020년 6월 15일 도쿄 신주쿠에 산업유산정보센터를 열었는데, 여기 전시된 것들이 온통 역사를 왜곡하는 내용이다. 강제노역도, 가혹한 노동여건도 부정하는 것들이다. "탄광 노동자 중 학대받은 사람은 없다.", "채찍으로 때리는 게 가능하겠느냐?"는 내용의 증언들만 모아 전시하고 있다. 이 센터 운영도 산업유산국민회의가 맡고 있다. 더욱이 센터장은 아베 전 총리의 오랜 친구 가토 고코加藤康子이다. 아베의 측근인 가토 가쓰노부加藤勝信 관방장관의 처형이기도 한 그는 아베와 역사수정주의를 공유하는 인물로 잘 알려져 있다. 그러고도 일본정부는 세계유산위원회의 권고를 진지하게 받아들이고 약속한 조치를 성실히 이행했다고 밝혔다. 권고를 어떻게 수용했다는 것인지, 약속을 어떻게 이행한 것인지 알 수 없다. 명백한 거짓말이 아닐 수 없다. 역사를 왜곡하고, 반성을 거부하면서, 이제 거짓말도 서슴지 않고 있는 것이다.

일본은 독일과 많이 비교되고 있는데, 역사유산을 대하는 것도 명확하게 대조되는 모습이다. 2001년 독일 에센에 있는 졸페라인 탄광도 유네스코 세계유산으로 등재됐다. 군함도와 유사한 역사를 가진 탄광이다. 독일은 나치의 전쟁포로, 유대인, 폴란드인, 프랑스인 등에 대한 강제동원을 그대로 인정하고, 이를 전시를 통해 보여주고 있다. 역사는 있는 그대로를 보여주는 것이 우선이고, 잘못된 역사도 그것대로 보여주어야 진정한 반성이 되고 후세에 대한 교육도 될 수 있다는 인식이 깔려 있는 모습이 아닐 수 없다. 일본은 영원히 이런 태도를 가질 수 없는 것인가? 물론 기대하기 어렵다. 우리가 2017년 위안부 관련 기록물을 유네스코 세계기록유산으로 등재하려 할 때 일본은 필사적으로 막았다. 유네스코 분담금 지급을 유예하겠다, 심지어는 유네스코 자체를 탈퇴하겠다 협박까지 했다. 미국이 이미 탈퇴를 선언한 마당에 일본까지 탈퇴하면 기구 자체의 존립이 위기에 처하게 되는 유네스코는 일본의 얘기를 들어주지 않을 수 없었다. 이런 행태로 보아 일본에 독일의 성숙함을 기대하긴 어려울 것 같다.

그렇다고 군함도 왜곡을 그냥 보고만 있으면 안 될 것이다. 유네스코 세계유산 등재 취소를 추진해야 할 것이다. 쉬운 일은 아니다. 취소된 경우는 지금까지 두 번밖에 없다. 오만의 '오릭스 보호구역'은 이 지역에 유전이 개발되면서 훼손돼 지정이 취소됐다. 독일 드레스덴의 '엘베강 협곡'은 교량 건설로 경관이 훼손돼 지정 취소 조치되었다. '세계유산조약이행을 위한 작업지침'에도 지정 취소는 '그 특징이 상실될 정도로 망가진 경우'와 '유네스코가 요구한 유산의 보호 관련 개선조처가 이뤄지지 않은 경우'로 한정해 놓고 있다. 세계유산위원회 회원국 3분의 2의 찬성을 확보해야 하는 일이기도 하다. 하지만 명백한 잘못을 그냥 넘기는 것은 또 다른 잘못을 부를 수 있다. '유네스코가 요구한 유산의 보호 관련 개선조처가 이뤄지지 않은 경우'는 주로 유산의 물리적 상태의 개선을 제대로 하지 않은 경우를 말하는 것이지만, 일본처럼 유산의 의미와 내용에 대한 것으로 확대해석할 수도 있어 보인다. 규정이라는 것이 해석하기 나름이다. 사례에 딱 맞는 규정이 없을 때는 규정을 적극적으로 해석하기도 한다. 그리고 지정 취소 요구는 일본의 비열한 속성을 다시 국제사회에 알리는 좋은 기회도 된다. 일본에게는 관용보다는 '이에는 이 눈에는 눈'의 원시적 룰이 먼저 적용되어야 할 것 같다.

3 언제나 서구 지향

인도태평양전략도 일본이 시작

트럼프 행정부에서 만든 아시아전략이 인도태평양전략이다. 바이든 행정부가 새로운 전략을 추진하겠지만 큰 틀에서는 차이가 없을 것으로 보인다. 인도태평양전략은 미국과 일본, 호주, 인도를 연결하는 민주주의·시장경제 벨트를 형성해 중국을 견제·봉쇄하겠다는 전략이다. 가장 중요한 봉쇄선은 이들 국가들로 구성하고, 이를 받쳐주는 후방전선으로 한국, 타이완, 베트남을 연결하는 라인을 상정하고 있다. 미국은 이러한 전략으로 아시아의 동맹국과 우호국을 묶어 중국의 경제적·군사적·정치적 성장을 저지하겠다는 생각을 가지고 있다. 일종의 역외균형off-shore balancing이다. 미국이 미주대륙의 바깥(역외)인 아시아에서 패권국 등장을 막아 미국 중심의 세계운영을 지속하려 하고 있는 것이다.

인도태평양전략이 미국의 아시아정책으로 자리를 잡았지만, 당초에는 일본 총리 아베가 먼저 제안한 것이다. 2016년 아베는 케냐에서 열린 아프리카개발회의 기조연설을 통해 '자유롭고 열린 인도태평양전략'을 제시했다. 태평양에서 페르시아만에 이르는 광대한 지역을 자유와 법의 지배, 시장경제를 중시하면서, 무역과 해양안보상의 협력도 추진하는 공간으로 만들어가자는 제안이었다. 이것을 2017년 11월 아시아 순방길에 트럼프가 받아서 강조했고, 12월에는 미국의 '국가안보전략NSS'에 중국의 위협을 견제하는 주요방안으로 포함되었다. 아베가 제안한 것이 미국의 아시아정책으로 정착한 것이다.

전통적으로 일본에서 태평양은 상업적 활동의 공간으로 인식되어 왔다. 한반도를 교두보로 하는 대륙이 정치적·군사적 이익을 확보할 수 있는 공간으로 인식된 반면, 태평양은 일본 무역의 중심영역으로 생각된 것이다. 19세기 말까지 태평양 중심의 상업세력이 일본의 주력이었다면, 20세기 들어 일본의 주력은 대륙진출세력으로 바뀌었다. 한반도와 만주 점령은 그런 세력이 득세하면서 이루어진 것이다. 2차대전이 끝나고 일본이 경제성장에 진력하면서 태평양은 다시 국제교류의 중심이 되었다. 미국과 캐나다, 호주, 뉴질랜드 등 선진 자본주의 경제권 사이 교역에 일본도 합류하면서 일본에게 태평양은 경제성장의 동력을 제공하는 장이 되었다. 그 연장선상에서 일본은 태평양에 인도양을 연결해 일본의 성장을 위한 세계교역의 거대한 공간 마련을 위한 방안으로 인도태평양정책을 구상, 제시한 것이다.

이처럼 일본의 생각은 자본주의 세력의 연대를 추진하는 방안으로 인도태평양전략을 제시하면서도 중국과의 협력도 추진하는 것이었다. 중국의 개방성과 투명성 등을 촉구하면서 중국의 일대일로 전략과의 접점도 찾아보려 한 것이다. 2018년 12월에 나온 '방위계획대강'은 '다층적·다각적 안보협력 강화와 해양질서의 안정을 강조하고 있는데, 이는 중국과의 협력을 염두에 둔 것이라 할 수 있다. 중국의 정치적·군사적 성장은 견제하면서 중국과 경제적 협력은 지속하겠다는 것이 일본의 구상이다.

반면에 미국의 인도태평양전략은 중국을 전략적 경쟁자strategic

competitor로 규정하고 중국을 포위해 경제적·정치적·군사적 성장을 저지하려 하는 것이다. 일본의 정책이 미국의 것이 되면서 훨씬 강하고 전면적인 것이 되었다. 일본이 생각하는 중국과 미국이 생각하는 중국이 확연히 다름을 말해주는 것이기도 하다. 실제 일본은 19세기 이후 강한 나라에 강력하게 맞서기보다는 강한 나라 쪽에 붙는 편승전략bandwagoning strategy을 추진해왔다. 영국이 강했던 19세기에는 영일동맹을 맺고 영국의 세계전략에 협력하면서 동아시아에서 세력확장을 꾀했다. 2차대전 이후 미국의 세기가 되자 미일동맹을 체결하고 이를 바탕으로 중국과 동아시아의 주도권 다툼을 계속했다. 이제 미국이 패권이 약해지는 상황이고, 중국의 힘은 점점 커져가는 상황이다. 중국과 손을 잡아야 하는지를 일본은 고민하고 있는지도 모른다. 그러니 미국의 인도태평양전략에 협력하면서도 중국과의 경제협력의 공간은 잃지 않으려 하고 있는 것이다.

이렇게 일본은 미국과 협력하면서 중국에 대한 봉쇄에 가담하고 있다. 아베의 뒤를 이은 스가도 인도태평양전략, 미일동맹 기축 등의 정책을 그대로 이어가겠다고 공식적으로 밝혔다. 그러면서도 중국에 대해서는 일정부분 헷징전략hedging strategy(위험회피전략)을 구사하고 있다. 그런데 주목할 것은 일본이 이러한 외교전략을 추진하면서 한국은 핵심협력대상에서 제외하고 있다는 것이다. 인도태평양전략을 추진함에 있어서 우선협력대상은 미국, 호주, 인도 등을 상정하고 있고, 그 다음 협력대상으로는 아세안국가들을 거론하고 있다. 한국은 그 다음 순서로 얘기하고 있는 정도이다.[7] '한국무시Korea passing'가 아닐 수 없다.

---

7 노지원, "인도태평양에 꽂힌 아베의 시선 '한국은 없다'", 『한겨레』, 2019. 8. 15.

일본인의 정서가 '한국무시'이겠지만, 일본이라는 국가가 추진하는 정책도 이렇게 '한국무시'를 노골적으로 드러내고 있는 것이다.

식스 아이스Six Eyes로 서구와 일체 추진

탈아입구론脫亞入歐論이란 게 있었다. 근대 일본의 계몽사상가 후쿠자와 유키치福澤諭吉가 주장한 것으로, 아시아를 벗어나 서구로 들어가야 한다는 내용이었다. 후쿠자와는 일본이 철저하게 자본주의를 실행하고 부국강병을 이뤄 '동방의 나쁜 친구들'인 청나라와 조선을 버리고 서구와 함께하는 국가가 되어야 한다고 주장했다. 이러한 주장은 일본의 동아시아 국가들에 대한 제국주의적 침략과 지배를 정당화는 논리의 바탕을 이뤘다.

현대판 탈아입구론이라 할 만한 것이 '식스 아이스Six Eyes'이다. 앵글로색슨계 국가들인 미국과 영국, 캐나다, 호주, 뉴질랜드가 모여 글로벌 정보협력체를 구성했는데, '파이브 아이스Five Eyes'라는 이름이 붙어있다. 2차 세계대전 당시의 암호해독 협력체계를 기초로 해서 만들어졌는데, 인공위성과 인터넷 등 다양한 수단을 활용해 수집한 정보를 이들 나라들끼리 종합, 분석해 공유하는 체제이다. 정보선진국인 이스라엘이나 프랑스, 독일도 여기에 끼지 못하고 있다. 2013년 美중앙정보국CIA에서 컴퓨터 전문가로 일하던 에드워드 스노든Edward Snowden이 폭로한 전화, 이메일, 팩스, 항공기·함정 전파 등에 대한 도청 시스템 에셜론Echelon도 이 '파이브 아이스' 체제에 들어가 있는 것이다.

이런 폐쇄적 정보협력체제에 일본은 계속 문을 두드리고 있다. '파이브 아이스'에 일본을 포함해 '식스 아이스'를 만들자는 것이다. 근대 일본이 아시아를 버리고 서구로 가려던 시도의 복제판이 아닐 수 없다. 일본의 지속적인 노크가 최근에는 앵글로색슨 국가들의 응답을 받는 상황이다. 2020년 7월 일본 방위상 고노 다로河野太郎와 영국 외교안보위원회 위원단 사이 화상회의가 열렸다. 그 자리에서 영국 측이 '파이브 아이스'에 일본을 포함하는 안을 얘기했다. 물론 고노는 이를 환영했다. 그동안 일본의 지속적인 구애가 어느 정도 결실을 맺어 가는 양상이다. 물론 미국, 캐나다, 호주, 뉴질랜드의 동의가 있어야 되겠지만, 영국이 그 정도로 얘기했다는 것은 '파이브 아이스' 내에서 일본을 포함하는 안에 대해 아주 큰 반대는 없다는 것을 시사하고 있다고 할 수 있다. 실제 2020년 8월 초 모테기 도시미쓰茂木敏充 일본 외상이 영국을 방문했을 때에는 '파이브 아이스' + 일본, 즉 '식스 아이스' 구성 방안에 대해 논의했다.

일본은 '식스 아이스'를 통해 서구세계, 그중에서도 앵글로색슨 국가들과 한 몸이 되려 하고 있다. 그들과 신경을 공유하면서 중국을 봉쇄하고 동아시아에서 영향력을 지속적으로 확대하려 하고 있다. 장기적으로는 '식스 아이스' 정보협력체제를 바탕으로 우주개발, 바이러스 공동대처, 희소자원 공동개발, 디지털머니 등에 대한 협력도 추구할 것으로 보인다. 서구와 손잡고 동아시아에서 다른 국가들에 대한 지배력을 확대하려던 근대 당시의 시도와 그 지향점이 다르지 않다.

이를 아는 중국은 '식스 아이스'에 대해 절대반대 입장을 분명히 하고 있다. 중국의 관영매체인 환구시보는 일본의 '파이브 아이스' 가입 시도에 대해 "미국이 중국을 상대로 펼치는 소위 '신냉전'의 선봉이 되겠다는 의미"라고 평가하면서 "중국인들은 절대 일본의 그런 행동을 허용하지 않을 것"이라고 강조하기도 했다.[8] 중국 입장에서는 아편전쟁을 일으킨 영국을 시작으로 서구의 침략이 본격화되고, 곧 일본까지 침략에 합세했던 근대의 역사를 떠올리지 않을 수 없을 것이다.

우리도 별반 다르지 않다. 일본이 군비를 강화하고 앵글로색슨계와 폐쇄적 정보협력을 강화하고, 이를 바탕으로 중국에 대한 압박을 강화하는 것은 과거 일본의 군국주의를 떠올리게 한다. 서구제국의 개항 압력을 받고 그걸 그대로 조선에 적용했던 일본이다. 이후 부국강병을 실현하면서 조선을 아예 집어삼켰던 일본이다. 군사력을 강화하는 일본, 군사력에 정보력까지 훨씬 강화하는 일본, 아무리 경계해도 지나침이 없을 것이다.

그래도 미국은 일본편

일본의 인식과 대외정책이 저급하기 이를 데 없고, 국제사회의 요구에 한참 못 미치지만, 미국은 아랑곳하지 않고 일본은 지원한다. '닥치고 일본'이다. 암암리에 지원하는 것도 아니다. 이제는 노골적으로 일본 편들기를 한다. 오바마 행정부는 2014년 아베가 마음먹고 추

8 박수찬, "'中 때리기' 앞장선 파이브 아이스, 식스 아이스로 확대?", 『조선일보』, 2020. 8. 1.

진하던 일본의 집단적 자위권을 그대로 인정해줬다. 국무부가 "일본은 필요하다고 여겨지는 방식으로 집단자위권을 행사할 모든 권리를 갖고 있다."는 입장 발표로 일본의 정책을 지지해준 것이다.[9] 일본의 집단적 자위권은 우리의 안보와 직결된 문제이다. 미국이 군사행동을 할 때 미국편에 서서 일본이 군사행동을 함께 할 수 있다는 것이 집단적 자위권인데, 이를 인정하면 미국이 북한을 공격하는 경우 일본이 함께 공격할 수 있는 것이다. 결국 일본이 북한을 공격할 수 있게 하는 것이다. 그래서 우리가 일본의 집단적 자위권에 반대한 것이다. 그럼에도 미국이 이를 지지해준 것인데, 이는 미국이 일방적으로 결정할 일이 아니다. 우리와 논의해야 하는 주요안보의제인 것이다. 더욱이 한미동맹의 가치를 중시하는 미국 아닌가? 동맹을 원활하게 운영할 생각이 있다면 당연히 논의해야 하는 것이다. 동맹의 상대국 한국이 반대하면 하지 말아야 할 일이다. 그런데도 미국은 우리와 상의하지 않은 채 서슴없이 일본편에 섰다.

센카쿠尖閣(댜오위다오釣魚島) 분쟁 관련해서도 마찬가지다. 중국과 일본이 첨예하게 대립하고 있는 센카쿠에 대해 미국은 미일안보조약 5조의 적용 범위에 들어간다는 입장을 여러 차례 공식화했다.[10] 센카쿠 분쟁에서 일본의 입장을 분명히 두둔한 것이다.

트럼프 행정부도 물론 같은 입장이었다. 우리가 일본의 수출규제를 WTO에 제소해 놓았는데도 미국은 WTO분쟁지구 회의에서 '안

---

9 박현, "미국, 일본의 '집단자위권 행사' 지지, 왜?", 『한겨레』, 2014. 7. 1.

10 김용수·조준형, "미일 정상, '센카쿠 안보조약 적용 대상' 확인", 『연합뉴스』, 2014. 4. 24.

보조치는 WTO 심리대상이 될 수 없다'는 입장을 밝혔다.[11] 일본이 2019년 7월 반도체·디스플레이 3대소재인 고순도 불화수소와 포토레지스트, 플루오린 폴리아미드에 대해 수출규제를 하면서 내세운 이유가 '안보'였다. 이것이 북한으로 흘러들어간다는 얘기였다. 물론 근거 없는 얘기였지만. 그런데 미국은 안보적 이유로 수출규제하는 것은 각국이 알아서 판단할 일이고 WTO가 관여할 일이 아니라는 입장을 얘기한 것이다. 물론 원칙적인 얘기를 반복한 것이라 할 수도 있겠다. 하지만 한국과 일본이 WTO에서 논리적 싸움을 계속하고 있는 상황에서 일본편을 드는 얘기를 굳이 할 필요가 있을까? 역시 동맹에 대한 배려가 결여된 행위가 아닐 수 없다.

일본의 부당한 수출규제에 맞서 지소미아를 종료하려 할 때에도 미국은 국방장관 마크 에스퍼Mark Esper, 합참의장 마크 밀리Mark Milley 등이 나서 종료하지 못하게 하려 했다. 미국상원은 만장일치로 지소미아 종료 철회를 요구하는 결의안까지 채택했다. 일본의 수출규제에 대해서는 한 마디 하지 않고 그에 대한 대응책으로 지소미아 종료를 선언한 한국만 압박한 것이다. 결국 우리정부는 종료를 조건부로 연기하기로 결정했다.

하긴 미국의 일본 지원은 어제 오늘의 일이 아니다. 최근의 상황은 50년 전의 모습과 다를 바 없다. 1960년대 한일관계 정상화 회담의 핵심은 일본의 과거 잘못에 대한 사죄와 배상이었다. 하지만 미국은 여기엔 관심이 없었고 한국과 일본의 수교에만 주목했다. 일

---

11 한종수, "일본 편 든 미국 '수출규제는 안보조치'…WTO 분쟁 변수", 『뉴스1』, 2020. 8. 3.

본의 수출규제가 최근 한일갈등의 직접 원인인데도 그에 대한 대응책으로 나온 지소미아 종료만을 문제 삼는 것과 똑같은 모습이 아닐 수 없다. 미국이 앞뒤 바뀐 것을 모를까? 그렇지는 않다. 알면서도 일본 두둔이 미국의 안보전략 상 필요하기 때문에 그러는 것이다. 그 만큼 미국의 안보전략에서 일본이 차지하는 위치는 한국을 훨씬 앞선다. 미국은 1960년대나 마찬가지로 한국보다는 일본을 중시하면서 한국을 2차적 협력대상으로 삼아 동북아전략을 펴고 있다. 그러니 압박을 해야 할 일이 있다면 일본보다는 한국이 먼저 대상이 되고, 한일이 갈등하는 상황이면 직접적이든 간접적이든 일본을 편드는 것은 너무 자연스러운 일이다.

그래도 아직까지 한일 간의 역사문제, 영토문제와 관련해서는 미국이 일본편을 드는 모습을 보이지는 않고 있다. 종군위안부, 강제징용, 독도 등 한일 사이 매우 민감한 문제에 관한 한 중립적인 입장을 갖고 있는 것이다. 하지만 이런 입장이 계속될 것이라는 보장은 없다. 미국은 중국의 패권국화 저지에 국가전략의 포커스를 집중하고 있고, 거기에서 일본의 협력은 절대적인 것으로 보고 있다. 일본도 군국주의 성향을 실현하면서 자신의 국익을 확보하는 길이 미국과의 협력에 있다고 판단하고 있다. 그런 점에서 미국이 한일갈등에서 일본 편들기를 더 노골화할 가능성은 얼마든지 있는 것이다.

잃어버린 30년: 쪼그라드는 일본

한반도 해빙과 화해를 거부하고, 미국과 합세해 중국과 북한을 압박하는 데 진력하면서, 앵글로색슨과 정보협력체제를 구성하려 하고 있는 일본은 실제로는 '내 코가 석자'인 상황이다. 안보·군사적인 문제에 신경을 쓸 것이 아니라 경제를 살리는 일에 올인해야 하는 상황이다. 하긴 일본이 한국과 중국, 북한을 때리는 것도 일본 내 보수를 결집시켜 일본을 다시 한 번 살려내려는 전략적 차원이라 할 수 있다. 하지만 주변국을 압박하고 역사를 왜곡하고 지나치게 편향적인 인식과 정치를 드러내는 일본의 방식은 일본 내에서 사회경제적인 추동력을 생산해내는 데 실패하고 있다. 오히려 일본을 지속적으로 심연으로 안내하는 효과를 보이고 있다.

'잃어버린 20년'이라는 말이 있었다. 1980년대 말부터 2000년대 말까지 20년 동안 일본이 쇠락의 길을 걸어왔다는 의미였다. 실제로 일본은 1985년 엔화를 평가절상하는 '플라자합의'이후 쇠퇴의 경로를 밟아왔다. 1989년에는 부동산을 중심으로 버블경제가 붕괴되었고, 1995년에는 한신대지진과 옴진리교 사건으로 또 한 번의 충격을 받았다. 2001년에는 9.11테러와 그에 따른 국제정세의 불안정으로, 2011년에는 동일본대지진과 후쿠시마 원전사고로 일본의 경제와 사회전체가 대규모 쇼크를 겪었다. 2012년 아베의 두 번째 집권 이후 양적완화를 통한 경기부양으로 잠깐 경제가 살아나는 듯 했다. 하지만 일본경제는 쉽게 부활하지 않았다. 구조적 침하의 과정을 걷고 있다. 그래서 이제 '잃어버린 30년'이라는 말로 일본경제의 장기침체를 얘기하고 있다. 조만간 회복될 기미가 보이지 않는 만큼 이제는 일본을 얘기할 때 '잃어버린 30년'이란 말이 자주 쓰일 것 같다.

아베는 2020년 도쿄올림픽을 예정대로 개최해 2011년 동일본 대지진의 참사를 딛고 벌떡 일어선 모습을 보여주고 싶어 했다. 그래서 올림픽에 목을 맸다. 코로나19가 확산돼도 되도록 확진자 숫자를 줄여 발표했다. 크루즈선의 확진자를 빼고 발표한 것이 대표적이다. 확진자가 많아질까봐 검사도 많이 하지 않았다. 그러는 사이 확진자는 급속히 퍼졌다. 결국 올림픽을 연기할 수밖에 없었다. 이후에도 코로나19는 쉽게 가라앉지 않았다. 올림픽에 집착하다 전염병의 확산을 막지 못하는 상황이 된 것이다. 눈앞의 것만 보는 아베, 장기 비전·전략 부재의 일본을 여실히 보여줬다.

특히 코로나19 이후 변색되거나 벌레가 나오는 등 불량 투성이인 '아베 마스크' 공급, 공항의 코로나19 검사 대기자들에 대한 골판지 침대 제공, 코로나19 확산세 속에서 정부가 여행경비를 보조하면서 여행을 권장하는 '고 투 트래블Go To Travel'정책 시행 등은 세계인을 의아하게 만들었다. 그런 연유로 일본은 코로나19의 영향을 다른 어떤 나라에 비해 많이 받았다. 경기침체가 더 심화되었다. 일본 정부 스스로 2020년 GDP 성장률 전망치를 －4.5%로 낮출 정도였다. 개인소비가 떨어짐은 물론, 수출, 설비투자 모두 크게 감소하는 상황을 벗어나지 못했다. 민간기관은 2020년 GDP 성장률이 －7%에 이를 것이라는 전망을 하기도 했는데, 그 정도 되면 일본의 GDP규모는 496조 2,387억 엔으로 줄어 아베가 총리로 취임한 2012년의 499조 3,239조보다도 더 작은 규모가 되어버린다. 옹색한 정치외교에 이어 쪼그라드는 일본경제의 모습을 적나라하게 보이게 되는 것이다. 유명한 투자전문가인 로저스홀딩스의 짐 로저스Jim Rogers 회장은 그래서 일본의 젊은이들에게 "일본을 떠나라."고 외친다. 스가 총리가 아베노믹스를 이어갈 것이고, 지폐를 찍어내 그 돈으로 주식이나 국채를 사들이는 정책을 계속하게 될 텐데 이는 곧 엔화가치 하락, 물가

상승을 가져와 국민이 고통을 겪게 될 테니 떠나라는 것이다. 일본의 쇠퇴는 필연적이고, 100년 뒤에는 없어져 버릴지도 모른다고까지 그는 말한다.

'작아지는 일본'을 좀 더 실감나게 보여주는 것이 인구감소 전망이다. 일본인구는 2019년까지 11년째 감소하고 있다. 2019년에는 50만 5,046명이 줄어 역대 가장 큰 폭의 감소세를 보였다. 2020년 1월 1일부로 1억 2,427만 명인데, 출생아 수도 2016년 97만 6,978명으로 100만 명대가 깨졌고, 2019년에는 86만 5,234명으로 90만 명대가 무너졌다. 이런 추세라면 2055년에는 9,744만 명, 2065년에는 9,000만 명 아래로 떨어지게 된다.

일본 스스로는 동아시아의 리더 국가, 나아가 세계에서 지도력을 발휘하는 국가가 되려 한다. 그래서 유엔 안보리 상임이사국이 되려는 야망도 버리지 않고 있다. 그런데 실제 동북아에서 주변국외교를 실행하는 모습은 이런 야망과는 크게 동떨어진다. 한국의 성장을 저지하려 하고 한반도에 긴장을 유지하려 하고 남북한 사이를 벌려놓으려는 시도를 지속한다. 미일동맹에 의존하며 동북아평화보다는 미국 편승 속 자국 이익 확보에 매진한다. 그러면서도 경제를 살리는 동력도 확보하지 못하고 있다. 국내적으로도 인구감소, 노인인구 급증, 사회적 활력 쇠퇴 등의 경향을 벗어나지 못하고 있다. 평화, 화해, 성찰, 그 연장선상에서의 경제활력의 회복이라는 선순환의 구조를 마련하는 데 눈을 뜨지 못하고 있는 것이다. 그래서 일본의 미래는 여전히 어두운 터널속이다.

5장

평화를 만들어야 하는 한국

1
여전한 살얼음판 한반도

미국이 새로운 동아시아전략을 만들도록

1970년대 초 헨리 키신저가 중국과의 관계 개선에 나설 때도 워싱턴의 외교기득권세력foreign policy establishment은 강력 저항했다. 공산주의세력과는 협상하지 말아야 한다는 것이 이들의 생각이었다. 키신저는 중국을 키워 소련과 맞서게 하는 것이 미국에 유리하다는 신념으로 이들의 반대를 무릅쓰고 중국을 향했다. 중국과의 관계 개선에 따른 거대한 경제적 이익을 기대하고 있던 재계의 지원이 키신저에게 힘이 되었다. 키신저의 현실주의 이념과 업계의 물욕이 외교기득권세력을 극복해 새로운 외교가 가능하게 된 것이다.

우리는 1970년대 키신저가 된 트럼프를 기대했다. 실제 트럼프는 워싱턴의 외교기득권세력에 대해서는 적대감을 가지고 있다. 특히 오바마 행정부에서 국무장관을 지낸 힐러리 클린턴에 대한 반감까지 겹쳐 그들에 대한 혐오는 대단하다. "워싱턴의 기득권세력과는 다른 협상을 하겠다."고 외쳐온 데서 그의 그런 심리는 적나라하게 표현되어 왔다. 그런 감정이 북한과 두 차례 정상회담을 하게 했다. 트럼프가 재선되었더라면 그런 반감에 기대를 걸어볼 만하기도 했다.

게다가 그는 온갖 추문으로 만신창이 대통령 신세가 되어 있는데, 그런 이미지를 극복할 만한 강력한 카드가 필요했다. 북한과의 빅딜은 그 중 하나가 될 수 있었다. 그걸로 노벨 평화상을 받고, 역사에 남는 대통령이 되고 싶은 욕구가 있었을 것이다.

실제 트럼프가 재선되었더라면 북한과 조기에 협상에 나설 가능성은 높았다. 두번째 임기를 시작하면 이제 더 이상 선거에 크게 신경 쓸 필요는 없다. 트럼프가 본래 생각했던 탑다운방식의 협상을 김정은과 추진했을 것이다. 그게 성사될 수 있도록, 정상회담에서 비핵화 협상이 타결될 수 있도록, 우리도 부지런히 움직여야 했을 것이다. 북한과 미국이 구체적인 비핵화 방안에 합의하도록 하는 게 쉬운 일은 아니지만, 사람이 하는 일이니 안 될 일도 아니다. 트럼프는 되도록 한꺼번에 주고받는 협상을 하려 했다. 북한이 모든 것을 내놓고, 이를 확인한 뒤 미국이 제재를 해제해주는 방식이 유리하다고 보았다. 하지만 북한은 단계적으로 하자는 것이다. 지금도 그렇다. 조금씩 나눠서 협상하고 이행한 뒤, 이를 보고 다음 협상을 또 하고 이행하는 식으로 하자는 얘기다. 미국을 믿을 수 없으니 그러는 것이다. 실제 적대적인 국가 사이의 협상으론 단계적으로 하는 것이 현실적이다. 북한 것을 모두 테이블에 올려놓고, 미국도 줄 수 있는 것을 모두 올려놓은 뒤 한꺼번에 확 교환할 수 있다면 빅딜이 가장 좋다. 하지만 비핵화라는 게 그렇게 한꺼번에 확 할 수 있는 게 아니다. 가동중단-봉인-불능화-폐기 등의 단계가 필요하고 상대측에서는 이를 확인할 필요도 있다. 그러니 한꺼번에 주고받는 것이 불가능하다. 미국이 주장하는 것처럼 먼저 핵을 폐기하고, 이를 본 다음 제재를 해제해주겠다는 방식은 북한이 받을 수 없는 안이다. 그러니 결국 단계적으로 가는 수밖에 없다.

그러니 트럼프가 재선돼서 북한과 협상을 했더라도 협상타결이 쉬운 일은 아니었다. 이제 바이든 행정부에 다시 협상을 기대해야 하는 상황이 되었다. 지금 우리가 해야 할 일을 미국과 북한이 협상을 하도록 독려하고 추동하는 것이다. 양측의 의사를 절충해 단계적으로 가되 그 단계를 최소화하고, 각 단계에서 주고받을 수 있는 것을 면밀하게 구성해 양측이 받아들일 수 있도록 하는 것이다. 예컨대, 1단계로 북한은 영변 핵시설 폐기하고 미국은 유엔안보리 결의에 의한 제재 가운데 민수경제 관련 조항을 해제한다, 2단계로 북한은 영변 이외의 핵시설(우라늄 농축시설 등)을 폐기하고 미국은 2016~2017년 사이 마련된 유엔안보리 결의에 의한 제재 모두를 해제한다, 3단계로 북한은 핵물질과 핵무기를 모두 폐기하고 미국은 자체제재를 포함한 모든 대북제재를 해제한다, 이런 식으로 구체적 대안을 만들어 북미양측을 설득하는 작업을 계속해야 할 것이다.

물론 쉬운 일은 아니다. 워싱턴의 외교기득권 세력은 문제를 일으키는 북한을 그대로 두고 보자고 할 수도 있다. 민주당 정부에도 외교기득권 세력은 많이 있다. 그들은 도발하는 북한, 현상변경 세력 북한을 핑계 삼아 중국 포위 전략을 효과적으로 실행하자는 얘기들을 할 수 있는 것이다. 우리는 반대의 논리를 제시해야 한다. 비핵화하고, 남한과 친해지고, 미국과 가까워진 북한이 훨씬 대중전략을 추진하는 데 유리하다는 논리로 미국을 설득해야 한다. 중국의 유일한 동맹국 북한을 중국으로부터 일정 부분 유리시킬 수 있다면 미국의 대중 전략은 수월해진다는 논리를 제시할 수 있다. 그렇게 해서 미국의 대북협상에 추동력을 가해야 하는 것이다. 물론 미국이 새로운 동아시아전략을 추구하도록 해야 하는 것이니 쉬운 일은 아니다. 하지만 새로운 행정부가 새로운 대외전략을 만들고 있는 상황이니 어느 때보다 적기이다. 중국과의 관계도 관리해야 하는 이중의 난관이 있음은 분명하다. 하지만 그게 외교다. 다중다양한 변수들을 고려하면서 우리의 국익을 확보해 가야 하는 것이 강대국 사이에 낀 우리의 숙명이다.

남북화해 필요성 알려준 공무원 피격사건

2020년 9월 말에 일어난 해양수산부 공무원 피격 사건은 남북관계 역사에 또 하나의 큰 비극으로 기록되어 있다. 비무장 민간인을 총격, 살해한 것은 어떤 설명으로도 정당화될 수 없는 비인도적 행위이기도 했다. 야당은 대북 굴종의 결과라고 했고, 포용정책의 실패를 보여주는 것이라 공격했다. 하지만 더 주목할 부분은 왜 이런 일이 발생했느냐가 아닐 수 없다.

사건을 시간의 흐름에 따라 정리해보면 이렇다.

9월 21일 오전 11:30 해수부 공무원(어업지도선 선원) 실종(신고)
22일 오후 03:30 북한 등산곶 인근 해상에서 북한 선박이 실종자 발견
09:40 북 단속정, 실종자에 사격
23일 오전 01:00 안보관계장관회의
오후 04:35 북에 사실관계 확인 통지(유엔사 정전위 채널)
24일 오전 09:00 대통령, '있는 그대로 발표' 지시

월북을 위한 것이었든, 실족이었든 남측 시민이 북측에 가게 되었고, 북한이 이를 발견한 것이 22일 오후 3시 반이다. 이때 중요한 것은 북한과 소통해 시민의 안전을 기하는 일이다. 월북의사가 분명하면 일단 북측이 데려가 조사를 해야 할 것이고, 우연하게 북으로 가게 되었다면 남측으로 돌려받는 작업을 진행해야 한다. 물론 코로나19에 민감한 북한의 입장을 고려해 충분한 방역조치를 하는 것에 대해서는 이해를 해야 할 것이다.

이런 작업이 진행되려면 기본적인 전제가 남북의 소통채널이 존재해야 한다는 것이다. 그런데 2020년 9월 당시는 그렇지 못했다. 2018년 세 번의 남북정상회담이 있었지만, 이후 관계는 경색되었다. 북미 핵협상이 답보상태였고, 북한이 기대하던 개성공단·금강산 관광 재개가 이뤄지지 않았으며, 불만이 쌓인 북한이 개성의 남북공동연락사무소를 폭파한 상황이었다. 당연히 남북공동연락사무소 채널은 없어졌고, 군 통신선, 적십자 연락선도 불통 상태였다. 2020년 6월 북한이 남북공동연락사무소 폭파 직전 남측과의 연락선을 완전 차단했기 때문이다. 2016년 2월 박근혜 정부가 개성공단 중단을 선언하자 북한이 남북연락통로를 차단했었는데, 2018년 1월 남북관계가 좋아지면서 다시 연락선 통신이 재개되었다. 그러다 관계가 경색되면서 북한이 대북전단 살포를 문제 삼아 통신을 차단해 다시 불통이 된 것이다. 북한은 연락선을 차단하면서 2018년 4월 북한의 당 중앙위 본부청사와 청와대 사이의 직통연락선도 끊었다. 살아있는 것은 유엔사령부 군사정전위원회와 북한 간의 직통전화뿐이었다. 국가정보원-노동당 통일전선부 라인은 비상시에 가동 가능한 정도로 존재하고 있었던 것으로 보인다.

통신선이 살아 있었다면 북측과 통신하면서 바다 위에 떠 있는 남측 시민을 구하기 위해 다양한 방안을 촉구했을 것이다. 물론 군이 첩보를 확보하는 소스가 밝혀지는 것을 꺼려 조심스러운 측면도 있었겠지만 시민의 생명이 경각에 달려있는 상황에서 첩보소스가 드러나는 것을 최소화하면서 대처방안을 강구했을 것이다. 그런데 연락통로가 죽어 있으니 그런 노력을 할 수가 없었던 것이다. 기껏 할 수 있었던 게 유엔사 군정위를 통해 북한에 사실관계 확인 통지문을 보내는 정도였다. 유엔사는 사실상 미군의 통제 하에 있다. 더욱이 북한은 군사정전위 수석대표를 한국군 장성이 맡는 것에 반발하면서 1991년부터는 군사정전위에 참석하지 않고 있다. 그러니 연락통로가 살아 있어도 실제 살아있는 것이 아니었다.

하지만 야당의 공격처럼 대북포용정책을 실시했기 때문에 이런 일이 발생한 것은 아니다. 남북관계가 경색되어 있기 때문이고, 그 원인은 핵협상의 교착이다. 대북포용정책이 없었으면, 다시 말해 대북봉쇄정책을 실시했으면 이런 일이 없었을까? 더 큰 일들이 발생했을 가능성이 높다. 북한은 미국과의 협상을 통해 경제제재를 풀고 경제발전을 이루려는 전략을 가지고 있다. 그런데 핵협상은 진전이 안 되고, 남측에서는 봉쇄정책을 계속하는 상황이라면 북한은 그들이 오랫동안 보여준 대로 도발로 가는 길을 택했을 가능성이 높다. 인과성 떨어지는 비합리적인 얘기는 의미 없다. 포용정책과 북한의 도발적 행위는 인과성이 없다. 북한에 지원하면 핵·미사일 만든다는 얘기와 같다. 핵·미사일은 북한의 안보전략에 따라서 나오는 것이다. 남측의 지원이 있든 없든, 북한이 가진 자원을 우선 배분해서 추진해온 것이다. 지원이 없다고 그 전략이 수립되지 않았을 것이라고 보긴 어렵다. 남측의 지원이 북미관계, 북한의 미국에 대한 정책, 북한의 핵-미사일-경제건설 연계전략 등을 근본적으로 바꿔놓을 수는 없는 노릇이다. 북한의 도발적 행위의 근본원인을 따져보고, 이를 해결하는 데 우리가 기여할 수 있는 부분을 찾아서 하는 것이 중요하다. 북한의 심대한 도발에 사과와 재발방지책을 요구하는 것 물론 중하다. 하지만 동시에 북미 핵협상이 진전되도록 하고 남북관계가 개선되도록 하는 전략에 배전의 노력을 투여하는 것 역시 중요하다.

서해는 여전히 분쟁 중

공무원 피격사건에서 여실히 확인되었지만, 서해는 언제든 남북이 군사적 충돌까지 벌일 수 있는 살얼음판으로 남아 있다. 공무원 피격 사건 이후 우리 측이 시신 수색작업을 하고 있을 때 북한은 조선중앙통신을 통해 "우리는 남측이 새로운 긴장을 유발할 수 있는 서해 해상군사분계선 무단 침범 행위를 즉시 중단할 것을 요구한다."고 밝히고 "남측의 행동은 우리의 응당한 경각심을 유발하고 또 다른 불미스러운 사건을 예고하게 한다."고 위협했다. 우리가 서해 해상군사분계선을 넘어 그 북쪽에서 수색작업을 하고 있다는 얘기였다. 북한으로선 우리가 자신들의 영해를 침범하고 있다고 본다는 것이었다. 북한의 영해를 침범하는 남측의 선박들에 대해 군사행동도 할 수 있다는 경고이기도 했다.

이렇게 서해는 지금 당장 충돌이 발생해도 전혀 이상하지 않은 위험수역이 되어 있다. 육상의 군사분계선은 그나마 표시가 있고, 남북으로 2km씩 비무장지대가 설치되어 있어 경계가 분명하다. 그런데 해상에는 분명한 경계선이 없다. 더 큰 문제는 북한이 설정한 서해 해상분계선과 우리 측이 설정한 북방한계선NLL이 완전히 다르다는 것이다.

북한의 서해 해상분계선은 백령도-연평도-한강입구를 연결한 선보다 한참 남쪽으로 내려와 있다. 대신 백령도, 연평도 등 남측의 섬들로 가는 통로는 겨우 보장해주는 정도로 해상분계선을 그어놓고 있다. 북한은 1999년 9월 이 서해 해상분계선을 남북의 경계선이라고 선포했다. 피격 공무원 시신 수색과정에서 남측이 침범했다는 선은 바로 이걸 말하는 것이다. 실제로 우리 측은 이 선을 늘 넘는다. 그도 그럴 것이 우리 측이 설정한 서해상의 해상분계선인 NLL은 이것보다 한참 북쪽에 있기 때문이다. NLL은 백령도-연평도-한강하구 라인의 북쪽에 위치하고 있다. 이 라인과 북한 해안선 사이에 존재하는 것이다. 그러니까 우리 측은 백령도-연평도-한강하구 라인의 북쪽 해역(NLL까지)도 수색할 수 있다고 보고 수색한 것이다. 그런데 북한 입장에서는 자신들이 설정한 해상한계선의 한참 북쪽을 우리가 수색하고 있는 것이 되니 영해 침범 중단을 요구한 것이다.

전쟁이 중단된 지 70년이 다 되어 가는데 왜 이런 원시적 분쟁이 계속되고 있는 것인가? 정전협정의 불완전성 때문이다. 1953년 7월 27일 체결된 정전협정은 서해의 남북 해상분계선을 확정하지 못했다. 그렇게 되자 남북한의 우발적 충돌 가능성이 높아져 마크 클라크Mark Clark 유엔군사령관이 8월 30일 남북의 해상경계선으로 NLL을 설정했다. 그 NLL이 지금까지 우리 측의 해상경계선이 되어 있다.

북한은 정전협정 이후 NLL에 대해 특별한 언급이 없었는데,

1973년 12월 군사정전위원회에서 이를 부정했다. 이후 서해에서 불안한 상황이 계속되다가 1991년 남북기본합의서가 체결되면서 일시 안정을 찾았다. 남북기본합의서는 "남과 북의 해상 불가침경계선은 앞으로 계속 협의한다. 해상 불가침구역은 해상 불가침경계선이 확정될 때까지 쌍방이 지금까지 관할해 온 구역으로 한다."고 규정해 남북한이 NLL을 분계선으로 우선 지켜가기로 한 것이다. 그러다가 1999년 6월 1차 연평해전이 발생했고, 북한은 이를 계기로 9월에 새로운 서해 해상군사분계선을 선포했다. 이때부터는 우리의 경계선과 북한의 경계선이 너무 뚜렷하게 달라 남북의 대치는 더 심화됐다. 2002년 6월에는 2차 연평해전이 일어났다.

북한은 2007년 11월 남북국방장관회담에서 '서해 경비계선'을 주장하기 시작했는데, NLL과 백령도-연평도-한강하구 라인 사이의 선이다. 남측 선박이 여기를 넘으면 단속하겠다는 것이었다. 그동안 북한이 주장한 서해 해상분계선은 너무 남쪽으로 내려와 있는 것이어서 실제 효력을 발휘하기 어렵다고 보고 새롭게 '서해 경비계선'이라는 것을 선언해 북한영역을 좀 더 분명하게 지켜보겠다는 의도였을 것이다. 이런 과정을 거치면서 남북의 서해 갈등을 계속되었고, 2009년 11월에는 대청해전, 2010년 3월에는 천안함 침몰, 2010년 11월에는 연평도 포격 사건이 발생했다.

정전협정 → 유엔군 사령관의 일방적 NLL 설정 → 북한의 NLL 부정 → 남북 NLL 잠정 인정 → 북한의 '서해 해상군사분계선' 일방 선언 → 군사적 충돌 이러한 일련의 과정은 남북한의 관계가 얼마나 불안한 것인지를 여실히 보여주는 것이었다. 요즘도 남북관계가 긴장되기 시작하면 우선 서해를 주목할 수밖에 없다. 서로 주장하는 경계선이 다르니 언제든 '침범'을 주장할 수 있고, 언제든 충돌이 일어날 수 있는 곳이기 때문이다.

이러한 불안을 근본적으로 해결하기 위해서는 남북기본합의서에 규정되어 있는 대로 남과 북의 해상 불가침경계선에 대해 협의해야 한다. 협의해서 합의점을 만들어야 한다. 그런데 협의 근처에도 못가고 있다. 영토의 문제이니 요원한 문제이기도 하다. 문화, 체육, 경제 등 기능적인 협력도 못하고 있는데 이런 갈등요소 가득한 영토·군사·정치적인 문제를 협의할 수 있겠는가? 한반도 평화가 이뤄지려면 서해의 평화가 먼저 와야 할텐데...

2
할 수 있는 건 바로 해야

금강산관광 · 개성공단부터

금강산 관광은 김대중 정부 시절인 1998년 11월 18일 처음 시작됐다. 당시 상황도 만만치 않았다. 그 해 5월 미국은 북한이 금창리에 새로운 지하 핵시설을 건설하고 있다는 의혹을 제기했고, 이에 대한 사찰을 두고 북미 간 실랑이가 계속되고 있었다. 8월에는 북한이 중거리미사일 대포동 1호를 시험발사해 일본과 미국이 발칵 뒤집히기도 했다. 그런 상황에서 금강산관광을 추진하는 것이니 미국이 달가워했을 리 없다. 이렇게 복합한 지경이 되자 김대중 대통령도 고민했다. 고민을 거듭하다 외교안보수석 임동원에게 물었다. "금강산 관광 어떻게 하면 좋을까?" 이에 대해 임동원은 "이럴 때는 모험이 필요합니다." 답했다. 김대중은 "그렇지? 그렇게 합시다."라며 통일부에 '그대로 추진하라'고 연락을 하도록 했다. 임동원은 당시 통일부차관 정세현에게 '예정대로 추진하라'고 전했다. 그렇게 해서 곡절 많았던 금강산관광은 시작할 수 있게 되었다. 미국과 완전한 협의 없이 일단 배를 출항시킨 것이다. 사흘 후 클린턴 미국 대통령이 방한했다. 금강산행 2차 유람선이 떠나는 장면을 TV로 시청했다. 정상회담 자리에서 그는 "감동을 금할 수 없었다. 매우 신기하고 아름다운 장면이었다. 우리의 힘과 부와 행복을 북한에 전달할 수 있는 가능성을 관광선에서 발견할 수 있었다."고 말했다.[1] 금강산관광이 시작되자 미국도 어쩔 수 없었고, 클린턴은 오히려 큰 축하의 메시지를 전한 것이다.

이렇게 시작된 금강산관광은 2008년 7월 남측 관광객 박왕자씨 피격, 사망 사건으로 중단되었다. 이명박·박근혜 정부는 이를 재개할 생각이 없었고, 문재인 정부는 다시 재개하고 싶어 하지만 미국이 반대하고 있다. 미국은 경제제재를 계속해야 북한이 핵협상에 응하게 되고 핵문제를 풀 수 있는 길이 열린다고 본다. 금강산관광을 재개하면 북한에 돈이 들어가고 이는 곳 경제제재에 큰 구멍을 내는 것이라고 여긴다. 관광으로 얻는 수입은 핵과 미사일을 개발하는 데 쓰인다는 인식도 가지고 있다.[2] 그러니 관광재개를 반대할 수밖에.

하지만 이러한 미국의 인식은 북한에 대한 깊은 탐구의 부족에서 오는 것이라 할 수 있다. 대통령부터 국무부의 관료까지 미국정부 사람들은 대부분 제재를 강화하면 북한이 협상에 나올 것으로 생각한다. 2018년 6월 싱가포르 북미정상회담 등 그동안의 협상도 강력한 제재 덕분이라고 보고 있다. 제재를 견디기 힘들어 북한이 협상장으로 나왔다고 생각하는 것이다. 큰 오산이다. 물론 제재가 북한을 어렵게 하는 것은 사실이다. 하지만 제재가 견디기 힘들어 억지로 협상장에 나왔다고 보긴 어렵다. 그랬더라면 북한이 미국이 원하

---

1 김창수, "트럼프시대, 금강산관광 재개의 좋은 기회다", 『오마이뉴스』, 2016. 11. 12.; 박영주, "정세현 민주평통 수석부의장 '해외교민들 공공외교 기대'", 『한인시카고』, 2019. 10. 14.; 정세현 민주평통 수석부의장 특강 '북미정세와 남북관계'(2019. 10. 24. 전북대).

2 조의준, "美, 금강산관광 재개 반대… '북핵 돈줄 될 수 있다'", 『조선일보』, 2017. 5. 29.

는 대로 협상을 해줬을 것이다. 견디기 어려워서 나왔는데 웬만하면 미국의 요구를 들어주고 제재를 풀도록 해야 하지 않겠는가? 하지만 북한은 자신의 요구사항을 분명하게 정리해서 나왔고 이것이 수용되지 않자 더 이상 협상에 연연하지 않았다. 나름의 계획과 전략이 있는 것이다. 협상에 나온 것도 나름의 국가발전전략에 의한 것이다. 2018년 4월 당 중앙위 전원회의에서 결정된 경제건설 총력 전략에 따라 '경제건설 총력-인민생활 향상-강성국가 건설'의 발전전략을 확립 한 뒤, 핵문제 해결을 통해 이 전략의 실현을 추구하고 있다고 보는 것이 옳을 것이다. 북한은 지금까지 대외전략을 실행하면서 보여준 것처럼 누구에게 끌려가기보다는 스스로 방향을 설정하고 그 길을 가고 있는 것이다. 그런데 이를 두고 제재의 효과 운운하면 미국은 계속 제재를 강화하는 길로 가게 될 것이고, 이는 북한을 제대로 보고, 북한과 제대로 주고받기를 하는 길과는 멀어도 너무 먼 길이다.

금강산관광을 재개하면 북한에 돈이 들어가게 되고 그 돈으로 핵과 미사일을 개발하게 될 테니 안 된다는 입장도 북한에 대한 매우 얕은 인식의 발로이다. 좀 전에 말한 대로 북한은 나름의 국가전략이 있다. 큰 그림은 경제를 발전시킨다는 것이고, 그 아래에 핵·미사일 활용 전략이 있다. 지금까지 북한의 행위를 추적해보면 핵·미사일 전략은 핵과 미사일을 최대한 고도화해 이를 비싸게 판다는 것이다. 우선 스스로 안보를 확보하는 데 이를 활용하고, 기회가 되면 경제발전에 활용하되, 완전한 상태로 개발해 협상에서 결코 밀리지 않으면서 제 값을 받고 거래하겠다는 것이다. 그래서 북한은 없는 살림을 운영하면서도 핵·미사일 개발에 많은 자원을 써왔다. 금강산에서 돈이 들어오면 개발하고, 안 들어오면 안 하는 것이 결코 아닌 것이다. 핵·미사일 개발이 우선적인 과제이기 때문에 자원배분에 있어서도 우선권을 가져왔던 것이다. '관광으로 돈을 벌면 핵·미사일 개발하니 금강산관광 안 된다'는 주장은 논리적으로 전혀 설득력이 없는 얘기가 되는 것이다. 그런데 미국은 지금도 그런 얘기를 간헐적으로 하고 있다. 북한을 제대로 읽고 제대로 협상하기를 기대하기가 매우 어려운 형편이 아닐 수 없다.

개성공단도 다르지 않다. 개성공단 근로자들 임금으로 이른바 벌크캐시bulk cash(대량현금)가 들어가면 제재에 구멍이 뚫리는 것이고, 역시 그 현금은 핵·미사일 개발에 쓰이니 개성공단도 재개하면 안 된다는 것이 미국 생각이다. 제재 얘기를 좀 더 해보면, 국제사회에서 경제제재는 원래 어렵기 이를 데 없는 것이다. 역사적으로 유명한 경제제재가 나폴레옹의 '대륙봉쇄령'이다. 나폴레옹은 유럽 지배의 욕심을 실현하기 위해 오스트리아와 프로이센을 침략한 뒤 1805년 영국 공격에 나섰다. 하지만 트라팔가 해전에서 호레이쇼 넬슨Horatio Nelson에게 지는 바람에 영국 점령이 좌절되었다. 그러자 1806년 대륙봉쇄령을 내렸다. 유럽대륙의 어떤 국가도 영국과 거래하지 말라는 명령이었다. 제일 고통스러운 나라가 러시아였다. 자국에서 생산되는 밀을 영국에 수출하고, 영국의 싼 공산품을 수입해야 경제가 어느 정도 운용되는 상황이었다. 당시 영국은 산업혁명에 성공해 면직물 등을 대량으로 생산하고 있었다. 그런 싼 공산품을 밀을 주고 사와야 국민들에게 어느 정도 필요한 양을 공급할 수가 있었던 것이다. 나폴레옹이 그걸 못하게 하니 나라경제가 어려울 수밖에 없었다. 그래서 러시아는 몰래 영국과 거래했다. 하지만 곧 들통이 났다. 화가 난 나폴레옹은 1812년 러시아 공격에 나섰다. 기세등등했던 나폴레옹은 이 전쟁에서 지는 바람에 몰락의 길에 들어서게 되었다.

어쨌든 대륙봉쇄령이라는 유명한 경제제재도 잘 지켜지는 것이 아니었다. 세계역사에서 수많은 경제제재가 있었지만, 많은 경우 잘 지켜지지 않았다. 이라크의 사담 후세인 정권에 대한 경제제재, 쿠바에 대한 경제제재 등도 미국에 대해 반감을 가진 나라들은 어겼다. 어느 정도 잘 지켜지는 경제제재도 정권에 대한 압박의 효과보다는 그 나라 민중에 대한 고통으로 연결되는 경우가 많았다. 경제제재를 받는 나라는 모자라는 자원을 정권 유지에 우선 쓰고, 약자들에게 배분하는 것을 줄이게 마련이니 그런 효과가 날 수밖에 없다. 논리적으로도 국제정치에서 모든 나라가 똘똘 뭉쳐 제재를 실행한다는 것은 불가능한 일이다. 국제사회는 무정부상태anarchy이다. 모든 나라를 통제하는 상위의 권위체가 없는 상태인 것이다. 193개국이 가입된 유엔이 있지만, 모든 나라를 통제할 수 있는 권한을 갖고 있지는 않다. 어디까지나 국제사회의 큰 원칙 가운데 하나인 자발주의voluntarism에 따라 운영된다. 상비군이나 경찰이 있는 것도 아니다. 경제제재를 추진한다고 해도 이러한 원리에 따라 움직이는 국제사회에서 일사분란하게 지켜지기를 기대하기는 어려운 것이다.

그리고 금강산관광과 개성공단 재개를 반대하는 미국의 입장 속에서 '남북관계 개선'에 대한 인식은 찾기 어렵다. 남북관계도 자신들이 모두 통제할 수 있다고 생각한다. 2018년 10월 강경화 외교장관이 5.24조치 해제 검토 발언을 했을 때 이와 관련한 기자들의 질문에 대한 트럼프 대통령의 답변이 "They do nothing without our approval"(우리의 승인 없이 그들은 아무것도 안 한다)이었다.[3] 한국

정부는 남북관계에 관한 한 미국 말대로 한다는 얘기다. 미국의 생각은 계속 제재해야 한다는 것이고, 결국 한국의 대북정책도 계속 제재 쪽으로 가야 한다는 얘기다. 남북이 화해하고 교류하고 평화분위기를 만들어 가는 것의 가치에 대한 미국의 인식은 제로에 가까운 것으로 느껴진다. 오로지 어떻게 하면 한국, 북한, 동북아를 요리조리 잘 다뤄서 미국한테 유리하게 할까 하는 생각만 하고 있다고 보는 게 맞을 것이다. 특히 중국과의 경쟁이 심화되는 상황에서 어떻게 하면 일본, 한국, 타이완, 베트남 등을 묶어 중국을 효과적으로 봉쇄하고 견제할까 하는 생각을 하고 있을 뿐, 한국이 오랫동안 분단되어 있고, 그 책임이 미국에게도 있으며, 분단문제의 해소가 한국인들에게 얼마나 큰 과제이고 소원인지는 잘 모른다.

이런 상황이니 우리가 앞으로 치고 나가는 것이 중요하다. 남북이 만나서 할 수 있는 것은 해야 한다. 금강산관광도, 개성공단도 남북이 만나 재개해야 한다. 유엔안보리 대북제재 결의들에는 한반도의 평화와 안정, 상황의 평화적 해결, 긴장완화를 위한 노력들이 필요하다는 것도 규정하고 있다. 남북한의 교류협력 사업은 이러한 노력에 해당하는 것이다. 유엔의 제재위원회에 이런 내용을 상세히 설명하면 제재대상의 예외로 인정받을 수 있다. 게다가 유엔의 대북제재는 나라와 나라 사이의 거래를 규제하는 것이니 남북한의 특수관계를 설명해 제재의 예외로 인정받을 수도 있다. 그런 작업을 적극 진행하면서 미국에는 우리가 남북관계를 진전시켜야 하는 당위성을 설명하면 된다. 남북관계가 진전되고 평화분위기가 만들어 지면 우리

---

3 김석, "트럼프 '韓, 우리 승인 없이 대북제재 해제 않을 것", 『문화일보』, 2018. 10. 11.

의 목소리가 북한에 반영될 가능성은 높아진다. 남북관계 진전이 비핵화를 촉진하는 길이 될 수 있는 것이다. 이런 것도 지속적으로 미국에 설명할 필요가 있다. 그렇게 해서 금강산관광과 개성공단을 원상회복하고 그 위에 더 남북관계를 진전시키게 되면 우리가 남북의 상황을 스스로 만들어 갈 수 있는 공간은 훨씬 더 넓어진다. 여기에 인도적 지원까지 더하면 남북이 신뢰를 회복해 가는 데에도 큰 도움이 된다. 북미의 핵협상에 모든 것을 걸로 미국 눈치만 살피고 있는 것은 우리의 운명을 남의 손에 온통 맡기고 처분만 기다리는 것과 조금도 다를 바 없다.

금강산관광·개성공단이 재개되면 다방면의 협력으로 연결될 수 있다. 우선 북한이 필요로 하는 농업·산림 협력을 적극 추진할 수 있다. 정부가 모든 것을 다할 필요는 없다. 지자체, 대학, 대북지원단체 등이 나서서 할 수 있도록 길을 터주면 된다. 지자체 가운데는 남북협력기금을 비축하고 있는 곳이 많아 물고만 트이면 협력은 조기에 활성화될 수 있다. 대학들이 만나서 농업·축산업 기술의 발전방안을 연구하는 것은 북한이 당장 필요로 하는 것이면서 남측의 대학들이 많은 노하우를 지니고 있어 어느 분야보다 협력이 원활하게 이뤄질 수 있는 부분이다. 이런 식으로 협력의 공간을 확대하는 것이 남북이 스스로의 운명을 스스로 개척하고 공동의 번영을 이룰 수 있는 길이 아닐 수 없다.

5.24조치는 왜 해제 못하나?

5.24조치가 내려진지 10년 넘었다. 2010년 3월 발생한 천안함 사건 이후 이명박 정부가 북한에 대한 대응 차원에서 취한 조치이다. 개성공단을 제외한 남북교역 전면 중단, 북한 선박 우리 영해·EEZ(배타적 경제수역) 항해 불가, 우리 국민의 방북 불가, 대북 투자사업 보류 등을 내용으로 하는 것이었다. 한마디로 북한과 일제의 교류협력을 하지 말라는 것이었다. 10년이 넘도록 이런 조치가 계속 존재해 왔으니 남북관계가 개선된다면 오히려 이상한 일이 아닐 수 없다.

그렇다고 해서 이 조치가 예외 없이 철저하게 지켜지기만 한 것은 아니다. 이 조치를 시행한 이명박 정부 당시(2011년) 7대 종단 대표들이 방북하는 등 종교·문화 교류, 그리고 투자자산 점검을 위한 방북 등은 일부 허용되었다. 박근혜 정부 당시인 2013년에는 남한과 북한, 러시아 사이의 물류협력 사업인 나진-하산 프로젝트가 추진되기도 했다. 문재인 정부 들어서는 2018년 2월 평창동계올림픽 참가 북한 선수단과 예술 공연을 위한 예술단이 만경봉92호를 타고 강원도 동해의 묵호항에 들어왔다. '북한 선박 우리 영해 항해 불가'라는 5.24조치의 예외가 인정된 것이다.

이렇게 5.24조치가 유명무실해지는 상황이 되자 2020년 5월 20일 통일부 대변인은 5.24조치는 "사실상 그 실효성이 상당 부분 상실됐다."고 말했다. "정부는 5.24조치가 남북 간 교류협력을 추진하는 데 있어서 더 이상 장애가 되지 않는다고 보고 있다."라고도 했다. 이름만 남은 조치라는 얘기다. 그렇다면 왜 통일부 장관이 직접 나서서 공식적으로 "5.24조치는 해제하겠습니다."라고 선언하지 못하는가?

지금은 그렇게 해야 할 때이다. 남북교류가 꽉 막혀 있고, 북한이 남한을 상대하려 하지 않고, 미국은 남북이 직접 교류하는 것을 꺼리고 있다. 이런 상황에서 우리정부가 그동안 있는 듯 없는 듯, 잘 지키는 것도 아니고 안 지키는 것도 아닌 조치를 정면으로 해제한다고 선언하는 것은 큰 의미가 있다. 북한에 주는 메시지가 크다. '남한이 이제 진짜 북한과 큰 교류를 하려 하는 구나' 하는 인식을 줄 수 있다. 미국에게는 '남한의 의지를 이제 어쩔 수 없겠구나' 하는 인상을 심어줄 수 있다. 그러면서 남북관계 진전에 큰 추동력을 얻을 수 있다.

사실상 실효성이 상실된 것인데 굳이 공식 해제선언을 할 필요가 있느냐는 지적이 있을 수 있겠다. 엄연히 다르다. 일부 교류를 예외적으로 인정하는 것으로 실효성 상실이라고 하기 어렵고, 공식 해제 이전에는 언제든 교류협력의 장애로 등장할 수 있다. 유엔의 대북제재가 살아있는 상황에서 5.24조치를 해제하는 것이 무슨 의미가 있겠느냐고 얘기하는 사람들도 있다. 의미가 있다. 교역이나 투자는 북한에 경제적 이익을 줄 수 있는 것이어서 유엔제재에 걸릴 수 있겠지만, 상대의 영해를 단순히 통과하고 방북을 허용하는 것은 유엔제재와 무관하다. 개별관광도 유엔제재에 해당하지 않는다. 대규모 관광으로 대량현금이 북한에 들어가는 것이 문제되는 것이다. 하지만 5.24조치는 방북 자체를 불허하는 것이니 개별관광도 원칙적으로는 안 되는 것이다. 결국 작은 규모의 남북교류협력이라도 지속적으로 실행하기 위해서는 5.24조치는 해제되어야 하는 것이다.

물론 반발도 만만치 않을 것이다. 천안함 사건을 저지른 북한의 사과를 받지 않은 상태로 5.24조치를 해제한다는 것은 있을 수 없는 일이라는 주장이 여전히 있다. 북한의 사과를 받을 수 있다면 그 이상 좋은 일이 없을 것이다. 하지만 북한이 사건 자체를 부인하고 있는 마당에 사과를 기대하는 것은 연목구어가 아닐 수 없다. 거기에 모든 것을 걸고 남북관계를 미룰 수는 없는 일이다. 일본이 식민지배에 대해 철저히 반성하고 사과하고 배상하지 않으면 일본과 교류·거래를 전면 중단하겠다는 얘기나 비슷한 것이다.

남북관계의 역사를 보면, 많은 논란, 많은 논쟁, 많은 시비가 명멸했다. 그 많은 것 중에 명료하게 정리된 경우는 드물다. 이념이 다르고, 관점이 다르고, 생각하는 방향이 완전히 다르기 때문에 접점을 찾기가 매우 어려운 것이다. 그래서 한창 다툼을 벌이다 슬그머니 서로 꽁무니를 빼고 서로 필요한 대화와 교류를 하곤 해왔다. '우리 현대사의 비극 한국전쟁을 일으킨 김일성을 전범으로 처벌해야 한다'는 주장 여전히 있다. 한국전쟁 중요하고 전쟁의 책임 가리는 것 물론 중요하다. 하지만 이걸 정리하는 데 매달리면 아무것도 할 수 없다. 1968년 1.21사건(청와대습격사건)이 있었지만 1971년에는 박정희 정부가 회담을 제안해 적십자회담도 열고 당국 간 비밀회담도 열었다. 그래서 1972년 7.4공동성명이 나올 수 있었다. 1983년에는 미얀마에서 대통령을 시해하려는 아웅산 사건이 일어났지만, 이듬해 올림픽 남북단일팀 구성을 위한 체육회담이 열렸다. '뭐가 안 되면 절대 남북관계 없다'는 식과는 다른 양태로 진행되어 온 것이 남북관계의 역사이다.

5.24조치는 10년을 살았으니 이제 사라질 때가 되었다. 그대로 남아 있는 것은 남북관계뿐만 아니라 우리경제에도 지속적인 걸림돌로 작용한다. 5.24조치에 따른 북한 선박 우리 영해 항해 불가는 우리 선박의 원산 앞바다 항해, 해주 앞바다 항해도 불가하게 만들었

다. 남북은 2005년 8월 북한 선박의 제주해협 통항을 허용하고, 남한 선박의 원산 앞바다 경유 블라디보스톡 항해와 해주 앞바다 경유 중국 다롄大連 항해를 허용하기로 합의했었다. 2005년부터 2010년까지의 통계를 보면 북한선박이 제주해협을 항해한 것은 300척이고, 우리선박이 원산과 해주 앞바다를 항해한 것은 8,000척이다. 항해금지로 우리측이 훨씬 큰 손해와 타격을 보고 있는 것이다. 북한의 물품을 들여오더라도 직접 들여오지 못하고 중국의 중개업체를 끼워야 하니 남북이 모두 손해를 본다.

통일부 대변인의 "사실상 그 실효성이 상당 부분 상실됐다."는 발언은 기자들의 질문에 대한 답으로 나온 것이다. 정부의 공식 조치나 정책이라고 보기 어렵다. 민감한 사안이니 이런 식으로 5.24조치를 슬그머니 뒷방으로 밀어 넣고 남북교류를 점점 진척시켜 나가려는 생각인지 모르겠으나 진보정부의 대북정책 치고는 군색스럽다. '이제 5.24조치는 전면 해제하겠습니다. 천안함 유족들께는 송구하지만 남북관계 발전을 위해 이런 조치를 마련하게 됐습니다.' 이렇게 나가는 게 당당하다. 2010년 5월 24일 5.24조치라는 게 내려졌는데, 해제한 날짜는 없고, 실제로는 해제된 거나 마찬가지 상태가 되는 것은 민주정부의 정책 치고는 너무 모호하고 애매하다.

북한도 5.24조치 해제 하나 제대로 못하는 문재인 정부를 보면서 답답해 하고 있는 것으로 보인다. 2020년 10월 13일 호주교민으로 북한에서 스폰지 제조업체와 가발 가공업체를 운영하고 있는 천용수 사장의 강의를 들을 기회가 있었다. 1992년부터 북한과 경제협력 사업을 하고 있는 베테랑 대북사업가이다. 북한에서는 지금 남한 것이라면 어느 것도 쓰지 못하게 할 정도로 남한에 대한 경계가 심화되어 있다고 한다. 지금도 평양에 있는 본인의 업체(합영회사)에서 일하는 북한사람들과 수시로 이메일을 주고받고 있는 천사장에게 북한이 왜 이렇게 대남감정이 격화되어 있는 것인지 질문을 해봤다. 천사장의 답은 "'5.24조치 하나 해제하지 못하냐' 하는 생각을 북한이 하고 있는 것 같다."는 것이었다. 또, 2019년 하노이 북미정상회담 당시 남한 측의 조언을 듣고 영변 핵단지를 폐기하는 안을 미국에 제시했는데 노딜로 끝난 것도 남한측을 싫어하게 된 원인이라고 생각한다는 것이었다. 어떤 정책이든 반대와 역풍은 있게 마련이다. 그게 무섭다고 어물어물한다면 자신 없는 정부가 되고 그러다 보면 어떤 정책도 하기 어려운 상태가 되기 십상이다. 자신 있고 당당하고 투명하고 명료한 정책, 그런 정부라야 깨어 있는 시민들의 신뢰를 더 얻을 수 있다. 5.24조치는 이제 너무 오래된 유물이다.

필요할 땐 한미연합훈련도 중단해야

2019년 말 김정은이 당 전원회의 보고에서 미국이 적대시 정책을 계속하면 새로운 전략무기를 보게 될 것이라고 하자 미국의 강경파는 '기회는 이때다'하면서 대북 강경정책을 주문했다. 트럼프의 국가안보보좌관을 지낸 존 볼턴은 "한국에서 취소되거나 축소된 모든 군사훈련을 완전히 재개해야 한다."고 주장했다.[4] 이에 대해 답이라

---

4 정재영, "트럼프 외교치적 흔드는 北… CNN '美대선판도 영향줄 것'", 『세계일보』, 2020. 1. 3.

도 하듯 마크 에스퍼 美국방장관은 북한의 향후 행동에 따라 한미연합군사훈련의 재개를 검토할 수 있다고 말했다. '북한은 분명 적대시 정책이 계속되면'이라는 큰 단서를 달았는데, 미국은 북한이 이미 전략무기 시험발사라도 한 것처럼 말한 것이다. 이런 식이다. 북한이 무슨 얘기를 하면 중요한 부분은 쏙 빼먹고 자신들에 필요한 부분만 부각시키면서 결국 하고 싶은 정책을 펴보려는 것이 미국 강경파의 속성이다. 강경대응하는 게 자신이 속한 군산복합체의 배를 불리고 자신도 그 속에서 득을 볼 수 있기 때문이다.

하지만 한미연합군사훈련은 신축적으로 운용할 수 있다. 그렇게 해야 한다. 북한이 싫어하는 방식, 예를 들어 '참수훈련'이라는 이름으로 북한의 리더를 제거하는 작전을 예행연습하는 행위는 하지 말아야 한다. 역지사지해볼 일이다. 북한이 한국 대통령을 제거하는 훈련을 중국과 함께 한다면 용인할 수 있겠는가? 또, 북한이 싫어하는 시기에 하는 것도 하지 말아야 할 일이다. 예컨대 농사철에 남측에서 대규모 훈련을 하게 되면 북한도 가만있을 수 없고, 그러다 보면 농사를 망치기 십상이다. 북한은 농사철에 군인들을 대거 동원하고, 대부분 군부대도 스스로 농사를 지어 식량문제를 해결한다. 그러니 농사 팽개치고 대규모 훈련을 하게 되면 이듬해 먹을 것을 제대로 마련하지 못하게 된다. 그래서 북한은 농사철 훈련을 특히 싫어한다.

거꾸로 한미연합훈련을 신축적으로 운용하면 남북관계 진전에 좋은 모멘텀을 만들어 낼 수 있다. 2017년 말 우리는 그 사례를 잘 보았다. 문재인 대통령이 2018년 초 평창동계올림픽 기간에 예정돼 있던 한미연합훈련을 연기하자고 미국에 요청했다. 미국이 이걸 수용해 연기하게 되었다. 그러자 북한이 동계올림픽 개막식에 김여정을 비롯한 대표단을 파견했고, 이때부터 남북관계가 풀리기 시작해 남북정상회담, 북미정상회담으로 이어졌다.

역사적으로 보아도 한미연합훈련은 때론 중단되기도 했다. 1991년 북한의 팀스피리트 중단 요구에 우리정부가 하나의 조건을 제시했다. 국제원자력기구IAEA의 핵사찰에 응하고 제5차 남북고위급회담에서 한국측이 제시하는 시범사찰을 수용하면 팀스피리트를 중단하겠다는 것이었다. 북한이 이를 수용하면서 그해 12월 31일 '한반도 비핵화 공동선언'을 채택하게 되었고, 이듬해 봄 예정되어 있던 팀스피리트는 취소되었다. 1993년에는 미신고 핵시설에 대한 특별사찰 때문에 북미 간의 대립이 심화돼 팀스피리트가 재개되었다. 1993년 11월 미국은 IAEA의 사찰을 거부하는 북한을 설득하기 위해 다시 팀스피리트 중단을 추진했다. 김영삼 정부가 거부했지만, 미국이 적극 설득해 1994년 팀스피리트는 또 다시 중단되었다. 대신 1994년부터 한미연합전시증원연습RSOI이 실시돼 2007년까지 계속됐고, 2008년부터는 키리졸브로 명칭이 바뀌었다.

그런데 이명박·박근혜 정권은 한미연합군사훈련을 중지하라는 북한의 요구, 그리고 축소 또는 조정을 요구하는 진보진영의 목소리에 대해 군사훈련은 주권의 문제라며 한 치도 양보할 수 없다고 했다. 지금의 보수정당들도 비슷한 생각을 하고 있는 것으로 보인다. 훈련을 축소하거나 중단하면 주권을 양보하는 것인가? 어불성설이다. 훈련은 상황에 따라 할 수도 있고 취소할 수도 있는 일이다. 군대를 없애라고 하는 게 아니지 않은가? 더욱이 훈련을 조정해서 남북이 대화할 수 있는 분위기가 만들어지고 한반도에 평화가 온다면 그게 더 주권을 분명하게 지키는 일이다. 분단이 고착화하고 그로인해 주변의 강대국의 영향력이 계속 유지되는 상황이 주권을 더 흔드는 환경이다. 전시의 작전권을 미국이 가진 채 그 걸 가져오기가 쉽지 않은 게 지금의 상황이다. 무엇을 가지고 주권이라 하는지, 한반도 문제의 현주소에 대해 깊은 천착을 해본 적은 있는지 궁금할 뿐이다.

한미워킹그룹 없어져야

한미워킹그룹은 북한에 대한 정책을 추진하는데 필요한 사항을 실무선에서 협의하기 위해 2018년 11월 만들어졌다. 2018년 6월 첫 북미정상회담 이후 한미 간의 긴밀한 협의를 통해 대북정책을 실현할 필요가 높아짐에 따라 구성된 것이다. 우리 측에서는 외교부 한반도평화교섭본부장이 수석대표이고 청와대와 외교부, 통일부, 국방부, 국가정보원이 참여한다. 미국 측에서는 국무부 대북정책특별대표가 수석대표이고 백악관과 국무부, 재무부 등에서 참여한다. 취지는 좋다. 한반도문제의 주요 행위자들인 한국과 미국이 협력하고 협의해야 하는 것은 당연하다. 일정한 기구를 만들어 놓고 되도록 자주 협의를 한다면 더 좋은 일이다.

그런데 그런 기구가 서로에게 부담이 되고, 간섭의 창구로 이용되고, 문제를 해결하는 게 아니라 꼬이고 어렵게 한다면 완전히 다른 얘기가 된다. 한미워킹그룹이 그런 꼴이다. 결정적으로 욕을 먹기 시작한 것은 2019년 1월의 일이다. 당시 우리정부는 독감 치료제 타미플루 20만 명분을 북한에 지원하려 했다. 수송비까지 합쳐 35억 원 정도 되는 것이었다. 북측과도 협의가 끝나 실어 보내려 했다. 하지만 한미워킹그룹에서 미국이 문제를 제기했다. 타미플루는 인도적 지원이기 때문에 문제없는데, 그걸 싣고 가는 트럭은 대북제재 품목이라는 것이었다. 옥신각신하는 사이 시간이 지났고, 시기가 늦어지자 북한이 수령을 거부해버렸다. 어이없는 일이었다. 인도적 지원을 하는데 약은 되고 약을 싣고 가는 운송수단은 안된다니 인도적 지원도 하지 말라는 얘기가 된다. 작정하고 시비걸고 반대하겠다는 생각이 아니면 할 수 없는 말이다. 그런 것이 한미워킹그룹에서 나오면서 원성을 사기 시작한 것이다.

이후에도 한미워킹그룹은 금강산 관광과 개성공단 재개, 남북 철도·도로 연결 사업, 기업인들의 개성공단 방문 등에 대해 지속적으로 문제 삼았다. 그러다 보니 이제 '신총독부'라는 말까지 듣게 됐다. 문재인 대통령의 비서실장을 지낸 임종석은 한미워킹그룹에서 통일부는 아예 빠질 것을 주문한다. 통일부가 여기에 발목 잡혀 아무것도 못하는 상황을 많이 본 것이다. 그러니 아예 빠져서 자유롭게 남북교류협력 사업을 제안, 진행해야 한다는 얘기다. 한미워킹그룹이 어떤 기능을 해왔는지 정부의 핵심 포스트에 있었던 인물이 생생하게 증언해주는 얘기로 들린다.

김대중 정부 당시에도 한미일이 정책협의를 진행하는 대북정책조정감독그룹TCOG이 있었다. 초기엔 협의가 잘 됐지만 갈수록 힘들어졌다. 특히 부시George W. Bush 행정부가 출범한 이후에는 한미 간 협의가 쉽지 않게 되었다. 그러다가 2003년 1월 이후 공식회의는 열리지 않게 되었다. 다양한 이해가 얽힌 것이 국가 간의 외교이지만, 특히 대북문제는 특이한 체제 북한을 두고 협의하는 것이어서 협의 자체가 더 어려울 수밖에 없다. 그런데 특별한 기구 한미워킹그룹이 만들어져 작은 사안까지 논의를 하도록 해놓았으니 불협화음이 언제 나올지 모르는 상황이 되어 있다.

없던 것을 새로 만들어서 문제를 키울 필요가 있을까? 당연히 없다. 그러니 한미워킹그룹은 없어지는 것이 맞을 것이다. 대북정책을 추진함에 있어서 미국과 상의할 만한 큰 사안은 외교부가 나서서 조정하면 된다. 유엔 대북제재위원회에 상정해서 풀어야 할 문제도 외교부가 다루면 된다. 인도적 지원이나 작은 사안들은 통일부가 선제적으로 사업을 진행하면 된다. 미국에는 단순한 협의 또는 고지 정도면 된다. 물론 미국은 이런 것까지 간섭하면 안 된다. 우리도 미국이 사소한 것까지 간섭할 수 있는 공간을 너무 활짝 열어줄 필요는 없다. 한미워킹그룹 없는 상태로 돌아가야 하는 것이다.

3
과거에 얽매인 사람들

북한을 보고 싶은 대로 보는 사람들[5]

2020년 4월 김정은 사망설이 한반도를 뒤흔들었다. 5월 2일 『로동신문』이 김정은의 순천인비료공장 준공식 참석 사진을 공개하면서 사망설은 해프닝이 되어버렸다. 하지만 이 해프닝은 그냥 해프닝으로 끝나는 게 아닌 것이 문제로 남았다. 죽었다는 김정은 위원장이 멀쩡하게 살아 돌아왔지만, '한반도는 늘 불안해' '북한은 어떻게 될지 아무도 몰라', 이런 인식은 세계인의 머릿속에 남게 됐다. 북한의 비정상성을 부각시키고, 북한과의 대결적 분위기를 만들어내려는 의도에서 뿌려진 정보라면 그 목적을 충분히 달성한 것이다. 북한과 관련한 대형 오보는 늘 부정적인 것이었고, 늘 이런 잔상을 남겼다. 그런 과정의 반복을 통해 북한은 지구상의 '요상한 나라idiosyncratic country'가 되어왔다. 정치체제도 기이하고, 내부 정보도 알려지지 않고, 그러면서 세계에 불안정성을 더해주는 나라가 되어온 것이다.

억울한 것은 북한이다. 북한은 한 것이 없다. 늘 하던 대로 했을 뿐이다. 한국과 미국, 일본의 보수언론과 망상가들이 북치고 장구치고 다 했다. 김정은 사망설은 『데일리NK』의 2020년 4월 20일자 기사

5 이 글은 『프레시안』에 게재한 "김정은, 앞으로 몇 번이나 더 죽을까?"(2020. 5. 4)를 수정, 보완한 것이다.

에서 시작되었다. 북한내부 소식통을 인용해 김정은이 4월 12일 평안북도 향산진료소에서 심혈관 시술을 받고 향산특각에서 치료를 받고 있다는 기사였다. 4월 21일에는 CNN이 '김정은 건강 이상설' 기사를 내보냈다. 『데일리NK』의 기사와 미국 정부당국자의 '관련 정보를 살피고 있다'는 말을 인용한 보도였다. 그러자 국내언론, 특히 보수언론들은 일제히 CNN을 인용, 보도했다. 태영호, 지성호 등 탈북자 출신 정치인, 장성민 세계와동북아평화포럼 이사장 등이 사망설을 부추겼다.

국내 보수매체에 난 기사를 외신이 인용하고, 외신에 난 기사를 다시 국내보수언론이 확대 재생산하는 양상으로 북한 관련 오보가 만들어지고 있음을 이번 사안은 잘 보여준다. 이런 유통과정을 통해 뉴스가 커지고, 많은 사람들이 여러 가지 이유로 기사를 보게 되니 보수언론은 잇속을 챙긴다. 게다가 싫어하는 북한을 더 요상한 존재를 만들어 주는 것이니 이런 작업을 마다할 리 없다.

김정일 사망설의 유통과정을 보면 우리사회에 북한을 보고 싶은 대로 보는 사람들이 그냥 보고 싶은 대로 보는 정도가 아니라 보고 싶은 대로 보면서 만들어낸 정보를 대량으로 유통시키고 있음을 알 수 있다. 북한의 내부와 관련된 기사가 대부분 그렇듯 4월 20일 『데일리NK』의 기사도 북한의 내부소식통을 인용한 것이었다. 특별히 '또 다른 소식통' 등의 언급이 없는 것으로 보아 인용한 소식통은 한 명이다. 취재원 한 명의 말만을 듣고 이처럼 큰 기사를 낸다는 것은 정상적인 언론기관이라면 할 수 없는 일이다. 북한을 보고 싶은 대로 보겠다는 인식이 그대로 반영된 것이라 할 수 있다. 북한에 대한 부정적인 뭔가를 찾고 있었고 그러다 보니 누가 얼핏 하는 이야기를 근거로 평소 생각하고 있던 바를 기사로 쓴 것이 아닌가 하는 생각이다. 보고 싶은 대로 보는 것을 넘어서 보고 싶은 대로 북한을 만들어 가려 하는 인식이라고 할 수 있겠다.

북한의 소식통, 그것도 한 명의 말이라면 쉽게 믿을 수 없다는 것은 상식이다. 게다가 북한에서 '최고 존엄'으로 받드는 김정은의 시술에 관한 정보는 최측근과 의료진 외에는 알기 어려운 정보다. 그만한 인물이 한국의 인터넷언론사와 소통을 하면서 정보를 준다는 것은 더 믿기 힘든 얘기다. 출처도 출처지만, 내용상으로도 향산진료소에서 시술을 받았다는 것인데, 진료소는 북한의 '리' 단위에 있는 보건소 같은 곳이다. 북한의 최고지도자가 그런 곳에서 시술을 받았다는 건 이해하기 어려운 얘기다. CNN기사도 내용을 보면, 『데일리NK』의 기사 이상의 얘기는 없고, 다만 미국 당국자가 이 정보를 살피고 있다는 정도이다. 그야말로 내용 없이 제목만 세게 뽑은 경우이다. 모두가 북한을 보고 싶은 대로 보는 데서 나온 것들이 아닐 수 없다.

북한을 보고 싶은 대로 보는 사람들은 언론의 선정주의와 친하다. 맞는지 틀리는지는 나중에 따져볼 일이고 사람들의 관심을 가질만한 것은 일단 기사로 만들어내려는 선정주의는 북한을 보고 싶은 대로 보는 이들에겐 매우 든든한 버팀목이 되어 준다. 안보상업주의도 한 몫 단단히 한다. 북한을 부정적으로 묘사하고 북한을 악마화해서 보수여론을 추부기고 보수를 상대로 장사를 하려는 안보상업주의는 북한을 보고 싶은 대로 보는 사람들이 반갑지 않을 수 없다. 거기에 한건주의 망상가들이 합세하면 오보는 그야말로 순식간에 일파만파가 된다.

북한정보 유통시장의 이런 환경을 좀 바꾸기 위해서는 시민들이 깨어있는 의식을 갖기 위해 더 노력해야 할 것 같다. 부실한 기사, 보고 싶은 대로 쓰는 언론, 한건주의에 매몰된 몽상가, 근거 없이 목소리만 높이는 자칭 전문가, 이런 부류들에게 휩쓸리지 않아야 할 것이다. 오히려 이런 행태를 질책하고 시장에서 발붙일 수 없도록 해야 할 것이다.

우선, '분명한 것은 김위원장이 스스로 일어서거나 제대로 걷지 못하는 상태라는 것'이라고 명백한 허위 주장을 태영호, '김위원장의 사망을 99% 확신한다'며 국민을 현혹시킨 지성호, 이런 사람들의 말에 다시 귀를 기울이지 말아야 할 것이다. 언론도 정보가치가 없는 그런 사람들의 얘기를 다시 받아 적으려는 태도는 버려야 하겠다. 1994년 탈북 기자회견에서 '북한이 핵무기 5개를 만들어서 갖고 있다'고 주장했던 강명도가 여전히 언론에 나오는 것을 보면 언론이 중요한 것을 너무 빨리 잊는 것 같아 걱정스럽기도 하다. 그래도 기대를 해본다. 우리사회의 이념지형도 많이 달라졌다. 21대 총선의 결과를 보면, '보수 70 진보 30'은 이제 과거 얘기가 된 것 같다. 언론들이 살기 위해서라도 엄밀한 시각, 균형적인 관점을 가져야 할 것 같다.

대북전단 살포는 도발

대북전단 살포가 시작된 것은 2000년 6·15정상회담이 이후부터이다. 지속적으로 문제가 되어왔다. 2014년 10월 인천아시안게임 폐막식에 김정은 바로 아래 3인방이 참석했다. 황병서 인민군 총정치국장, 최룡해 조선노동당 비서, 김양건 조선노동당 통일전선부장이었다. 이들은 남측의 고위관계자들과 만나 2014년 11월 남북고위급 접촉을 재개하기로 합의했다. 남북대화가 본격적으로 전개될 수 있는 계기를 마련한 것이다. 실제 고위급 접촉이 재개되기 전 북측은 대북전단 살포를 금지시켜 줄 것을 요청했다. 김정은 위원장을 모욕하는 전단이 살포되는 상황에서 남북대화를 하기는 어렵다는 얘기였다. 남측 외교안보라인에서 논의가 있었다. 북한을 싫어하는 대통령 박근혜, 강성의 외교안보라인은 대북전단 살포는 '표현의 자유'라는 전단살포 단체들의 논리를 그대로 따랐다. 북한의 요청을 들어줄 생각이 없었다. 통일부 장관 류길재만 전단살포는 금지시켜야 한다는 얘기를 했다고 한다. 그 때문에 장관자리에서 물러난 것으로 보인다. 어쨌든 그렇게 북한의 전단살포 금지 요청은 거부되었고, 그에 따라 북한이 고위급접촉을 무산시킴으로써 남북대화를 재개할 수 있는 기회는 날아가 버렸다.

자유북한운동연합 등 탈북자 단체들은 계속 북쪽에 전단을 살포했다. 그 내용이라는 것도 허접하기 짝이 없는 것이다. 허위 날조된 것이기도 했다. 노무현 대통령과 리설주 여사의 사진을 합성해 성적으로 모욕하는 내용까지 들어 있었다. 이런 것을 '표현의 자유'를 내세워 북한에 보내고 있었던 것이다. 문재인 정부 들어서도 이 단체들은 그런 저급한 행위를 계속했다. 그래서 2018년 4월 남북정상회담에서 대북전단 살포하지 않도록 하자고 합의했다. 그런데 그걸 지키지 못했다. 대북전단 살포가 계속된 것이다. 결국 북한은 남북연락사무소 폭파라는 초강수까지 들고 나왔다. 물론 대북전단 살포가 그런 초강수의 단일 원인이라 할 수는 없겠지만, 빌미를 준 것은 분명하다.

자유북한운동연합의 대표 박상학은 여전히 표현의 자유 운운하지만, 일부의 표현의 자유를 보장하자고 남북관계가 파탄나도 되는 것인가? 접경지역 주민들이 생명의 위협을 당해도 되는 것인가? 대법원도 이미 판결로 말했다. 표현의 자유도 무제한 보장되는 것이 아니고 그로 인해 생명의 안전에 위협을 받는 경우가 생긴다면 제한될 수 있다고. 그런데도 여전히 표현의 자유만 외치고 있으니 너무도 무책임한 행태가 아닐 수 없다.

그렇다면 이들은 왜 계속 전단을 보내려 할까? 첫째는 이들 단체의 존속과 존재를 위해서일 것이다. 이들 단체들은 북한과 대척점에 있다. 북한을 비판하고 비난하면서 단체를 유지하고 있다. 김정은을 모욕하고 북한을 비난하는 작업은 계속해야 회원이 유지될 수 있고 단체가 존속할 수 있는 것이다. 자전거가 멈추면 넘어지는 것처럼 계속 가야 하는 것이다. 둘째는 대북전단 살포가 돈이 되는 것으로 알려져 있다. 대북전단 살포 단체들은 미국의 NED(민주주의진흥재단. 미국 국무부로부터 예산을 받아 북한 인권단체 등을 지원하는 비정구기구)로부터 지원을 받고 있는 것으로 알려져 있다.[6] 돈을 받으려니 계속 전단을 살포해야 한다. 실제로 전단이 북한으로 넘어가 북한주민들에게 전달되는 경우는 드물다고 한다. 그런데도 계속 날리는 것은 계속적인 지원을 확보하기 위한 것이라고 할 수 있다. 셋째는 남남갈등 조장에 목적이 있는 것으로 보인다. 우리사회에는 북한에 대한 온건파

---

6 박대로, "대북전단 단체 출신 변호사 '美단체 돈 받아 룸살롱 등 지출'", 『뉴시스』, 2020. 8. 3.; 김종성, "대북전단 살포 단체를 움직이는 돈", 『오마이뉴스』, 2020. 6. 18.

가 있고, 강경파가 있다. 전자는 대화를, 후자는 북한에 대한 압박을 주장한다. 문재인 정부는 북한과 대화를 지향한다. 남북관계가 부침을 거듭하지만 진보정부 임기 동안의 대북정책은 전반적으로 포용정책으로 갈 가능성이 높다. 강경파는 자신들의 입지를 걱정하지 않을 수 없다. 그런 만큼 지지세력 확보가 필요하다. 대북전단 살포 문제를 키우고, 북한에 대한 공세를 강화하는 것은 강경파 지지세력을 모으는 데 일정 정도 기여할 가능성이 있다. 그런 차원의 캠페인이라고 할 수 있는 것이다.

이런 저급하고 이기적인 차원의 대북전단 살포는 당연히 중단되어야 할 것이다. 더욱이 김정은 위원장이나 북한체제에 대한 비난의 내용을 북으로 올려 보내는 것은 선제적 도발이 아닐 수 없다. 북한에 대해 도발하지 말라고 말하면서 남측이 먼저 도발하는 건 앞뒤 맞지 않는 행동이다. 자신의 입지와 편의만을 보고 있는 이들의 반성이 요구된다. 남북관계 악화, 남남갈등 확산 이것만으로도 이들이 끼친 해악은 너무 크다.

전술핵 재배치는 공멸지책共滅之策

북미 비핵화 협상이 지지부진해지자 한반도에 전술핵을 다시 배치해야 한다는 주장이 스멀스멀 나오고 있다. 2020년 초 미국의 스팀슨센터 선임연구원 조얼 위트Joel Wit가 "대북 억지력 강화를 위해 한반도 전술핵 재배치도 검토할 필요가 있다."고 주장했다.[7] 하긴 전술핵 재배치는 미국 얘기할 것 없이 한국에서도 계속 있어왔다. 특히 보수정당의 인물들이 공공연하게 주장해 왔다. 대표적인 인물이 원유철이다. 그는 전술핵 재배치뿐만 아니라 핵무장론까지 주장한다. 핵무기를 만들어내자는 얘기다. 북한이 핵을 가진 상황에서 우리도 핵을 가져 공포의 균형을 이루어야 평화가 유지된다는 게 그의 주장이다. 조경태도 비슷하다. 전술핵을 미국에서 가져와 배치하든지, 그게 안 되면 핵개발을 해야 한다고 주장한다. 나경원은 나토NATO식으로 핵공유를 해야 한다고 주문한다.[8] 나토 회원국들은 미국의 핵무기를 공동으로 사용하는 식으로 공유하고 있는데, 우리도 미국 핵무기를 들여와 공유하자는 것이다. 연구자 가운데서도 그런 사람이 있다. 박근혜 정부에서 청와대 통일비서관 했던 전성훈이 대표적이다.

참 단순하고 나이브한 생각들이다. '북한이 핵을 가졌으니 우리도 가져야 한다' 그 이상도 이하도 아니다. '저놈이 한 대 때리니 나도 때려야 한다' 하는 식하고 다를 바가 전혀 없다. 시원하긴 하다. 많은 사람들이 지지할 만도 하다. 하지만 조금만 생각해보면 미국의 핵을 다시 들여와 배치하는 것은 하지하책임을 금방 알 수 있다.

첫째, 우리가 전술핵을 재배치하거나 핵개발에 나서면 동북아는 군비경쟁의 소용돌이에 빠질 가능성이 높다. 헌법까지 고쳐서 군대를 갖고 전쟁을 할 수 있는 나라를 만들려는 일본은 한국의 핵무기를 근거로 군국주의를 더욱 강화할 것이다. 강해지는 중국에 대한 견제심리가 심화되고 있는 타이완도 핵무장 하겠다고 나설 수 있다.

---

7 강민경, "北장기전 돌입… 美, 한국과 함께 행동해야", *New1*, 2020. 1. 3.

8 정성호, "[여심야심] '안보국회' 벼르던 한국당의 '핵무장론'…실현 가능성은?", *KBS*, 2019. 7. 31. http://news.kbs.co.kr/news/view.do?ncd=4253708&ref=A

북한은 더욱 고도화된 핵무기와 미사일 개발에 박차를 가하게 될 것이다. 그야말로 동북아 국가들은 엄청난 자원을 경쟁적으로 군비확장에 쏟아 붓지 않을 수 없는 무한 군비경쟁의 시대로 빠져들 가능성이 높다. 서로 이기는 게임이 아니라 서로 지는 게임에 몰입하게 되는 것이다.

둘째, 실제 핵전쟁의 위험이 훨씬 커진다. 미국의 전술핵을 재배치한다면 B61-12가 될 것이다. 2018년 8월 미국 네바다주 사막에서 B-2 스텔스 폭격기에 탑재해 폭격실험까지 마친 신형 전술핵무기이다. 폭발력을 0.3kt에서 50kt까지 조절할 수 있고 GPS도 장착돼 있다. 아군 피해 최소화를 위해 규모를 조절할 수 있고 목표지점을 정확히 타격할 수 있다. 지상폭발형 외에 지하관통형(벙커버스터)도 있어 전술적 필요에 따라 실제 활용가능성을 높혔다는 것이 큰 특징이다. 이런 전술핵이 한반도에 배치된다면 대치상황이 심해지는 경우가 많은 한반도에서 실제 핵무기의 사용가능성이 높아진다는 얘기가 된다. 핵무기의 사용은 곧 핵전쟁이고, 이는 곧 우리민족이 겪은 그 어떤 시련보다 훨씬 더 큰 비극으로 이어질 수 있다. 물론 가능성이 낮은 일이긴 하지만, 그런 가능성을 열어두는 행위라면 그 자체가 더없이 우매한 짓이 아닐 수 없다.

셋째, 전술핵의 재배치는 미국의 중거리미사일 배치 계획과 맞물려 중국과 러시아의 엄청난 반발을 불러올 것이다. 미국은 중거리핵전력조약을 폐기한 이후 한국에 중거리미사일을 배치하고 싶은 생각을 가지고 있다. 마크 에스퍼 美국방장관이 2019년 8월 그런 속내를 내비친 적이 있다. 중국과 러시아는 물론 '절대 안 된다'는 입장이다. 만약 전술핵을 재배치한다면, 중국과 러시아는 미국의 중거리미사일 배치 전략과 연결시켜 생각하지 않을 수 없다. 즉, '미국이 중거리미사일과 전술핵을 한국에 배치에 유사시 중국이나 러시아를 핵무기로 쉽게 공격할 수 있게 하려 하는구나' 하는 생각을 한다는 것이다. 이는 1962년 쿠바미사일 사태의 재현이 될 것이다. 소련이 핵미사일을 미국의 코밑 쿠바에 배치해 미국과 소련이 전쟁 직전까지 갔었다. 2차 세계대전 종전 후 75년의 세계역사에서 3차 세계대전에 가장 가까이 갔던 사건이었다. 전술핵 재배치는 그런 상황을 다시 만들 수 있는 것이다.

넷째, 북한 비핵화 추진의 명분이 약화된다. 우리의 목표는 북한의 비핵화-한반도 평화정착-남북한의 평화통일이 아닐 수 없다. 궁극의 목표는 통일이고, 이를 위해서는 비핵화가 이루어져야 한다. 그러자면 우리가 분명한 명분과 도덕적 우위를 확보한 상태에서 북한을 설득하고, 미국의 협상을 독려해야 한다. 한반도에 핵을 배치해 놓으면 그런 우위는 사라진다. 북한은 "너부터 비핵화하라."고 외칠 것이고, 핵사찰을 하자고 나올 것이다. 사찰대상은 미군부대가 될 것이다. 이를 미군이 허용할 리 없다. 그러면 비핵화논의는 제자리걸음만 무한 반복할 가능성이 높다. 한반도는 대결과 긴장의 질곡을 벗어나지 못할 것도 불을 보듯 뻔하다.

다섯째, 현실성이 없다. 미국이 한국에서 전술핵을 철수한 것은 1991년 9월. 당시 미국은 소련과 전략무기감축협정START을 타결했고, 탈냉전을 가속화하고 있었다. 이를 촉진하기 위해 한반도의 전술핵 철수도 결정했다. 11월엔 노태우 정부가 한반도비핵화선언을 했고, 이듬해 1월 남북한이 합의해 '한반도비핵화 공동선언'도 나오게 되었다. 미국의 세계전략에 따른 조치가 전술핵 철수였던 것이다. 그런데 이제 한국이 전술핵을 다시 배치해달라 하면 응하겠는가? 실제로 2017년 9월 자유한국당 의원 이철우, 백승주, 강효상 등이 워싱턴에 가 미국관료들에게 전술핵 재배치를 요구했는데, 그때 미국의 답은 부정적이었다.[9] 이렇게 현실성 없는 방안을 주장하는 데에는 의도가 있다. 북한에 대해 강력한 메시지를 발신해 보수의 결집을 추진하겠다는 생각이다. 해서도 안 되고 할 수도 없는 것을 정치적 목적으로 얘기하는 것이다.

결국 전술핵 재배치는 남북이 공멸하자는 정책이 아닐 수 없다. 2019년 교수신문이 선정한 한자성어가 '공명지조共命之鳥'이다. 공명지조는 불교경전 『불본행집경』에 나오는 새이다. 머리가 두 개다. 하나는 주로 낮에 일하며 항상 몸에 좋은 것만 챙겨먹는다. 다른 하나는 주로 밤에 일하는데 심술과 질투가 많다. 좋은 것만 챙겨먹는 머리를 미워한다. 질투가 심해진 나머지 그만 독이 든 열매를 먹어버린다. 머리는 두 개지만 몸은 하나이니 독이 몸에 들어가 결국 죽고 만다. 전술핵 재배치 주장은 남북이 모두 바로 '공명지조'의 길로 가자는 얘기가 아닐 수 없다.

---

9 온라인뉴스부, "자유한국당 방미단 '전술핵 재배치' 요청에 미 정부·의회 '부정적 반응'", 『서울신문』, 2017. 9. 15. https://www.seoul.co.kr/news/newsView.php?id=20170915500141#csidx4167e 5bf3a636fbbea419fcc658d1bc

전시작전권 환수는 상식 중 상식[10]

전쟁 상황이 되면 우리군은 작전권이 없다. 전시작전통제권(전시작전권 또는 전작권)이 우리군의 합참의장에게 있는 것이 아니라 한미연합사 사령관에게 있기 때문이다. 미군 대장이 우리군의 전시작전권을 가지고 있는 것이다. 한국전쟁이 발발하자 1950년 7월 14일 이승만 대통령이 맥아더 유엔사령관에게 편지를 써 전작권을 이양했는데, 그 상태가 지금까지 이어지고 있는 것이다. 70년이 넘었다. 독립국가가 이렇게 오랫동안 군에 대한 작전통제권을 타국에 맡기고 있는 경우가 또 있는지 모르겠다. 있기 어려울 것 같다. 주권은 대내적으로 영토와 국민에 대한 관할권을 완전하게 가지는 것이고, 대외적으로는 완전한 독립성을 확보하는 것이다. 군을 스스로 통제하지 못하는 것은 완전한 주권에 대한 흠결이 아닐 수 없다. 한미군사훈련을 축소·중단하는 것은 주권의 문제이니 그러면 안 된다는 분들이 주권의 주요부분인 전작권을 환수하자는 얘기는 왜 안 하는지 모르겠다. 오히려 이런 분들은 전작권은 그대로 미국에 계속 맡기자고 한다. 모순이다.

---

10 이 글은 『프레시안』에 게재한 "전시작전통제권 환수는 '상식'이다"(2020. 8. 13)를 수정, 보완한 것이다.

주권 운운할 것도 없다. 상식이다. 상식 중의 상식이다. 나라가 존재하면 영토가 있고, 국민이 있어야 한다. 영토와 국민을 지키려면 군대가 있어야 한다. 이걸 남의 손에 맡기는 것은 상식에 어긋나도 많이 어긋난다. 미국 독립전쟁 당시 미국인들에게 많은 영향을 준 소책자가 토마스 페인의 『Common Sense』(상식)이다. 미국의 분리·독립 요구는 너무 자연스러운 것이고, 미국이 스스로의 제도를 만들어 스스로 통치하는 것이 훨씬 지혜롭고 안전한 것이며, 스스로를 보호하는 일을 스스로 하는 것은 너무 당연한 일임을 새삼 상기시켜 미국인들의 독립 의식을 일깨웠다. 나라가 다른 나라의 간섭을 받지 않고 스스로를 스스로가 지켜가는 것이 상식임을 설파한 것이다. 사람이 자유를 원하는 것처럼 국가도 자율성을 추구한다. 경제력도 군사력도 자율성 없이는 공허한 것이 아닐 수 없다. 배는 부른 데 시간 통제를 자기 마음대로 못하는 사람이 행복을 느낄 수 없는 것과 마찬가지다.

전작권은 이미 노무현 정부가 미국과 협상해 환수하기로 결정했었다. 물론 많은 논란과 논쟁이 있었다. 환수일은 2012년 4월 17일이었다(이승만이 맥아더에게 편지를 써 작전권을 이양한 7월 14일을 거꾸로 해서 4월 17일로 정했다). 그대로 진행됐더라면 8년 전 이미 환수된 것이다. 그런데 이명박 정부가 슬그머니 미국에 요청해 2015년 12월 1일로 연기했다. 박근혜 정부는 이를 다시 연기했다. 환수날짜를 정한 것도 아니었다. 무기연기였다. 당시 합의해놓은 환수의 조건이 세 가지이다. 첫째는 한국군의 연합작전능력, 둘째는 초기 북핵·미사일 위협 대응 능력, 셋째는 한반도 주변정세이다. 그에 따라 한미는 연합작전능력을 향상시키기 위한 연합훈련을 해왔다. 전작권이 환수되면 한미연합사가 해체되고 미래연합사가 생기는데, 이 미래연합사의 작전능력을 향상시키는 훈련을 해온 것이다. 구체적으로는 3단계 검증평가를 실시하는 방식이다. 1단계로 기초운용능력, 2단계로 완전운용능력, 3단계로는 완전임무수행능력에 대한 평가를 실시해 미래연합사의 작전능력이 인정되면 환수 절차를 진행한다는 것이다. 기초운용능력에 대한 평가는 2019년 이미 끝났고, 완전운용능력은 2020년에 평가할 계획이었다. 2021년에는 완전임무수행능력을 평가할 예정이었다. 이런 과정을 통해 전작권을 환수한다는 것인데, 임기 내 환수는 문재인 정부의 공약이기도 하다.

그런데 이런 계획이 어그러져 문재인 정부 임기 내 환수가 어렵게 돼 가는 모양새다. 2020년 한미연합연습이 8월 18~28일 실시되었다. 코로나19 때문에 최소 규모로 진행되었다. 미래연합사의 완전운용능력에 대한 평가가 부분적으로만 이뤄진 것이다. 그래서 2021년에 다시 이 부분에 대한 평가가 이뤄져야 한다고 한다. 그렇게 평가가 순연되면 문재인 정부 내 환수는 어렵게 되는 것이다. 더욱이 2020년 10월에 열린 한미안보협의회의SCM에서 우리 측이 2단계 완전운용능력에 대한 검증평가를 2021년에 하는 것으로 공동성명에 명기하자고 제안했는데, 미국은 이를 거부했다.[11] 원래 스케줄대로라면 2020년 해야 하는 것이었는데 이를 2021년에 하자는 것을 확실히 하자는 것을 거부한 것이다. 2021년에도 2단계 훈련이 제대로 안 될 가능성이 있는 것이라 할 수 있다.

---

11 박병수, "미 '전작권 전환 내년 일정 보류', 정부 조기전환 방침 차질 불가피", 『한겨레』, 2020. 10. 23.

이런 흐름을 관찰하면 답답하기도 하고 의문스럽기도 하다. 평가 스케줄이라는 게 수학공식처럼 정해진 것인가? 한미가 논의하면서 정해가면 되는 것 아닌가? 세상을 바꾸는 일도 사람이 하는 건데 훈련, 평가 이런 것은 한 번 논의 됐다고 해서 변경될 수 없는 것인가? 이런 의문이다. 가뜩이나 코로나 19라는 지구적 전염병은 사정변경의 주요 근거가 될 수 있는 것인데, 정해놓은 훈련 스케줄이 헌법이라도 되는 양 지켜야 한다는 것도 이해하기 어렵다. 2012년에도 환수할 수 있었던 것인데, 어떤 연합훈련을 거쳐야 되고 그 훈련에서 평가가 괜찮아야 환수할 수 있는 것으로 얘기한다는 것 자체도 어불성설이다.

해방 이후 지금까지 1949년 6월에서 1950년 6월까지 1년 간의 공백을 제외하고는 74년 동안 주한미군이 주둔해왔는데 한미연합작전 능력이 부족해 전작권 전환을 못한다는 것도 이해하기 어려운 얘기다. 그 많은 한미연합훈련은 뭐였고, 왜 또 3단계 검증평가가 필요한 것인지도 모르겠다. 물론 정작 전작권이 한국으로 전환되는 상황을 상정한 것이니 훈련이 좀 다르긴 해야 할 것 같다. 그러나 그동안 축적한 능력과 자료는 의미 없는 것이고, 새로운 3단계 훈련과 평가는 하늘이 무너져도 지켜야 하는 것인지 의아하기 그지없다.

지금까지 전작권 환수 관련 논의를 보면, 한미가 합의만 하면 당장이라도 환수할 수 있다. 노무현 정부 당시에는 상대인 부시 행정부와 이해관계가 맞았다. 노무현 정부는 전작권을 환수하려 했고, 부시 행정부는 9·11테러 이후 세계 주요지역에 주둔하는 미군의 전략적 유연성을 높여 지구 곳곳에서 발생하는 테러에 대응하려 했다. 전작권도 한국에 넘겨주고 몸을 가볍게 해 유연성을 강화하려 했다.

그렇지만 한쪽이 반대하면 환수가 어렵다. 지금은 우리는 환수하려 하지만 미국이 꺼린다. 미중전략경쟁이 심화하고 있는 상황에서 한미연합사의 해체와 미국의 영향력 약화를 가져올 전작권 전환을 달가워 하지 않는 것이다. 그래서 정해놓은 절차를 지키자고 하는 것이다. 아니 스케줄을 따라 가자고 하는 것도 거부하고 있다. 코로나19로 연합연습을 못하는 게 미국에게는 전작권 전환 연기의 좋은 구실이 되고 있는 것이다.

이제 관건은 문재인 정부의 의지이다. 임기가 2022년 5월 9일까지이니 시간이 없는 것도 아니다. 한국군의 연합작전능력, 초기 북핵·미사일 위협 대응 능력, 한반도 주변정세라는 전작권 환수의 조건도 박근혜 정부에서 합의해 놓은 것이다. 미래연합사의 작전능력이라는 것도 3단계로 평가해야 한다는 법도 없다. 문재인 정부가 어떤 생각을 가지느냐에 따라 미국과 얼마든 조정해나갈 수 있는 문제이다. 노무현 정부도 '아직 때가 아니다'라고 판단했더라면 미국에 전작권 전환 요구를 못했을 것이다. 반대로 '이제 확실히 가져올 때가 됐다'라고 판단하고 미국에 강력 요구했기 때문에 환수 합의가 이뤄질 수 있었다. 지금도 '코로나19 때문에 연합훈련을 못했으니 다음에 더 훈련한 다음 논의해보자' 이런 생각이라면 부지하세월不知何歲月이다. 다음엔 어떤 변수가 생길지 모른다. 반대로 '임기내 환수 반드시 지킨다'라고 생각하면 절차는 얼마든 단축시킬 수 있다.

어느 나라 군대든 완벽할 수는 없다. 세계최강 미군도 첨단무기, 풍부한 자원으로 무장하고 있지만, 규율과 사기 측면은 부침이 많다. 한국군도 강하다. 장비, 사기, 작전능력 등 여러 면에서 특장이 있다. 정찰과 정보능력 면에서는 아직 갖추어야 할 것이 많다. 하지만

2020년 7월 첫 군용 통신위성을 발사했고, 2023년에는 정찰위성도 발사할 계획이다. 완벽한 상태가 돼야 전작권을 가져올 수 있다고 주장한다면 가져오지 말자는 얘기가 된다. 전작권 환수를 언제 하든 더 개선하고 발전시켜야 할 부분은 지속적으로 존재하는 것이다. 결국 의지의 문제, 관점의 문제, 선택의 문제이다. 문재인 정부가 '임기 내 환수'라는 공약을 내걸 때의 초심으로 돌아가길 바랄 따름이다.

미사일의 정치학

미사일은 첨단과학기술 발전과 직접 연결되어 있다. 우주개발과도 맞물려 있어 각국이 보다 앞서가는 기술을 확보하기 위해 애를 쓰고 있다. 특히 우리 주변의 중국, 일본은 군사적인 목적을 위해, 또 우주탐사를 위해 미사일 기술 발전에 막대한 투자를 하고 있다. 우리도 관련 기술을 첨단화하기 위해 많은 노력을 기울이고 있다. 하지만 우리에게는 커다란 제한이 있다. '한미미사일지침'이라는 것이다. 시작은 박정희 정부에서였다. 1979년 국방장관 노재현이 존 위컴John Wickham 주한미군사령관에게 '사거리 180km, 탄두중량 500kg 이상의 탄도미사일은 개발하지 않겠다'는 내용의 서한을 보냈는데, 그게 한미미사일지침이 되었다. 당시 박정희 정부는 미국의 미사일 기술을 받기 위해 이런 내용의 편지를 보내야 했다.

이후 우리정부는 사거리와 탄도중량을 늘리기 위한 노력을 지속적으로 했다. 김대중 정부는 2001년 한미미사일지침을 개정해 사거리 제한을 300km로 늘렸다. 이명박 정부도 지침 개정에 나서

2012년 사거리 제한을 800km로 늘렸다. 문재인 정부는 출범한 지 얼마 안 된 2017년 9월 탄도미사일의 탄두중량에 대한 제한을 없앴다. 문재인 정부는 이후 다시 협상에 나서 2020년 7월 우주발사체에 대해 고체연료를 사용할 수 있도록 했다. 그렇게 됨으로써 우리도 우주발사체 개발에 박차를 가할 수 있게 되었다. 고체연료 발사체를 이용해 군사정찰위성을 발사하게 되면 정보능력을 크게 증가시킬 수 있다. 군사용 미사일 개발에도 좀 더 유리한 환경을 갖게 되었다. 액체연료를 사용하면 발사 전 연료를 주입해야하는 번거로움이 있지만, 고체연료 사용 미사일은 언제든 발사가 가능해 군사용으로 이점이 있다.

여기서 좀 더 나아가 미사일 사거리 제한을 800km에서 더 늘리는 협상도 진행될 것으로 보인다. 김현종 청와대 국가안보실 2차장이 "사거리 제한 문제도 '인 듀 타임'(적절한 시기에)에 해결될 것"이라고 말했다.[12] 한미 간 어느 정도 의견조정이 이뤄지고 있다는 얘기다. 지금 지침으로 우리가 개발할 수 있는 미사일은 탄두 중량 제한 없이 사거리 800km까지이다. 이 정도면 대구에서 북한 전역을 커버할 수 있는 미사일을 개발할 수 있다. 북한을 타깃으로 하는 미사일을 개발하는 데에는 지금 지침 정도면 되는 것이다. 그런데 이를 확장하는 것은 타깃이 북한을 넘어 중국이 될 수 있다는 얘기가 된다.

미국과 중국은 미사일을 두고도 경쟁 중이다. 트럼프 행정부가 2019년 8월 중거리핵전력INF조약을 폐기하면서 내세운 것도 중국이

---

12 길윤형, "미, 한국미사일로 중국 견제 포석…사거리 연장 '양날의 칼'", 『한겨레』, 2020. 7. 31.

중거리 미사일을 계속 개발하고 있기 때문에 조약에 묶여 미국만 손 놓고 있을 수 없다는 것이었다. 마크 에스퍼 美국방장관은 INF 폐기 직후 미국의 신형 미사일을 아시아태평양 지역에 배치하고 싶다고 얘기했는데, 이는 주로 한국과 일본을 염두에 둔 것이라고 할 수 있다. 그래서 중국이 곧바로 반발했다. 한국, 일본, 호주를 거론하며 미국의 중거리 미사일을 배치하면 가만있지 않겠다고 말한 것이다.

우리가 개발할 수 있는 미사일의 사거리를 늘리는 것은 미사일 주권 확보 차원에서 중요한 일이 아닐 수 없다. 문제는 미중갈등, 특히 미중 미사일 경쟁이다. 그런 맥락 속에서 우리가 미사일 사거리를 늘리는 것은 '한국 미사일로 중국을 견제하겠다'는 전략으로 읽힐 수 있다. 중국은 틀림없이 그렇게 여길 것이다. 그리고는 2017년 사드 배치 당시와 같은 강력한 조치를 취할 수 있다. 미사일 주권은 확보하되 실제 중거리 미사일 개발은 언제 어떤 전략으로 시작할 것인지, 그것이 동북아질서에 미치는 영향은 무엇인지, 중국의 반발을 막기 위해서는 어떤 논리가 필요한 것인지 면밀한 검토가 필요하지 않을 수 없다. 우리가 하고 싶다고 그냥 하면 의외의 파장과 곤경을 몰고 올 수 있다. 하고 싶고 해야 하는 것을 하되 부작용은 최소화하는 게 현명한 정부의 현명한 처신이 될 것이다. 하지만 주권 차원의 것에 대한 확보는 이르면 이를수록 좋다.

황새 따라가야 하는 뱁새

동북아 국가들 사이 경쟁과 밀고 당기기가 어제 오늘의 얘기는 아니다. 특히 경제적 경쟁은 오래된 것이면서 시간의 흐름에 따라 양상을 달리해왔다. 1980년대까지만 해도 일본이 앞서고 우리가 그 뒤를 쫓고 중국이 그 뒤를 따르는 모습이었다. 하지만 어느 사이 추이는 완전히 바뀌어 중국이 빠른 속도로 앞서가고 있다. 우리는 코로나19의 직격탄을 피하진 못했지만 다른 나라에 비해 선방하고 있다. 반면 일본은 아베노믹스로 반짝 좋아지는가 했던 경기가 그동안의 지나친 재정지출과 코로나19의 영향으로 다시 나빠졌다. 그런 가운데서도 경제영역에서는 삼국 간의 거래와 협력도 여전히 진행되고 있다. 전쟁을 하는 가운데서도 교역은 이루어지는 것이 국가 사이의 관계인 만큼 인접국인 한중일 사이의 무역거래는 부침을 거듭하는 가운데서도 중단 없이 계속될 것이다.

그런데 최근의 군사적 경쟁 양상을 보면 경쟁양상이 과거 그 어느 때보다 뜨거워지고 있다. 특히 해군력을 두고 경쟁하는 모습은 마치 동아시아의 바다를 놓고 한중일이 아마겟돈이라도 벌일 듯한 양상이다. 앞에서 본 것처럼 중국은 2척의 항공모함을 갖추어 놓고 세 번째 항모를 만들고 있다. 네 번째 항모도 이르면 2021년 건조를 시작할 것으로 전해진다. 2040년까지는 6척의 항모를 배치한다는 계획을 갖고 있다.

일본은 2023년까지 경항모 2척을 확보하는 데 만족하지 않고 이후에는 5만톤급 항공모함을 건조할 계획을 세워놓고 있다. 해군병력 증강 계획도 있다. 앞으로 몇 년에 걸쳐 현재 4만 3,000여명의 해상자위대원을 4만 5,000여 명으로 늘릴 계획이다. 그간 추진했던 '이지스 어쇼어'가 무산되자 이지스함을 늘리기로 하고 병력도 증강키로 한 것이다.

이렇게 중국과 일본이 해군력을 강화하는 와중에 우리만 손 놓고 있을 수는 없는 노릇이다. 군비경쟁은 하지 않는 것이 서로에게 좋고, 군비경쟁을 하는 순간 서로에게 손해인 줄 알면서 국가 간 담합이 안 되는 게 국제정치의 현실이다. 진보정부 문재인 정부도 2020년 8월 경항모 건조계획을 밝혔다. '2021~2025 국방중기계획'을 발표하면서 경항모와 핵잠수함 건조계획을 포함한 것이다. 경항모는 3만 톤급으로 F-35B 10여 대와 헬기를 탑재할 수 있는 규모를 계획 중이고, 2030년 초 배치를 목표로 하고 있다. 항모 운영 인원을 확보하기 위해서는 현재 4만여 명인 해군병력을 증원해야 한다는 얘기도 나온다. 3만 톤급 경항모 1척 운용에 필요한 병력은 1,000명 정도이다. 핵잠수함을 갖기 위해서는 미국의 동의가 필요하다. 이런 것도 미국과 상의해야 한다는 게 답답한 일이지만, 한미원자력 협정에 '폭발 또는 군사적 적용 금지' 조항이 있어 원자력을 군사적으로 이용하려면 미국과 협의를 해야 하는 것이다. 핵무기 제조가 아니라 핵추진에 사용하는 것이어서 협상 가능한 일이지만, 어쨌든 협의해야 하는 일이고 쉽지만은 않은 일이기도 하다.

북한에 대응하는 차원이라면 경항모·핵잠수함까지는 필요 없다. 남북한 해상로가 얼마나 된다고 경항모까지 갖춰야 하겠는가? 북한의 잠수함 수준이 높은 것이 아니어서 우리 해군의 디젤 잠수함만으로도 대응이 가능하기 때문에 핵잠수함도 굳이 필요한 것은 아니다. 하지만 중국과 일본이 계속 해군을 강화하면서 동아시아의 해양패권을 장악하려 하는 상황에서는 얘기가 좀 달라진다. 군비경쟁이라는 악순환의 고리로 진입하는 것을 알면서도 중국, 일본의 행위를 수수방관할 수도 없는 상황이다. 가만있다가는 중국, 일본이 장악한 동아시아의 바다 위에 우리는 고립된 채로 남아 있을 수 있기 때문이다. 황새 다리가 긴 줄 알면서도 쫓아갈 수밖에 없으니 답답한 일이긴 하다. 하지만 그것으로 그쳐선 안 될 일이다. 우리도 일정 정도 군비를 확보하면서도 동북아안보공동체를 만들어내려는 노력도 배가해야 한다. 그 속에서 공동으로 안보를 논의하면서 군비경쟁 자제, 나아가 군비축소 방안도 논의할 수 있도록 해야 한다. 물론 요원한 얘기다. 하지만 멈출 수 없는 일다. 구체적 안을 내고 국제사회에 필요성을 호소하고, 유엔에 지원을 요청하고, 국제적 명사들의 동참을 호소하면서 동북아안보 레짐을 만들어 가는 데 진력해야 한다. 그런 노력이 성과를 조금이라도 보이게 된다면 한반도 문제 해결에도 크게 기여할 것이다. 그러니 장기적 안목을 가지고 동북아안보공동체를 제시하고 꾸준히 추진해야 할 것이다. 그러자면 역시 남북관계를 개선하는 것이 매우 중요하지 않을 수 없다. 우리가 남북관계를 개선하면서 북한 비핵화를 위한 동북아 안보협력체의 구성을 제시할 때 비로소 그 추동력을 가질 수 있을 것이다. 남북관계는 그래서 한반도의 문제이면서 동시에 동아시아의 문제이다. 남북관계 개선은 동아시아 평화에 적극 기여하는 일이 아닐 수 없다.

글로벌 리더가 아쉽다

2차 세계대전이 끝난 뒤 유럽은 분열되어 있었다. 독일에 맞서 영국·프랑스가 함께 싸웠으니 강대국 사이의 분열이 가장 큰 문제였다. 특히 독일과 프랑스는 전통적인 앙숙관계였는데, 1차대전에 이어 2차대전에서까지 적대국으로 싸웠으니 서로에 대한 적대감이 매우 높아져 있었다. 그런 상황에서 유럽이 통합으로 가야 한다는 기치를 내걸고 헌신적인 노력을 하는 걸출한 리더들이 있었다. 바로 장 모네Jean Monnet와 로베르 슈망Robert Shuman이다. 모네는 원래는 사업가였는데, 1·2차 세계대전 동안에는 연합국의 군수물자를 관리하는 공직을 맡았다. 2차 세계대전이 끝난 뒤에는 경제계획청장으로 프랑스 재건을 지휘했다. 그 과정에서 모네는 서유럽 분쟁의 핵심원인이 되어온 석탄과 철강을 공동관리하는 방안을 제시했다. 독일과 프랑스 국경부근에 있는 프랑스의 알사스로렌, 독일의 루르·자르 지역에서 생산되는 석탄과 철광석을 공동관리하면 독일과 프랑스의 분쟁 가능성이 줄어들고 나아가 다른 영역의 통합도 견인할 수 있다는 생각이었다.

이 제안을 적극 수용한 사람이 당시 프랑스 외무장관 슈망이다. 슈망은 모네의 제안을 받아들여 1950년 5월 석탄과 철강을 초국가적 기구가 관리하도록 하자는 슈망플랜을 발표했다. 슈망의 전임 외무장관 게오르그 비도George Bidault에게도 모네의 석탄철강공동체 구상은 전달되었지만 수용되지 않았다. 하지만 슈망이 이를 수용해 결국 1951년 4월 유럽석탄철강공동체ECSC가 프랑스와 독일, 이탈리아, 벨기에, 네덜란드, 룩셈부르크의 참여로 창설되었다. 모네는 ECSC 공동관리청장으로 활동하면서 유럽정치공동체와 유럽방위공동체 방안을 제시해 유럽의 정치적 통합까지 적극 추진했다. 당시 상황에서 프랑스 의회부터 이를 거부하는 바람에 정치통합의 길이 바로 뚫리지는 않았지만, 그의 아이디어는 이후 차근차근 반영돼 유럽이 하나가 되는 데 초석이 되었다. 역사적 과오에 대해 진지하게 성찰하고 미래에 대한 새로운 비전을 제시하려 했던 탁월한 리더들 덕분에 유럽통합은 이루어질 수 있었던 것이다.

동북아시아에도 그런 리더가 나와야 한다. 그런 문제를 생각하면 두 인물이 떠오른다. 김대중과 반기문이다. 김대중은 아깝다. 늦게 대통령이 된 것이 아쉽다. 만 73살에 대통령이 돼 78살에 임기를 마쳤으니 이후 글로벌 리더로서 활동하기에는 나이가 많았다. 1987년 양김이 후보단일화를 했었다면, 그때 김대중이 대통령이 됐더라면 대통령 재임 후 10년은 왕성하게 활동했을 것이다. 남북의 화해를 위해, 동북아냉전구조를 해체하기 위해 동분서주했을 것이다. 오랜 민주화·인권 투쟁, 노벨평화상 수상, 통일과 평화에 대한 신념과 식견 등이 어우러져 국제적인 활동을 했더라면 한반도문제와 동북아 상황이 많이 달라졌을 것이라는 생각이다. 물론 그 가운데 핵심은 '북한핵문제 해결 → 북미수교 → 한반도 평화체제'의 선순환 구조 구축이었을 것이다. 김대중 스스로도 그걸 하려 했을 것이고, 우리도 국제사회도 그걸 원했을 것이다. 하지만 역사에 가정은 허무하고 부질없는 짓이다. 한반도가 아직 시운을 만나지 못한 것이라고생각할 수밖에.

반기문을 생각하면 더 아쉽다. 유엔사무총장 10년을 지냈으니 세계적 명사이며 글로벌 리더로서의 기본요건을 충분이 갖추고 있다고 하겠다. 그런데 그에게는 두 가지 문제가 있다. 하나는 결정적 순간의 판단력, 다른 하나는 보수적 의식이다. 2015년 반대하는 여러 나라를 설득해 파리기후변화협약을 체결할 당시만 해도 세계적인 리더로 거듭날 것이라는 기대를 모았다. 하지만 임기를 마치고 2017년 1월 귀국해 대선 활동에 들어갔지만 귀국 20일 만인 2월

1일 대선 포기 기자회견을 하면서 세계적 리더로서의 이미지는 급전직하했다. 이렇게 단기간에 이미지를 훼손한 데에는 그의 결정적 판단력 부족이 작용했다. 스스로의 역할과 국가적 자산으로서 해야 할 일에 대한 판단력 부족을 말하는 것이다. 이미 국제적 리더가 되어 있는 그로서는 그동안의 국제적 네트워크를 활용해 한반도 긴장완화, 동북아 냉전 해체, 북미관계 진전, 남북관계 진전을 위해 매진하는 것이 적임이었다. 그럼에도 그는 대통령 욕심을 버리지 못하고 그 길에 들어섰다. 하지만 언론의 호된 검증, 국내의 다양한 이슈에 대한 스스로의 이해 부족, 바닥 정서에 대한 인식 부족은 금세 드러났다.

그의 보수적 인식도 글로벌 리더로서의 보다 큰 역할에 장애가 되고 있다. 그는 여전히 북한과의 적극적 교류·대화, 포용적 접근을 강조하지 않는다. 문재인 정부의 대북정책을 두고는 '북한에 끌려 다닌다', '북한에 구걸하는 듯한 태도'라고 비판했다.[13] 2020년 광복절을 맞아 낸 성명에서도 "이념편향·진영중심의 국정운영으로 정부에 대한 불신이 쌓였고 이에 따른 국민적 분열과 사회적 갈등이 국력을 하나로 모으지 못하고 있다."고 말했다. "구국의 영웅, 백선엽 장군을 떠나보내면서 정부가 보여준 태도는 보훈의 가치를 크게 폄훼시켰다는 아쉬움이 있다."고 주장했다.[14]

그런가? 진보정부의 대북정책이 구걸하는 태도였는가? 북한과 대

---

13 임지훈, "대북정책 비판한 반기문 '북에 구걸하는 태도 말라'", 『서울경제』, 2020. 7. 8.

14 한지훈, "반기문, 광복절 전방위 쓴소리…'이념편향 국정운영'", 『연합뉴스』, 2020. 8. 15.

화·협상하려 적극적인 모습을 보일지언정 구걸한 적은 없는 것 같다. 보수의 프레임이다. '진보정부는 종북'이라는 틀로 대북정책을 판단하고 있는 것이다. 대안 없는 무의미한 얘기이기도 하다. 그럼 압박을 계속하고 흡수통일하자는 것인가? 북한에 지원을 하는 것을 또 '퍼주기'라고 욕할 것인가? 그런 인식으로는 김정은, 문재인, 시진핑, 스가, 푸틴을 수시로 만나면서 중요메시지를 전하고, 이들 사이의 양자·다자 대화를 지속적으로 만들어내 한반도문제를 풀고, 동북아의 생산적인 안보체제를 만들어낼 수 없다. 대화상대 모두를 인정하고 존중하면서 필요할 때 이들을 지도하고 끌어갈 수 있는 리더십을 가져야 한다. 하지만 이런 보수적 인식으론 김정은, 시진핑, 푸틴과 깊이 있는 교감을 하기 어렵다. 그의 경험과 국제적 네트워크, 국제적 지명도가 많이 아깝다. 그게 보다 큰 틀에서 민족의 미래를 위해 활용될 수 있다면 우리는 좀 더 희망이 있는 땅에 살게 되는 것인데....

문재인 정부의 국정운영을 이념편향으로 보는 것도 마찬가지다. 그간 보수정부가 해온 방향과 다른 것이 이념편향인가? 그러라고 국민이 문재인을 뽑아준 것 아닌가? 조금만 진보적인 정책을 실행하면 좌파적이다, 빨갱이다 하는 의식과 차이가 없다. 또, 백선엽은 일제강점기 간도특설대 장교로 독립군 토벌에 관여한 인물임은 이미 밝혀진 일이다. 그런 것에 대해 문제를 삼는 게 잘못인가. 이승만의 과오도 모두 묻고 국부로 숭앙해야 하는 것인가? 그럼 박원순은 어떻게 되는 것인가? 성추행 의혹 다 덮고 민주화운동과 시민운동에 대한 기여 부분만 평가해도 되는 것인가? 구국의 영웅으로 대접받으려면 과오가 없어야 한다. 적어도 독립군 토벌 정도의 큰 잘못을 없어야 한다. 공은 인정하되 과도 잊지 말아야 한다는 것이 잘못인가? 참으로 참을 수 없이 가볍고 좁은 인식이 아닐 수 없다.

앞으로 우리는 경륜과 덕망, 능력, 민족문제에 대한 분명한 신념, 국제적 네트워크 등을 고루 갖춘 진정한 글로벌 리더를 기르는 데 사회전체가 힘을 모아야 할 것이다. 좀 유명세를 갖게 되면 모조리 정치권으로 끌어가려는 모습은 바람직하지 않다. 기업이든, 학계든, 시민사회든 나름의 영역에 큰 인물들이 크도록 지원하고, 그 세계의 인물들을 그 나름의 큰 인물로 인정하고 존경하고 더 큰 인물로 성장할 수 있도록 여론도 언론도 독려해주는 것이 중요할 것 같다. 그런 사회적 분위기를 만들어 나가는 게 우선 이뤄져야 할 것 같다. 그런 기반이 형성되어야 우리사회의 여러 방면에서 자연스럽게 걸출한 리더가 성장할 수 있고, 그 가운데 국제적 리더십까지 확보하는 인물들이 성장할 때 우리는 진정한 글로벌 리더를 가질 수 있을 것이다.

에필로그

우리 주변국들의 생각을 알아보았지만, 어느 것 하나 만만치가 않다. 바이든 시대라고 해서 우리를 위한 대북전략, 우리를 위한 동아시아 전략을 실행할 리 만무하다. 대북제재를 쉽게 해제할 가능성도 적다. '사진찍기'에 여념이 없었던 트럼프보다야 낫겠지만, 그렇다고 해서 바이든이 남북관계의 개선에 최고의 관심을 두고 그런 관점에서 문제를 풀어갈 리 없다. 게다가 미국 조야의 반북정서는 하루아침에 달라질 일이 아니다. 워싱턴의 외교기득권층은 북한을 싫어하고, 군산복합체는 여전히 강한 카르텔을 유지하고 있으면서 북한을 되도록 위험한 존재로 부각시키려 한다. 이런 상황을 뚫고 북한과의 대화, 북한의 입장을 들어주면서 하는 협상을 진행하기가 여간 어렵지 않다.

중국은 미국과 맞서면서 군비도 강화하고 있다. 미국이 포위하면 역포위 전략으로 맞서겠다는 태세다. 패권경쟁의 양상이니 만큼 바이든 시대라고 해서 미국이 대중태세를 갑자기 누그러뜨릴 리도 없고, 중국의 대응도 미국의 행위에 비례해 나올 것이며, 그런 만큼 미중갈등은 쉽게 사그라들 문제는 아니다. 중국은 국력 신장만큼 동아시아에서 영향력 확대를 꾀할 것이고, 그러자면 주변국과의 갈등은 더 심화될 가능성도 있다. 전략적 필요에 따라 북한을 보호하려 할 테니 그 지점에서 알력이 더 커질 수도 있다. 북한 문제를 두고 우리와 의견이 같을 수만은 없기 때문에 우리와 충돌 가능성도 존재한다.

일본은 그동안 보인 전근대적이고 저급한 행태에서 쉽게 벗어나지 않을 것이다. 핵문제 해결보다는 납치자 문제 해결 중심으로 북한에 접근할 것이고, 한반도 평화보다는 북한 악마화에 더 열을 올릴 것이다. 국내정치적 필요가 그런 것을 부추긴다. 정치인들은 새로운 인식으로 동아시아에 접근할 생각은 못하고 눈앞의 것을 보고 행동하는 양상에서 벗어나지 못할 것이다. 반성과 성찰은 없고 작은 국익, 정치적 지지만을 위해 움직일 것이다. 그러면서 미국과 서구를 지향하면서 동아시아를 등한시하고 동북아 긴장상황을 이용하려는 속성을 버리기 어려울 것이다. 지금까지 그렇게 정치를 해왔고, 그렇게 관성이 붙어 있으니 다른 것을 볼 여지가 없다. 국내정치적으로 그게 도움이 되는 것이니 굳이 다른 길을 갈 필요도 없다. 그게 일본의 한계다. 동북아 평화에 기여하고 한반도 문제 해결에 기여하면 동아시아 시민들의 지지를 받고 세계여론의 지지를 얻어 유엔안보리 상임이사국도 노려볼 수 있을텐데 일본은 그런 눈이 없다. 일본에게도 불행이고, 우리도 힘들다. 윈윈게임을 모르고 모든 사안을 제로섬으로 본다. 한반도가 잘 되면 일본이 불리해진다고 보는 것이다. 세계대국, 아니 동아시아대국이라도 꿈꾸려면 한 꺼풀 완전히 벗고 나와야 할 텐데 아직은 그런 조짐이 없다.

북한은 꿋꿋하게 자기 길을 가고 있다. 2013년 핵·경제병진전략에서 2018년 경제건설총력전략으로 전환한 뒤 그 길을 계속 가고 있다. 합리성 높은 방안이다. 경제를 살려 인민들 편안하게 해주고 김정은 스스로의 권력기반도 강화하겠다는 것이니 합리적인 것이다. 남한이나 주변국에도 얼마든 북한과의 협력 가능성을 열어두는 방안이다. 북한이 경제성장을 하려면 주변과 협력해야 하지 않겠는가? 핵문제도 해결해야 하지 않겠는가? 문제는 협력을 한다고 해도, 북핵문제를 해결한다고 해도 그냥 막 하자는 것은 아니다. 자신들이 챙길 것은 챙기면서 하겠다는 것이다. 양보하는 만큼 받고 무엇보다 체제안전은 확실히 보장받아야 한다는 것이다. 이를 위해서는 누구에게도 양보하지 않겠다는 것이다.

이렇게 미국, 중국, 일본, 북한 모두 각자의 생각으로 각자의 전략을 구사하고 있는 것이 동북아이다. 이 속에서 우리는 이들 국가들과 역동적인 외교를 벌여 북핵문제를 해결하고 한반도 평화체제를 이뤄야 한다. 특히 북한을 설득하고 미국을 협상장으로 안내해 핵대화를 다시 하도록 해야 한다. 그러자면 우선 북한과 교감하는 일이 중요하다. 구성주의가 강조하는 것처럼 정체성과 이익의 접근을 이뤄야 한다. 이념이 다르지만 오랜 역사와 언어를 공유하는 하나의 민족이니 만큼 그럴 여지는 얼마든 있다. 그래서 정체성 정치가 필요하다. 우리의 정체성도 좀 변화시키고 북한의 정체성도 우리와 좀 가까워질 수 있도록 정치엘리트들이 역할을 하는 것이 중요하다. 체육행사를 같이 하는 것도 좋고, 예술공연을 교환하는 것도 괜찮고, 역사연구를 공동으로 하는 것도 좋다. 그러면서 북한이 우리와 교감이 가능한 존재로 만드는 것이 중요하다. 그 기반위에서 핵문제도 얘기하고 군사적 긴장완화도 얘기할 수 있을 것이다.

미국과도 더 대화하고 협력하는 수밖에 없다. 북한이 우리와 핵문제를 풀겠다고 하면 간단하다. 그런데 그게 아니다. 북한은 미국과 핵문제를 풀어야겠다는 것이다. 미국도 그렇게 하겠다는 기본입장은 가지고 있다. 그러니 미국이 북한과 핵협상을 할 수 있도록 독려하고 장을 마련해줘야 한다. 미국은 핵문제를 풀지 않고, 문제 있는 북한, 도발하는 북한을 그대로 두려 할 수도 있다. 그런 북한을 핑계 삼아 남한에 사드도 더 배치하고, 중거리미사일도 배치하려 할 수 있다. 실은 중국을 겨냥한 것이지만, 중국 겨냥을 말할 수 없으니 도발국가 북한을 견제하기 위한 것이라며 그런 것들을 배치하면 미국 입장에서는 동아시아 전략을 펼치기가 쉽다. 그래서 실제 문제 있는 북한을 문제 있는 상태로 관리하려는 경향도 미국 내에는 있는 것으로 전해진다.

하지만 이게 우리에게는 치명적이다. 이런 생각이 확산되지 않도록 다이내믹하게 움직여줘야 한다. 미중경쟁은 심화되고 있다. 중국이 앞으로 10년 내 경제적으로 미국을 따라잡을 수도 있는 만큼 경쟁구도는 점점 강화될 것이다. 그런 상황에서 중국은 북한을 전략적 동맹으로 계속 유지하려 한다. 더욱이 북한은 중국의 유일한 동맹국 아닌가? 역으로 보면 미국 입장에서 중국의 유일한 동맹국 북한을 미국 쪽으로 가져오는 것은 중국에게는 치명타가 될 수 있다. 북한과 핵문제를 해결하고 북미수교를 진행하고 미국자본의 대규모 투자를 북한에 한다면 북중동맹을 완화하고 북한을 어느 정도 미국 쪽으로 끌어갈 수 있다. 이는 미중경쟁, 특히 경쟁의 핵심지역 동북아에서의 미중경쟁 구도에서 미국은 매우 유리한 입지를 확보할 수 있다. 그런 차원의 대북전략을 미국에 제시할 수 있을 것이다. 그러면서 핵문제도 풀고, 북미관계도 개선하고, 평화체제도 만들어 갈 수 있는 방안을 정치한 논리로 제시해야 한다. 창의성과 효용성을 모두 갖춘 방안들을 지속적으로 제시해 미국이 북한으로 보다 쉽게 갈 수 있도록 해야 하는 것이 우리의 숙제다.

바이든 시대 동북아 삼국지

지은이 안문석
펴낸이 김동원
펴낸곳 전북대학교출판문화원

초판 1쇄 인쇄 2021. 1. 15.
초판 1쇄 발행 2021. 1. 20.

전북대학교출판문화원 전라북도 전주시 완산구 어진길 32 (풍남동2가)
전화 (063) 219-5321~2
FAX (063) 219-5323
출판등록 2012년 8월 20일 제465-2012-000021호

값 17,000원

ISBN 979-11-6372-112-3 93340